新编21世纪金融学系列教材

金融科技概论

第二版

苟小菊 主 编
郭新帅 副主编

Introduction to FinTech

中国人民大学出版社
·北京·

图书在版编目（CIP）数据

金融科技概论/苟小菊主编；郭新帅副主编. 2 版 . -- 北京：中国人民大学出版社，2025. 8. (新编 21 世纪金融学系列教材). -- ISBN 978-7-300-34226-9

Ⅰ. F830

中国国家版本馆 CIP 数据核字第 2025T23R58 号

新编 21 世纪金融学系列教材

金融科技概论（第二版）

苟小菊　主　编

郭新帅　副主编

Jinrong Keji Gailun

出版发行	中国人民大学出版社		
社　　址	北京中关村大街 31 号	**邮政编码**	100080
电　　话	010－62511242（总编室）		010－62511770（质管部）
	010－82501766（邮购部）		010－62514148（门市部）
	010－62511173（发行公司）		010－62515275（盗版举报）
网　　址	http://www.crup.com.cn		
经　　销	新华书店		
印　　刷	北京溢漾印刷有限公司	**版　　次**	2021 年 8 月第 1 版
开　　本	787 mm×1092 mm　1/16		2025 年 8 月第 2 版
印　　张	15.25 插页 1	**印　　次**	2025 年 8 月第 1 次印刷
字　　数	345 000	**定　　价**	48.00 元

内容简介

在数字经济蓬勃发展与金融科技深度融合的时代浪潮下，本书全面修订再版，致力于为读者提供系统、前沿的金融科技知识图谱。全书以“金融为本、科技驱动”为核心视角，系统解析金融科技的发展脉络、核心驱动力、多元化应用场景以及伴随而来的风险挑战与监管应对。

此次修订紧扣行业脉搏，着重突出以下几点：

• 内容更新：融入AI大模型、区块链金融应用、保险科技、数字货币监管前沿等最新进展。

• 强化实战案例：新增中国-东盟跨境征信服务平台等实战案例，体现物联网、大数据征信等技术的具体应用。

• 结构调整：对章节进行优化，每章内容安排遵循“技术原理—金融应用—案例解析—趋势展望”的逻辑链，更适配教学与自学。

本书既可作为高等学校的课程教材，也可供金融行业的从业人员、IT行业的技术人员以及对金融科技感兴趣的读者阅读。

作者简介

苟小菊　中国科学技术大学管理学院副教授、金融硕士教育中心副主任。已在国内外期刊上发表论文20余篇，主持和参加过10余个各级科研项目。主要承担金融市场与金融机构、国际经济学、衍生金融工具、固定收益证券等本科和研究生课程的教学任务。

郭新帅　中国科学技术大学管理学院副教授、金融硕士教育中心主任。已在国内外期刊上发表论文20余篇，主持和参加过10余个各级科研项目。主要承担经济学原理、微观经济学、金融经济学、金融中介理论等本科和研究生课程的教学任务。

第二版前言

在数字经济蓬勃发展的时代浪潮下，金融与科技的深度融合持续重塑着金融行业的格局。从移动支付的广泛普及，到数字货币的探索实践，从智能投顾的崭露头角，到金融机构的全面数字化转型，金融科技已然成为推动经济发展、改变金融生态的关键力量。《金融科技概论》自首次出版以来，承蒙广大读者厚爱，在金融科技知识普及、专业人才培养等方面发挥了积极作用。但金融科技领域发展日新月异，为了更好地反映行业最新动态和前沿技术，满足读者不断增长的学习需求，我们对本书进行了精心修订。

一、金融科技行业最新发展态势

当下，金融科技正迈向更为深入和全面的发展阶段。在全球范围内，各国都在积极布局金融科技领域，加大研发投入，推动技术创新与应用。从国内来看，随着数字经济战略的深入实施，金融科技与实体经济的融合不断深化，在普惠金融、绿色金融、乡村振兴等领域发挥着重要作用。

（一）技术创新引领变革

（1）人工智能与机器学习。以 DeepSeek、ChatGPT 为代表的人工智能技术近年来发展迅猛，在金融分析、风险预测、投资策略制定等方面展现出巨大潜力。例如，在金融舆情分析中，人工智能技术可以快速准确地抓取和分析海量新闻资讯、社交媒体评论等，为投资者提供及时的市场动态和风险预警；在智能投顾领域，它能根据投资者的风险偏好、投资目标等因素，生成个性化的投资组合建议，大大提高投资决策的效率和科学性。人工智能和机器学习技术还可以广泛应用于金融机构的客户服务、风险管理、反欺诈等环节，实现智能化运营和精准化风控。

（2）区块链技术。区块链技术的应用范围不断拓展，从最初的数字货币领域延伸到供应链金融、跨境支付、资产证券化等多个领域。在供应链金融中，区块链的去中心化、不可篡改等特性，能够有效解决供应链上中小企业融资难、融资贵的问题，通过构建可信的供应链生态，实现资金流、信息流和物流的高效协同。例如，一些金融科技企业利用区块链技术搭建供应链金融平台，将核心企业、供应商、金融机构等各方连接起来，为供应商提供了便捷的融资服务，同时降低了金融机构的风险。

（3）云计算与大数据。云计算为金融机构提供了高效、灵活、低成本的 IT 基础设施，支持金融业务的快速创新和拓展。大数据技术则帮助金融机构更好地了解客户需求、行为特征和风险状况，实现精准营销、个性化服务和风险管控。例如，通过对海量客户数据的分析，金融机构可以开发出更符合市场需求的金融产品，优化客户服务流程，提高客户满意度；在风险评估方面，大数据分析能够更全面、准确地评估客户的信用风险，降低不良贷款率。

（二）应用场景不断拓展

（1）数字货币。我国央行数字货币（DCEP）的试点工作稳步推进，数字货币的应用场景不断丰富。数字货币具有交易便捷、成本低、可追溯等优势，有望重塑支付体系和货币格局。在零售支付领域，数字货币可以实现即时到账、无手续费，提高支付效率；在跨境支付方面，数字货币可以简化跨境支付流程，降低跨境支付成本，促进国际贸易和金融合作。

（2）智能投顾。我国智能投顾市场规模持续增长，越来越多的投资者开始接受和使用智能投顾服务。智能投顾通过算法模型和大数据分析，为投资者提供个性化的投资建议和资产配置方案，降低了投资门槛，提高了投资的透明度和效率。同时，智能投顾还不断创新服务模式，融合人工智能、区块链等技术，为投资者提供更加多元化、智能化的投资服务。

（3）金融机构数字化转型。各大金融机构纷纷加大数字化转型力度，提升数字化服务能力。银行通过建设智慧银行网点、推出手机银行 App 等方式，为客户提供便捷的线上金融服务；证券公司通过发展线上交易平台、智能投研等业务，提升服务效率和质量；保险公司利用大数据、人工智能等技术，实现精准定价、智能核保、快速理赔等功能，提高保险服务的智能化水平。

（三）监管政策逐步完善

随着金融科技的快速发展，监管政策也在不断完善，以平衡创新与风险的关系。监管部门积极探索适应金融科技发展的监管模式，如“监管沙盒”等创新监管工具的应用，为金融科技企业提供了创新空间和试错机会。同时，监管部门加强了对金融科技风险的监测和防控，出台了一系列法律法规和监管政策，规范金融科技行业的发展。例如，在数据安全和隐私保护方面，加强了对金融机构数据收集、使用和存储的监管，保障客户数据安全；在反洗钱和反欺诈方面，利用大数据、人工智能等技术加强监测和预警，防范金融风险。

二、本书内容介绍与修订说明

本书立足于中国金融科技发展的创新实践，以“金融”为根本，站在金融与科技融合视角，从金融科技基础概念、核心技术、主要应用场景和风险与监管四个维度进行全面讲解，旨在普及金融科技基础知识，赋能金融专业人才培养和为金融从业者提供参考。

第一章“金融科技概况”在介绍金融科技起源与定义的基础上，系统梳理了金融科技的发展历程和发展现状，简要介绍了金融科技实例，如智能信贷、移动支付等，以帮助读者建立一个整体的金融科技学习视角。本次修订更新了金融科技的未来发展趋势，完善了章节的结构。

第二章“大数据”主要介绍了大数据的技术基础和处理流程，展现了大数据在金融领域（如银行、保险和互联网金融等）的广泛应用，结合实践中的实际案例向读者展现了大数据在精细化管理方面的作用。本次修订增加了大数据的来源，更新了大数据赋能保险公司的应用案例。

第三章“云计算”主要介绍了云计算的三大基本模式，阐述了云计算的关键技术，呈现了金融云对金融市场机构的作用，同时对金融云标准体系建设和金融云面临的挑战进行了详细介绍。本次修订更新了云计算行业的发展现状以及相关政策文件。

第四章“人工智能”主要回顾了人工智能的发展历程，梳理了人工智能中的相关技术和模型，介绍了人工智能对金融领域的影响，最后对人工智能行业的产业化和云计算化进行展望。本次修订增加了人工智能领域的最新进展，更新了人工智能产业的未来发展趋势。

第五章“区块链”系统梳理了区块链的发展历史，介绍了区块链的基本概念及具体分类和层级结构，重点阐述了区块链受金融业青睐的原因，最后介绍了区块链在金融领域的应用，并展望了区块链的未来。本次修订删除了有关比特币的详细介绍，增加了区块链在金融领域的具体应用。

第六章“物联网”在介绍物联网的发展历程和特点的基础上，重点介绍了物联网的体系架构，最后展望了物联网在各领域（如工业、金融等）的一些应用。本次修订调整了章节结构，增加了物联网在金融领域的具体应用。

第七章“互联网支付”主要介绍了互联网支付的表现形式、主要渠道以及相关风险，系统梳理了互联网支付的背景、技术应用、监管体系，同时对互联网支付的局限性和发展趋势进行了思考。本次修订更新了与互联网相关的行业数据。

第八章“金融科技与保险”是关于金融科技在保险行业的创新应用，详细介绍了保险科技给监管机构带来的挑战，并回顾了我国的保险科技发展状况。本次修订增加了金融科技在保险业中的具体应用，更新了相关的政策文件。

第九章“大数据征信”在介绍大数据征信的核心概念及特征表现的基础上，系统梳理了大数据征信的实施流程及技术实现，如云计算和 AI 算法等，同时对国内外征信业发展过程进行整理，最后介绍了典型的应用案例，让读者直观感受大数据征信的应用过程。本次修订新增大数据征信平台最新应用成果，如中国-东盟跨境征信服务平台以及中银金科数据智能化风控平台，结合实际应用案例，帮助读者深入理解大数据征信技术的运行机制。

第十章“智能投顾”主要介绍了国内外智能投顾的发展历程，以及目前智能投顾的主要模式，如机器导向模式、人机结合模式以及社交平台模式等，通过对智能投顾应用模式的梳理，对后续智能投顾行业的发展趋势进行展望。本次修订更新了国内外智能投顾产业的发展概况，对目前智能投顾的市场份额数据及排名进行更新，同时结合当下的智能投顾行业发展现状，重新思考了智能投顾的未来发展趋势。

第十一章“数字货币”主要介绍了数字货币的基础知识，包括其概念、风险以及目前的监管形势。此外，本章还对全球主要国家的数字货币监管政策进行了详细对比，并对中国法定数字货币进行了详细介绍。本次修订删除了原第十一章“网络借贷”，将原第十二章改为第十一章，同时更新了各国对数字货币监管的前沿政策。

第十二章“量化投资”主要介绍了量化投资相关内容，包括其定义、起源、国内外现状与策略。国内量化投资处于起步阶段，未来发展前景广阔，策略多样，如海龟交易、多因子选股等。同时介绍了数据源与平台，还通过实例展示了策略开发，为投资者提供了参考。本章为原第十三章，本次修订主要更新了国内量化投资行业的发展趋势及前景。

第十三章“监管科技与金融科技监管”分为监管科技与金融科技监管两大部分。本章以介绍金融监管的必要性开头，详细论述了当下金融行业风险十足、监管不可或缺的现状，然后展开介绍本章两大主题。

监管科技部分主要介绍了监管科技的概念及现状、国际监管经验以及应用领域等。例如，监管科技可提升影子银行监管效率，利用区块链、大数据、人工智能等技术可以鉴别资金流向、识别风险；在反洗钱领域，有助于提高监测能力，优化监管流程。

金融科技监管部分主要介绍了金融科技的风险特征，金融科技监管的现状与对策，当下监管核心内容以及现有监管法规等。同时对国内外监管模式进行梳理，包括高度集中监管模式、分业监管模式和混合监管模式等。国际上不同国家有各自的监管模式和经验，我国监管虽取得进展，但仍存在不足，如监管体系不完善、创新与监管矛盾等。未来应构建协同式监管体系，加强监管科技应用和人员培训，发挥市场主体自律性。

本次修订合并了原第十四章与第十五章，增加了中国监管科技发展的相关内容，同时更新了各国政府对金融科技监管的政策。

三、编者工作介绍

在本书创作过程中，苟小菊、郭新帅负责全书的内容把控以及对书稿的审核与修改；孙瑞琪、曾晓丹负责统筹安排全书的编写工作。感谢以下成员对本书创作的协助和贡献：鲍风雨主要负责第一章、第七章；孙瑞琪主要负责第二章；曾晓丹主要负责第三章、第八章；杨晨主要负责第四章、第十五章；俞倩文主要负责第五章；徐浩洋主要负责第九章、第十一章；党永卿主要负责第十章；常哲源主要负责第十二章、第十四章；鲍风雨、党永卿、俞倩文共同负责第六章；杨晨、常哲源、徐浩洋共同负责第十三章。

本书在再版修订过程中，王志国主要负责第一章至第八章的修订工作，唐一鸣主要负责第九章至第十三章的修订工作。

各位成员进行了大量的资料搜集、讨论研究和梳理工作，为本书贡献了精彩的内容。

在编写本书的同时，与之相关的讲义内容在金融学本科与金融专业硕士的教学实践中进行了多次试用。编写团队根据教学实践过程中学生的反馈和存在的问题，对内容进行了不断更新和调整，力求使本书更符合教学需求和学生的学习特点。此外，本书的编写参考和收集了大量国内外相关研究成果，引用的资料均在书末的参考文献部分列示，在此对相关作者表示衷心感谢。

四、再版的意义与价值

本次再版旨在及时反映金融科技行业的最新发展动态和前沿技术，为读者提供更加全面、准确、深入的金融科技知识。再版后的《金融科技概论》具有以下重要意义和价值：

（1）满足金融科技人才培养需求。随着金融科技行业的快速发展，对金融科技专业人才的需求日益增长。本书作为金融专业人才培养的重要教材，通过系统介绍金融科技的基础理论、核心技术和应用场景以及风险与监管等内容，能够帮助学生全面掌握金融科技知识，培养学生的创新思维和实践能力，为金融科技行业输送高素质的专业人才。

（2）为金融从业者提供参考。对于金融行业的从业者来说，金融科技的发展带来了新的机遇和挑战。本书可以作为他们了解金融科技发展趋势、掌握新技术应用、应对行业变革的重要参考资料，帮助他们提升自身的专业素养和业务能力，更好地适应金融科技时代的发展要求。

（3）推动金融科技知识普及。金融科技的发展与我们每个人的生活息息相关。本书以通俗易懂的语言和丰富的案例，向广大读者普及金融科技知识，让更多人了解金融科技的发展现状和未来趋势，以及金融科技对我们生活和经济社会的影响，有助于提高公众的金融素养和风险意识。

尽管我们在再版过程中尽了最大努力，但由于金融科技领域发展迅速，加之编者的学识和能力有限，书中难免存在不足之处，恳请广大读者批评指正。我们将持续关注金融科技行业的发展动态，不断完善本书内容，为读者提供更优质的金融科技知识服务。

相信再版后的《金融科技概论》能够为读者打开一扇通往金融科技世界的大门，帮助读者在金融科技的浪潮中把握机遇，迎接挑战，共同推动金融科技行业的健康发展。

目录

第一章
金融科技概况

教学目标

1. 掌握金融科技的定义；
2. 熟悉金融科技的发展现状与意义；
3. 了解金融科技的发展趋势。

引言

金融科技是由“金融”和“科技”两个术语构成的复合名词，是指使用科技来改进金融服务和流程或使之自动化的任何业务。金融科技是为消费者和企业提供服务的范围广泛且快速发展的行业，从移动银行和保险到加密货币和投资应用程序，金融科技均有着广泛的应用。金融科技经过不断发展，越来越成熟，应用和传播范围也越来越广。越来越多的国家或地区致力于发展金融科技，金融科技逐渐成为国家的一项重要实力。

第一节　金融科技的起源与定义

一、金融科技起源

金融科技是一个伴随着计算机技术、网络技术、移动技术等不断发展，与金融业务逐步融合的领域，其发展历程体现了技术创新给金融行业带来的深刻变革和对金融行业发展的推动作用。

20 世纪 90 年代，互联网技术的快速发展给金融科技带来了机遇。这一时期，诞生了第一家互联网银行，它没有传统的物理网点，所有业务都通过互联网进行，为客户提供了更加便捷、高效的金融服务，如在线开户、转账、理财等，金融业务开始从线下向线上转移。同时，电子商务的兴起也推动了电子支付的进一步发展。1998 年，PayPal 成立，为电子商务交易提供了安全、便捷的在线支付解决方案，解决了网上交易中的信任和支付问题，促进了电子商务的繁荣，也为金融科技在支付领域的创新奠定了基础。

21 世纪初，移动技术的飞速发展使得金融服务能够更加便捷地接入移动终端。2007 年，苹果公司推出了 iPhone，开启了智能手机时代，移动金融应用迎来了爆发式增长。

银行等金融机构纷纷推出手机银行应用，让用户可以通过手机随时随地办理金融业务。随着数据存储和处理技术的不断进步，金融领域的科技要素越来越多，风险评估和产品营销越来越精准，金融产品和服务越来越个性化。

二、金融科技定义

从数字货币的发明到重复记账，从广义上讲，金融科技一词可用于人们进行交易的任何创新方式，它描述了使用互联网、移动设备、软件技术或云服务来执行金融服务或与金融服务建立联系的任何公司。许多金融科技产品旨在将消费者的财务与技术联系起来，以使其易于使用，但金融科技一词也适用于企业对企业（B2B）技术。自从互联网革命和移动互联网、智能电话革命以来，金融技术迅猛发展。金融科技最初指的是应用于银行或贸易公司后勤部门的计算机技术，现在则包含了各种金融活动，例如汇款，在智能手机上存入支票，绕开银行分行申请信贷，为创业公司筹集资金或管理客户的投资，而且这些金融活动通常不需要人工的协助。除此之外，金融科技还包括诸如比特币之类的加密货币的开发和使用。

金融科技是指一种改善金融服务的交付和使用或使之自动化，从而使金融服务变得更加有效率的新技术，再经过不断发展而形成一种经济产业。金融科技是“金融”与“科技”结合的产物，它的核心是通过计算机和越来越多的智能手机上的专用软件和算法，帮助公司、企业主和消费者更好地管理其财务运作、流程和生活。例如，开发新的数字支付解决方案的公司被视为金融科技公司，而构建和运营人对人支付应用程序的公司也被视为金融科技公司。

2019 年，中国人民银行印发《金融科技（FinTech）发展规划（2019—2021 年）》，明确提出金融科技是技术驱动的金融创新，是深化金融供给侧结构性改革、增强金融服务实体经济能力的重要引擎。规划强调要充分发挥金融科技赋能作用，推动我国金融业高质量发展。

金融科技比较重要的特点是：第一，金融科技是指金融服务公司将技术集成到产品中，以改善其使用和向消费者的交付；第二，它主要通过将此类公司的产品捆绑销售并为其创建新市场来发挥作用，初创公司主要通过加强金融包容性并使用技术降低运营成本来影响金融业的老牌企业；第三，金融科技涉及的资金正在增加，但其中存在的监管问题很多。

金融科技公司在创立之初的目标就是与那些目前还不够科技化、自动化的金融企业进行合作，通过改进传统金融企业办理业务的方式、销售产品的方式等各种服务客户的方式来帮助传统金融企业提高业务效率，并以此来获取利润。现在，全球大多数国家都在致力于变革传统金融行业，不断掀起金融科技的浪潮。但是，就连作为世界上科学技术和数字经济最先进的国家之一的美国，其金融科技的发展也仍处于初级阶段。当然，我国金融业科技化进程也处于初级阶段。

三、金融科技实例

众筹（Crowdfunding）平台，比如国内的人人投、淘宝众筹、京东众筹、苏宁众筹，国际上的 Kickstarter、Patreon、GoFundMe 等，说明了金融科技在传统银行业以外领域的应用。众筹平台允许互联网和应用程序用户向该平台上的其他用户汇款或接收资金，并允许个人或企业在同一地点从各种来源集中资金。现在不必向传统银行借款，而可以直接向投资者寻求对项目或公司的支持。其应用范围从家人和朋友的资金到支持者和赞助者的资金。多年来，众筹平台的数量成倍增加。

加密货币和区块链是金融科技在实践中的标志性例子。但是除了加密货币之外，诸如 BlockVerify（英国的一家区块链公司，专注于应用区块链技术进行防伪研究）之类的区块链公司还通过将初始数据保留在区块链上来帮助减少欺诈。

移动支付也是金融科技在生活中的又一个重要应用。似乎每个拥有智能手机的人都在使用某种形式的移动支付以及越来越先进的技术。一些企业甚至推出了使消费者能够在线或通过移动设备（包括流行的支付应用程序）进行货币和支付交易的服务。

金融科技还影响了保险业。实际上，保险技术（科技在保险业的应用）已经囊括了从汽车保险到房屋保险的数据保护的所有内容。此外，保险业的金融科技初创公司吸引了越来越多的资金。根据《福布斯》（*Forbes*）2019 年的数据，颇受欢迎的个人理财公司 Credit Karma 的估值已经达到 40 亿美元。

智能投顾和股票交易也是金融科技在金融业的又一个重要应用。智能投顾通过提供基于算法的资产推荐和资产组合管理，提高了效率并降低了成本。金融交易领域最受欢迎的重大创新之一可能是股票交易应用程序的开发。以前，投资者不得不进入上海证券交易所、深圳证券交易所、纽约证券交易所或纳斯达克等证券交易所进行股票交易，现在，投资者只需通过自己的移动设备即可买卖股票。

第二节　金融科技的发展历程

一、FinTech 1.0 时代（1866—1966 年）

在这个时代，我们首次开始谈论金融全球化。它始于诸如电报以及铁路和轮船之类的技术，这使金融信息得以快速跨境传输。此时间轴上的主要事件包括：第一条跨大西洋电报电缆的建成并投入使用（1866 年），美国的 Fedwire 的建立（1914 年），第一个电子资金转账系统（该系统依赖于诸如电报和摩尔斯电码之类的现代技术）的建立。20 世纪 50 年代信用卡的推出减轻了人们携带现金的负担：大来俱乐部（Diners Club）在 1950 年率先推出了自己的信用卡；美国运通公司（American Express）在 1958 年推出了自己的信用卡。

二、FinTech 2.0 时代（1967—2008 年）

这一时期发生了从模拟到数字的转变，这一转变由传统金融机构主导。1967 年，第一台自动柜员机在巴克莱银行的安装标志着现代金融科技的开始。

在20世纪70年代初期，出现了各种重要趋势，例如建立了世界上第一家数字证券交易所纳斯达克（NASDAQ），这标志着当今金融市场运作的开始。1973年，SWIFT（环球银行金融电信协会）成立，这是一个全球性非营利合作组织，专注于为金融机构提供跨境金融信息传递服务，可促进大量的跨境支付。

20世纪80年代，银行大型计算机兴起，在线银行业开始走向世界，并在20世纪90年代随着互联网和电子商务商业模式的发展而繁荣。网上银行使得人们对货币的看法及其与金融机构的关系发生了重大转变。

到21世纪初，银行的内部流程及与外部人和零售客户的互动已完全数字化。这个时代以2008年全球金融危机的爆发结束。

三、FinTech 3.0时代（2009年至今）

随着全球金融危机的迅速蔓延，公众对传统的银行体系产生了不信任。这一点以及许多金融专业人员失业的事实导致了观念的转变，并为通往FinTech 3.0时代铺平了道路。因此，这个时代的特点是：金融科技领域出现了新的参与者（银行是已经存在的参与者）。

塑造金融科技面貌的另一个重要原因是智能手机在大众市场的渗透，这使得全球大量人口能够访问互联网。智能手机成为人们访问互联网并使用不同金融服务的主要工具。2013年谷歌公司推出了Google电子钱包，随后在2014年苹果公司推出了Apple Pay。

如今，使用金融科技最多的国家是中国和印度。中国、印度和其他新兴市场从未有时间开发西方水平的实物银行基础设施，这使中国、印度等新兴的发展中国家市场对新的解决方案更加开放。就中国而言，金融科技普及率远高于全球平均采用率（33%）以及新兴市场平均采用率（46%）。

第三节　全球金融科技的发展现状概览

一、欧美金融科技发展现状

欧美一直都重视对金融科技的投资，尤其是美国一直都走在金融科技的前列，这不仅体现在相关技术方面，而且体现在金融科技发展的时间以及良好的金融科技监管环境方面。美国是发达国家中最早实施大数据发展战略的，早在奥巴马时期，美国联邦政府就制定了《大数据研究和发展计划》。此外，美国监管当局一直鼓励监管创新，这为金融科技的发展提供了良好的发展环境。

英国也高度重视金融科技的发展，采用“监管沙盒”（Regulatory Sandbox）制度来发展金融科技企业。沙盒是指装满沙子的小盒子，孩子们可以在这个环境中玩以及试验。把这一概念应用到金融科技领域，目的是促进符合要求且具有创新能力的企业成长，使其既不会令金融科技企业规则混乱，也不会削弱对消费者的保护。之后，其他一些国家也推出了符合自己国情的“监管沙盒”制度。

二、亚太金融科技发展现状

亚太地区的金融科技发展迅速，其中，中国的发展速度最快、发展质量最高。中国金融业的发展伴随着技术的不断进步。实现金融电子化和信息化之后，互联网金融在中国开始迅速发展，自 2013 年以来得到广泛认可，这得益于新的网络信息技术的发展催生了各种新的业务形式和模型，例如第三方支付和众筹，并创建了一系列以数据和技术为驱动力的创新互联网金融业务，同时促进了以商业银行为代表的传统金融机构的发展，加快了这一新领域中战略和业务的部署，从而提高了新兴网络信息技术在金融中应用的广度、深度和准确性。中国在互联网金融领域的多年实践证明，互联网金融可以在提高金融包容性、提高金融服务的质量和效率以及满足多样化的融资和投资需求方面发挥积极作用，从而成为具有很大市场和发展潜力的行业。

近年来，中国金融科技的发展得益于数字化、智能技术等信息技术的广泛应用。在促进金融普惠和为实体经济服务的倡议的推动下，金融科技在具有包容性和创新性的监管环境的帮助下突飞猛进，吸引了大量资本，不仅使金融消费者受益，而且创造了独特的市场和规模优势。

2019 年 10 月 24 日，中共中央政治局就区块链技术发展现状和趋势进行第十八次集体学习，在主持学习时，习近平总书记指出区块链技术应用已延伸到多个领域，全球主要国家都在加快布局区块链技术发展。我国在区块链领域拥有良好基础，要加快推动区块链技术和产业创新发展，积极推进区块链和经济社会融合发展。要强化基础研究，提升原始创新能力，努力让我国在区块链这个新兴领域走在理论最前沿、占据创新制高点、取得产业新优势。要推动协同攻关，加快推进核心技术突破，为区块链应用发展提供安全可控的技术支撑。要加强区块链标准化研究，提升国际话语权和规则制定权。区块链是金融科技的核心技术之一，总书记的讲话强调了区块链的重要性，也为区块链在金融领域的应用指明了方向。

如今，金融科技凭借其强大的创新能力和生命力，正在使金融业变得更快、更高效，并提供更好的金融服务和产品。在全球金融科技热潮中，中国目前处于行业的最前沿。但是，我们仍然必须以客观的心态从多个角度观察、分析和探索金融科技行业，努力稳步建立真正适合中国经济金融发展的金融科技服务和治理体系，以期实现业务量平稳较快增长，提高服务实体经济的效率和金融普惠水平，不断完善行业生态系统和产业链。

第四节　金融科技发展的意义

金融科技作为金融与科技深度融合的产物，对金融行业乃至整个经济社会具有重要意义。在 2023 年中央金融工作会议上，习近平总书记指出，加快建设金融强国，是全面建成社会主义现代化强国的必然要求，是实现高水平科技自立自强的迫切需要，是推动高质量发展的重要支撑，是实现国家治理体系和治理能力现代化的关键举措。金融科技作为科技创新在金融领域的具体应用，对于推动金融行业的转型升级具有关键作用。

一是金融科技打破了传统金融服务在时间和空间上的限制。移动支付让用户可以随时随地进行支付交易，不受地理位置和营业时间的约束。互联网金融平台使得金融服务能够覆盖到传统金融难以触达的偏远地区和低收入群体，提高了金融服务的可获得性，促进了金融普惠。

二是金融科技推动了金融服务业成本的降低。一方面，金融科技实现了许多业务流程的自动化，降低了人力成本；另一方面，借助金融科技，客户更多地通过线上渠道办理业务，金融机构不再需要像过去那样大规模地建设和维护物理网点，而线上渠道的运营成本相对较低。

三是金融科技在安全性方面具有可靠性。金融科技广泛运用加密技术来保障数据安全与交易安全，用户的个人信息和交易数据可以得到有效保护。尽管金融科技也存在漏洞，但与传统金融机构相比，建立安全流程的方式使得其更适合处理安全问题。

四是金融科技助力中小企业的发展。中小企业在获得发展所需的资金方面经常面临困难。创新的金融科技产品为中小企业提供了各种融资选择。这些选择是针对小型企业的需求量身定制的，包括市场贷款、商户和电子商务融资、发票融资、在线供应链融资和在线贸易融资。

五是金融科技帮助企业获得大数据中的价值信息。企业可以从购物者、销售量、网站访问量和许多其他数据点收集大量数据。金融科技可以通过创建工具和流程将其转换为有意义的数据，从而帮助企业分析模式、趋势或链接。此外，金融科技还可以通过创建报告，帮助企业跟踪新的见解，从而制定有效的行业策略。

第五节　金融科技的未来发展趋势

事实上，金融科技的历史相对于金融业的历史来说仍然较短，金融科技本身也一直处于发展中。特别是，金融业务的不断拓展和科学技术的快速发展带动了金融科技的快速革新，并使金融科技呈现出新的发展趋势。

一是金融科技的发展呈现地区性发展态势。由于不同国家和地区之间监管的不同以及各个地区市场的差异，与传统的零售银行业务类似，金融科技领域的赢家主要是在地区范围内而非全球范围内出现。随着金融科技市场的成熟，已经建立了区域影响力的企业现在正在关注国际扩张。为了成功进入新市场，它们必须适应新的市场动态和政府法规，并在对地区差异有清晰了解的基础上选择新市场。

二是金融科技对人工智能的依赖越来越大。借助人工智能和大数据，智能投顾、用于预算和基于目标储蓄的个人理财助手等新型金融服务模式得以出现，并迅速得到消费者的认可。随着人工智能和智能技术的发展，这些模式下的服务和产品将会不断增加，覆盖范围将会不断扩大。金融科技、保险业、借贷业、财富管理业都将随着人工智能的发展而得到改善。随着人工智能越来越广泛地应用到金融业的方方面面，金融科技对人工智能的依赖也会越来越大。

三是对金融科技的监管日趋严格，金融科技法规也越来越完善。由于金融科技涵盖了金融服务提供商、消费者和投资者的方方面面，因此它是需要受到严格监管的行业之一。不可否认，新的金融科技解决方案为消费者和投资者带来了巨大的便利，但它同时也对全球金融科技生态系统产生了重大影响。

四是传统金融机构与新兴金融科技企业的关系由竞争逐渐转向合作，其中最明显的就是银行与金融科技企业的合作。银行与金融科技企业之间的动态关系已经从竞争发展到合作，如今已发展成伙伴关系。基于双方固有的优势，过去几年来，银行与金融科技企业的合作伙伴关系极大增强。双方都意识到了共同合作的必要性，金融科技初创企业和知名企业将努力共同重新定义金融业。

五是我国走在金融科技发展前列，有望引领金融科技革命。从财富管理、贷款到支付，金融科技已经渗透到世界各地的每个金融服务领域，金融科技企业及其合作者无处不在。从目前的情况来看，我国在许多方面都位于世界前列。我国拥有规模庞大的互联网用户，也是世界上较早发展金融科技的国家，在金融科技方面的投资率高于世界其他地区，金融科技实力不容小觑。

本章小结

随着科学技术的发展以及互联网的普及，金融科技也在逐渐渗透到生活中的方方面面。本章从金融科技的起源与定义出发，介绍了金融科技的发展历程以及现在全球金融科技的发展现状，探讨了金融科技发展的现实意义以及未来发展趋势。

关键术语

金融科技、数字货币、金融服务

思考题

1. 简述金融科技产生的背景。
2. 简述金融科技的应用。
3. 简述金融科技给人们的生活带来的好处。
4. 简述金融科技的局限性。

第二章
大数据

教学目标

1. 掌握大数据的基本概念；
2. 熟悉大数据的相关原理和特征；
3. 深入理解大数据的相关案例。

引言

在日常生活中，数据无处不在，我们每个人都是数据的提供者，我们日常生活中上传的图片及视频、在购物平台的每次交易、在网站的每次搜索、在医院的就诊记录等都在不断产生数据。随着互联网的快速发展以及云计算、物联网等新兴技术的运用，数据种类不断增多，数据规模不断增大，形成了海量数据，我们逐渐走入大数据时代。实际上，“大数据”并非一个新词语，早在1980年阿尔文·托夫勒（Alvin Toffler）便在《第三次浪潮》一书中明确提出“数据就是财富”这一观点，并将大数据热情地赞颂为“第三次浪潮的华彩乐章”。

大数据已经渗透进我们的生活，产生了各种各样的应用场景，并被广泛应用于医疗、金融、商业、人文等各个领域。大数据引发了传统行业变革，因为通过数据分析可以提高运营效率，创造更多商业模式和盈利点。在医疗保健、社会治理等多个领域，大数据应用范围持续扩大。例如，在新冠疫情期间，医疗机构借助互联网、大数据、云计算、人工智能等新技术，精准高效地开展对疫情的监测分析、病毒溯源、患者追踪、社区管理等工作；科研人员利用人工智能、大数据、5G等技术，加快病毒检测诊断、疫苗及新药研发等；远程教育、远程医疗、视频会议、网络购物的出现，使人们在疫情期间能安心在家工作、学习等。

第一节　大数据概述

一、大数据的概念与特征

大数据目前被广泛接受的定义是由研究机构高德纳（Gartner）给出的，即大数据是那些只有运用新的处理模式才能具有更强的洞察力、决策力和流程优化能力的海量、多样化和高增长率的信息资产。该定义主要从数据的规模、增长速度、多样性以及处理模式等多个维度来对大数据进行描述。

大数据的出现，使得通过数据分析获得知识、商机和社会服务的能力从少数象牙塔之中的学术精英圈扩大到普通的机构、企业和政府部门。在数字化时代，数据处理更加容易、快速，人们能在瞬间处理海量的数据。但当提及大数据时，我们需要在三个方面转变我们的思维：首先，要摒弃抽样思维局限，力求分析与某事物相关的所有数据；其次，接受数据的纷繁复杂，不再执着于传统意义上的精确性；最后，不再探求事物间的因果关系，转而将目光聚焦于事物的相关关系，凭借数据间的关联进行认知与决策，让数据驱动的发展模式更加高效与灵活。

从图 2-1 我们可以看出，大数据的特征可以归纳为 5 个“V”：Volume（大体量）、Variety（多样性）、Velocity（时效性）、Value（价值性）、Veracity（准确性）。

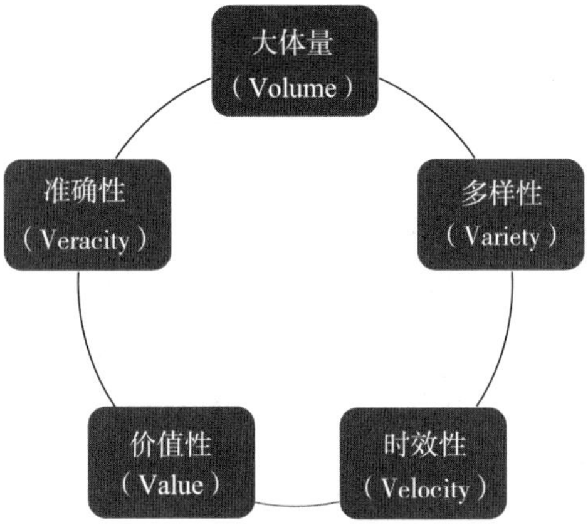

图 2-1　大数据的特征

（一）大体量

世界已逐渐被数据包围，互联网、物联网、社交网络、科学研究等源源不断地产生数据，数据规模呈爆炸式增长。按储存对象，数据可分为环境数据、医疗数据、金融数据、交通数据等；按照结构，数据可分为结构化数据、半结构化数据、非结构化数据。用来衡量数据量的单位也逐渐从 MB（兆字节）转向 TB（太字节）再到 PB（拍字节），甚至逐渐转向 ZB（泽字节）。“海量”是大数据的基本特征，大数据一般指 10TB 规模以上的数据量。

（二）多样性

随着互联网技术的发展，传感器、智能设备和各种社交网络也不断兴起，数据类型也变得更加复杂。除了传统的关系型数据，还包括来自网页、互联网日志文件、搜索引擎、社交媒体论坛、电子邮件、音频、视频的未加工的半结构化或非结构化数据。

以往的数据大多是结构化数据，它们一般运用关系型数据库作为工具，运用软件和设备可以很容易地对其进行处理。结构化数据的处理是将某一类事物的数据数字化，以便进行存储、计算、分析，在某些情况下可以忽略一些细节，而专注于选取有意义的信息。在数据处理的过程中，我们只需要确定好数据价值，设置好数据格式，构建数据间的相互关系并进行保存，一般不需要更改数据。

而非结构化数据的大小、内容、格式不同，不能用一定的结构来进行构建。比如我们在上网冲浪的过程中所看的电影视频、在旅游过程中上传的照片、发布的说说等数据，其结构不规则或不完整，没有预定义的数据模型，难以用固定的表格或关系型数据库来存储和管理。

（三）时效性

大数据的速度不应狭隘地被当作数据的增长率，而应被动态地理解为数据的流动速度与对数据的处理速度。数据的产生和更新的频率，是衡量大数据的重要特征之一。大数据时代，数据的获取是随时随地进行的。新数据不断涌现，旧数据快速消失，都对数据处理提出了更高的要求。对数据的处理速度只有跟上甚至超越大数据的产生速度，才能使大量的数据得到有效利用，否则不断激增的数据不但不能为解决问题带来优势，反而会成为解决问题的负担。

大数据的时效性是指在数据量特别大的情况下，能在一定时间和范围内及时处理数据。这里的“速度”应动态地定义到数据，即数据流动的速度：在有效处理大数据的过程中，需要对它的数量和种类执行分析，而不是只在它静止后执行分析。只有对大数据做到实时创建、实时处理和实时分析，才能及时有效地获得高价值信息。对大数据要求快速、持续的实时处理，也是大数据与传统海量数据处理技术的关键差别之一。

（四）价值性

数据价值密度低是非结构化大数据的重要属性。数据采集的不及时、样本的不全面、数据的不连续、数据的失真等都有可能降低大数据的价值密度。在大数据时代，对非结构化数据的不当处理是造成数据价值密度低的主要原因。

大数据包含很多深度价值，对大数据的挖掘、分析和利用将产生巨大的价值。在数据量呈指数增长的趋势下，隐藏在其中的有价值信息并没有成比例增长，真正可用的数据占比很低。价值密度的高低常常与数据总量的大小成反比，这反而加大了我们获取有用信息的难度。例如，监控视频在连续不断的监控过程中记录了大量视频数据，但很多数据可能是无用的，在某些特定应用需求下，比如获取犯罪嫌疑人的体貌特征时，有效的视频数据可能仅仅有一两秒，大量不相关的视频信息会增加获取这一有效数据的难度。

尽管较低的数据价值密度会为我们带来很多不便，但大数据的价值密度低是指在特定的应用环境下，有效的信息相对于数据整体偏少。但对某种应用无效的信息可能对另一种应用是有效的信息，所以为了保证新产生的应用有足够的有效信息，通常必须保存所有数据，从而做到更真实全面地反馈信息。

（五）准确性

数据处理的结果必须具有准确性，即只有真实而准确的数据才能使得对数据的管控和治理具有意义。原始数据需要经过预处理，解决可能存在的噪声、异常、缺失、偏差等质量问题，从而提高结果的准确性。随着社交数据、企业内容、交易与应用数据等新数据源的兴起，传统数据源的局限性被打破，企业也更加需要通过有效的信息治理来确保其真实性和安全性。

大数据的特征表明：大数据不仅数据量大、种类多，而且分析和处理起来也更加复杂，更加追求速度，更注重时效性、准确性和价值性。大数据技术描述了新一代的技术和架构，即通过高速采集、发现和分析，从超大容量、多样化的数据中准确地提取价值。大数据不仅意味着数据总量的快速增长，其更大的意义在于通过对数据的交换、整合和分析，及时识别和发现新的知识，创造新的价值。

二、大数据的分类

（一）按照大数据的结构特征分类

按照大数据的结构特征，我们可以将大数据分为结构化数据、非结构化数据、半结构化数据。

（1）结构化数据。结构化数据是指有结构的数据，在得到数据之前，其结构就是确定的。比如，传统关系数据模型可用二维结构表示。二维表中的数据就是典型的结构化数据，其结构事先通过数据模型的定义确定下来，在处理过程中不会改变。

（2）非结构化数据。非结构化数据是与结构化数据相对的，不适于由数据库二维表来表现，包括所有格式的办公文档、XML、HTML、各类报表、图片和音频、视频信息等。非结构化数据不可以通过键值获取相应信息。非结构化数据一般指无法结构化的数据，例如图片、文件、超媒体等典型信息，在互联网上的信息内容形式中占据了很大比例。随着“互联网＋”战略的实施，将产生越来越多的非结构化数据。

（3）半结构化数据。半结构化数据是指介于结构化数据和非结构化数据之间的数据。半结构化数据是有结构的数据，但半结构化数据是先有数据，再有结构。半结构化数据一般是自描述的，数据的结构和内容混合在一起，没有明显的区分，其数据模型是数和图。常见的半结构化数据有 XML、HTML。

（二）按照大数据获取的处理方式分类

按照大数据获取的处理方式，我们可以将大数据分为批处理数据和流处理数据。批处理主要操作大容量静态数据集，如对数据进行成批的增加、修改、删除等操作。批处理在应对大量持久数据方面的表现极为出色，因此经常被用于对历史数据进行分析。流处理是指在实时处理的应用环境中，可对不断变化的大规模流动数据进行持续计算、分析并捕捉价值信息的分布式计算模式。流处理具有实时性、易失性、突发性、无序性和无限性等特点。批处理和流处理的区别如表 2－1 所示。

表 2－1 大数据批处理和流处理的比较

性能指标	批处理	流处理
计算方式	批量	实时
常驻空间	硬盘	内存
时效性	长	短
有序性	有	无
数据量	有限	无限
数据速率	稳定	突发
重现的难度	易	难
数据精确度	较高	较低

（三）按照其他方式分类

按照大数据的处理响应性能，我们可以将大数据分为实时数据、非实时数据和准实时数据；按照大数据的关系，我们可以将大数据分为简单关系数据和复杂关系数据，如 Web 日志是简单关系数据，社会网络等属于复杂关系数据。

三、大数据的产生和发展历程

1989 年，在第十一届国际人工智能联合会议的专题讨论会上，“数据挖掘中的知识发现”的概念首次被提出来。1998 年，第四届知识发现与数据挖掘国际学术会议在美国纽约举行，会议期间有 30 多家软件公司展示了自己的产品。2001 年美国的高德纳公司率先开发了大数据模型，同年，道格·伦尼（Doug Lenny）提出了大数据的 3V 特性。2005 年，Hadoop 技术诞生，成为大数据分析的主要技术之一。2010 年美国总统科学技术顾问委员会发布名为《规划数字化未来》的报告，详细描述了政府工作中大数据的收集和使用。

2012 年 3 月，美国政府公布“大数据研发计划”，旨在提高人们从复杂、海量的数据中获取知识的能力，并集中力量收集、储存、保留、管理、分析和共享海量数据所需的核心技术，继集成电路和互联网之后，大数据成为目前信息科技所关注的重点。2014 年 5 月，美国白宫发布了研究报告《大数据：抓住机遇、守护价值》，报告鼓励使用数据以推动社会进步。2016 年美国发布《联邦大数据研发战略计划》，形成涵盖技术研发、数据可信度、基础设施、数据开放与共享、隐私安全与伦理、人才培养以及多主体协同等七个维度的系统的顶层设计，打造面向未来的大数据创新生态。

在国内，2011 年 11 月工信部发布的《物联网“十二五”发展规划》把信息处理技术作为 4 项关键技术创新工程之一，其中包括了海量数据存储、数据挖掘、图像视频智能分析，这些技术都是大数据的重要组成部分。2012 年 10 月，中国通信学会大数据专家委员会成立，该委员会是首家专门研究大数据应用和发展的学术咨询组织。2014 年大数据首次被写入政府工作报告，自此以后，国家层面出台了一系列政策，旨在推动大数据产业的创新和发展，促进经济社会数字化转型。这些政策不仅为大数据产业提供了明确的发展方向，也为数据资源的开放共享、数据安全保护等方面提供了政策保障。

2015 年，国务院印发了《促进大数据发展行动纲要》，首次在国家层面提出发展大数据产业。“十三五”时期，我国大数据产业快速起步。据测算，2020 年，大数据产业规模超过 1 万亿元，年均复合增长率超过 30%，它已经逐渐成为支撑我国经济社会发展的优势产业。2021 年，工业和信息化部印发的《“十四五”大数据产业发展规划》要求，到 2025 年，大数据产业测算规模突破 3 万亿元，年均复合增长率保持在 25%左右，创新力强、附加值高、自主可控的现代化大数据产业体系基本形成。

四、大数据的来源

要做大数据，就要先了解企业或者自己所处行业的核心价值是什么，即企业要找到自身的核心数据。在这一前提下，建立自身的大数据才可以做一定的延伸。具体来说，要找好相关的数据，保证其完整性，需要做好以下四步：第一步，找到核心数据，核心数据对很多企业来说就是自己的用户系统积累的数据；第二步，找到外围数据，即通过营销活动等获得的大量数据；第三步，找到常规渠道数据，将其与自身的用户系统结合起来为下一步的市场营销、推广、产品创新等打下基础；第四步，找到外部社会化或者非结构化数据，即现在的社会化媒体数据。下面以金融企业为例，重点讨论金融企业的数据来源。

（一）核心数据

金融企业的核心数据主要有五个来源：历史交易数据、用户行为数据、系统运行日志、非结构化数据和过程文档数据。

历史交易数据按照主数据的普遍规划来划分，金融企业一般拥有客户数据、交易数据、账户数据等，这些数据已存在多年，伴随着曾经的金融产品进入企业的数据库。这些数据具有潜在价值，通常可用来促进精准营销、优化产品等。在用户行为数据方面，企业每天处理的海量交易中，有相当一部分是由网络上的终端客户直接发起的，尤其是在一些业务促销活动中。因而，柜员服务系统、网上服务系统会产生大量业务行为轨迹，这些数据常被用来分析如何提高运营效率等。在系统运行日志方面，金融企业拥有较多数量的应用系统，这些系统各自负责各子领域的业务处理与管理决策，并产生大量的数据库日志和应用程序日志。在日常维护中，这些日志的数量很大、价值密度低，并不被重视。然而，通过日志分析应用系统效率，是改善应用系统服务水平的重要方法。金融企业普遍经济实力雄厚，在许多基础设施建设中投入巨资。所以，通过大规模邮件中心、短信中心等客户接触渠道，金融企业有着采集数据的主动权。在非结构化数据方面，许多金融企业有着遍布全国的客户服务大厅，安装了先进的视频监控系统，视频数据既可用于安全防范，也可用于客户市场分析。在过程文档数据方面，金融企业通常成立大规模的研发中心和数据中心，按照标准流程开发和部署应用系统，这一过程会产生大量需求分析、设计文档、测试报告、上线部署、问题记录等过程和技术文档，这些文档是分析和提升企业服务水平的重要支撑。

（二）外围数据

金融企业外围数据的来源如下：

数据共享联盟。整合和共享更能凸显大数据的价值。如在医疗行业中，每家医院对自己的数据进行分析，随后共享跨医院、跨地域的医疗信息。未来数据将呈现共享的趋势，数据共享联盟成为数据集散地之一。

互联网数据。网络爬虫是外部数据的有效获取途径，因为互联网就是最大的数据库。在监控舆情时，这类数据十分重要。另外，金融企业也可直接和互联网平台进行数据交易。

运营商数据。如在统计房屋空置率时，根据电力局的智能电表数据、水利局的水表走数、邮局和快递公司的针对该地址的投递率、通信公司的固定电话使用率，结合大数据技术，基本能清楚哪些房屋无人居住。

（三）常规渠道数据

政府通常掌握着大量的、关键性的数据和公共信息资源，应加大开发力度，极大地推动政府办事效率的提升和国家信息服务业的发展。目前，政府公开数据在不同部门、不同层级、不同行业之间的分享、整合仍存在很多问题。因此，想要建成统一的数据平台，还需要做很多工作。

在大数据时代，数据将发挥生产资料的作用，数据储备和数据分析能力将成为未来新兴国家的核心战略能力之一。各地政府正在尝试由信息公开转向数据公开以实现数据的创新增值。金融行业应秉承社会和政治责任，发挥资金、网点、技术优势，积极参与到政府的数据开放过程中，以政府为导向，帮助建立起公共数据服务平台，为自身和行业的健康有序发展发挥重要的基础作用。

第二节　大数据的相关技术及处理流程

一、大数据的相关技术

大数据的发展与物联网和云计算的发展密不可分，物联网和云计算可以被看作大数据的基础设施。其中，物联网是大数据的采集端，而云计算则是大数据的核心技术处理端。

（一）物联网

大数据需要处理海量的数据，这些海量数据的来源主要依靠物联网技术。物联网（IoT，Internet of Things），即“万物相连的互联网”，是在互联网基础上进行延伸和扩展的网络。它将各种信息传感设备与互联网结合起来形成一个巨大的网络，从而在任何时间、任何地点实现人、机、物的互联互通。具体而言，物联网可以通过射频识别、红外感应器、全球定位系统、激光扫描器等信息传感设备，按约定的协议，把我们生活中的任何物品与互联网相连并进行信息交换和通信，以实现对物品的智能化识别、定位、跟踪、监控和管理。

日常生活中大数据主要源于以下三个方面：第一，以微博、微信为代表的社交网络。第二，电商平台。淘宝、京东等电商平台每天都可以产生海量的数据，对这些数据进行挖掘和分析可以帮助商家准确地预测消费行为，把握其中蕴含的商机。同时，实体商店也可以借助大数据改善销售行为。第三，摄像头收集的视频、图片等信息。比如，商场里随处可见的安保摄像头，散落在各个城市街道的监控摄像头。

（二）云计算

云计算是与信息技术、软件、互联网相关的一种服务，这种计算资源共享池被叫作“云”。维克托·迈尔·舍恩伯格（Viktor Mayer-Schönberger）教授在《大数据时代》一书中指出，大数据的真实价值就像漂浮在海洋中的冰山，第一眼只能看到冰山的一角，绝大部分都隐藏在冰面之下。而发掘数据价值、征服数据海洋的“动力”就是云计算。云计算把许多计算资源集合起来，通过软件实现自动化管理，只需要很少的人参与，就能快速提供资源。云计算的数据在云端，在任何时间、任何设备，只要登录就可以享受计算服务。云计算可以让数据成为一种基础的公共物品，因此云计算可以为大数据的计算和分析提供可行的方法。

云计算主要有三种服务模式：基础设施即服务（IaaS）、平台即服务（PaaS）、软件即服务（SaaS）。云计算最早在海外发展较快，如知名企业谷歌、IBM、亚马逊等都开展了云计算的业务，近些年来国内的阿里巴巴、腾讯等也涉足云计算领域。

二、大数据的处理流程

大数据的处理流程主要包含以下几个方面：(1) 利用多种轻型数据库收集海量数据；(2) 对不同来源的数据进行数据预处理；(3) 将数据整理后存储到大型数据库中；(4) 根据企业或个人的需求，运用合适的数据挖掘技术来提取有用的信息；(5) 使用恰当的方式来将结果展现给终端用户。简单来说，大数据的处理流程包括数据采集、数据预处理、数据存储、数据挖掘及数据解释这五个步骤，如图 2-2 所示。

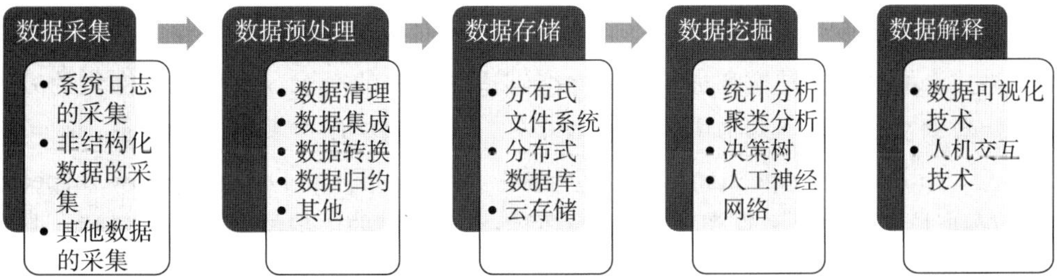

图 2-2　大数据的处理流程

（一）数据采集

数据采集，指的是使用多种数据库收集来自不同客户端（如传感器、网站网页、移动应用等）的数据。在我们的日常生活中，在不同的地点、空间和时刻产生着各种数据，将这些海量的数据收集起来是大数据应用的第一步，也是最基础的一步。而大数据收集的难点正是来自大数据的“5V”特征。

针对不同来源的数据，需要运用不同的采集方法。

1. 系统日志的采集

很多大型互联网企业都设置了自己的数据采集工具，这些工具通常被用于系统日志的采集。典型的日志系统须具备三个基本组件，分别为 agent（封装数据源，将数据源中的数据发送给 collector）、collector（接收多个 agent 的数据，并进行汇总后导入后端的 store 中）、store（中央存储系统，应具有可扩展性和可靠性，应支持当前非常流行的 HDFS）。Scribe、Chukwa、Flume 是比较有代表性的产品。

Scribe 是 Meta（原 Facebook）的开源日志采集系统，它可以从各种日志源上采集日志，并存储到一个中央存储系统上，以便集中进行统计分析及处理。它最重要的特点是容错性好。当后端的存储系统崩溃时，Scribe 会将数据写到本地磁盘上，在存储系统恢复正常后，Scribe 会将日志重新加载到存储系统中。Chukwa 属于 Hadoop 系列的产品，因此使用了很多 Hadoop 的组件（使用 HDFS 存储，使用 MapReduce 处理数据）。Chukwa 是一个大型的分布式系统监测数据的采集系统，它提供了很多模块来支持 Hadoop 集群日志分析。Flume 是 Cloudera 于 2009 年 7 月启用的开源日志系统。它内置的各种组件非常齐全，用户几乎不必进行任何额外开发即可使用。

2. 非结构化数据的采集

非结构化数据的采集主要包括企业内部数据的采集和网络数据的采集。企业内部数据的采集是指对企业内部涉及的各种文档、视频、音频、邮件、图片等具有互不兼容格式的数据的采集。网络数据的采集指利用互联网搜索引擎技术实现有针对性、行业性、精准性的数据抓取，按照一定规则和筛选标准进行数据归类，并形成数据库文件的一个过程。

相对来说，网络数据的采集更加复杂。目前，网络数据的采集主要是通过垂直搜索引擎技术的网络爬虫（网络爬虫指的是按照一定的规则自动抓取万维网信息的程序或者脚本，它是一个自动提取网页的程序）、网站公开 API 或数据采集机器人、分词系统、任务与索引系统等技术来进行，它将非结构化的数据从网页中提取出来之后，对其进行内容和格式上的处理、转换和加工，使之能够适应用户的需求，最后以结构化的方式存储为本地数据文件。除了网络中包括的内容外，如果用户还想采集网络流量，则可以使用 DPI（Deep Packet Inspection，深度包检测）或 DFI（Deep/Dynamic Flow Inspection，深度/动态流检测）等带宽管理技术。当前网络数据采集的关键技术是链接过滤，其实质是判断一个链接（当前链接）是不是在一个链接集合（已经抓取过的链接）里。在采集网页大数据的过程中，可以采用布隆过滤器（Bloom Filter）来实现对链接的过滤。

3. 其他数据的采集

对于企业生产经营数据或学科研究数据等保密性要求较高的数据，可以通过与企业或研究机构合作，使用特定系统接口等相关方式来采集数据。在大数据的采集过程中，同一网站同一时间可能会有很多用户访问和操作。例如，火车票网站和淘宝，它们并发的访问量在峰值时超过了上百万，并发数极高。因此，需要在采集端部署大量数据库支撑。

（二）数据预处理

经过数据采集得到的数据属于原始数据，原始数据往往存在不完整、不一致的问题，这样的“脏数据”无法直接用于分析和研究。因此，为了进一步分析、挖掘和存储，我们应对原始数据进行预处理，然后将处理过的数据再导入一个集中的大型数据库或者分布式存储集群中。数据预处理的过程主要包括数据清理、数据集成、数据转换、数据归约等。

1. 数据清理

数据清理（Data Cleaning）的主要思想是通过填补缺失值、光滑噪声数据、平滑或删除离群点从而解决数据的不一致性来“清理”数据。

2. 数据集成

原始数据是从多种渠道收集来的。数据集成指的是将多个数据源中的数据结合起来并统一存储，建立数据仓库，以更好地解决数据的分布性和异构性问题，而这些数据源可能包括多个数据库、数据方或一般文件。

数据集成需要考虑的问题主要有：

（1）实体识别问题，是数据集成中的首要问题。来自多个信息源的现实世界的等价实体才能匹配，即分析者或者计算机需要确定数据库中的 customer_id 与另一个数据库中的 cust _ number 指的是同一个实体。关于这一点，数据库中通常有元数据，即关于数据的数据，这些元数据能够帮助避免模式集成中的错误。

（2）冗余问题。如果一个属性能由另一个或另一组属性导出，则这个属性是冗余的；属性或维命名的不一致也可能导致结果数据集中的冗余。有些冗余可以通过相关分析检测：对于标称型数据，可以使用卡方检验进行检测；对于数值型数据，则可以使用相关系数和协方差评估属性间的相似性。

（3）元组重复问题。给定唯一的数据实体，存在两个或多个相同的元组，可以使用数据分析软件 Excel、Power BI 等去除重复元组。

（4）数据值冲突问题。对于现实中的同一个实体，其来自不同数据源的属性值可能是不同的，这是因为数据的表示方法、比例或编码等不同。例如，重量属性可能在一个数据源中以公制单位存放，而在另一个数据源中以英制单位存放；对于连锁酒店的房价数据，会因为各国货币的不同而以不同的货币种类存放。

3. 数据转换

数据转换是采用线性或非线性的数学变换方法来将多维数据压缩成较少维数的数据，

消除它们在时间、空间、属性、精度等特征表现方面的差异，使其变为适合数据挖掘的形式。数据转换可用相当少的变量捕获原始数据的最大变化，具体转换方法的选择可根据实际数据的属性特点而定，常见的数据转换方法有数据平滑、数据聚焦、数据规范化、属性构造（特征构造）等。

（1）数据平滑。它是指消除数据中的噪声、异常值或不需要值的行为，从而更清晰地揭示数据的潜在趋势和模式，常用技术有分箱、聚类和回归分析。

（2）数据聚集。它是指将多个数据点或数据集按照一定的规则或算法进行组合和整合，以形成更具代表性和更有价值的信息的过程。这个过程可以涉及数据的汇总、合并、分类、计算等操作，旨在提高数据的可读性。例如，可以将日销售数据聚集起来，计算月销售额和年销售额。

（3）数据规范化。由于数据可能有不一致的量纲，或数值间的差别可能很大，如果不进行处理可能会影响数据分析的结果，因此，需要对数据按照一定比例进行缩放，使之落在一个特定的区域，如－1.0 到 1.0 或 0 到 1.0，便于进行综合分析。特别是对基于距离的挖掘方法，如聚类、KNN、SVM，一定要做规范化处理。常见的规范化处理方法有：最大-最小规范化、Z-score 标准化、Log 变换等。

（4）属性构造。它是指通过给定的属性构造和添加新的属性，帮助提高精度和理解高维数据结构，常用的方法包括组合、抽取等。例如，我们可能根据属性 height 和 width 添加属性 area。属性结构可以帮助解决因使用判定树算法分类而导致的分裂问题，通过属性构造可以发现关于数据属性间联系的丢失信息。

4. 数据归约

数据归约是指在理解数据挖掘任务和数据本身内容的前提下，提取数据的有用特征，以缩减数据规模，从而在尽可能保持数据原貌的前提下最大限度地精简数据量。对归约后的数据集进行数据挖掘将更加有效，且能产生相同（或几乎相同）的分析结果。数据归约的类型主要有特征归约、样本归约和特征值归约等。

特征归约是指将不重要或不相干的特征从原有特征中删除，或者通过对特征进行重组来减少特征的个数。其原则是在保留或提高原有判别能力的前提下减少特征向量的维度。

样本归约是指从数据集中选择一个有代表性的样本的子集，这个子集大小的确定需要考虑到计算成本、存储要求、估计量的精度以及其他一些与算法和数据特性有关的因素。

特征值归约是特征值离散化技术，指将连续型特征的值离散化，使之成为少量的区间，每个区间映射到一个离散符号。这种技术可以简化数据描述，并有助于理解数据和结果。

（三）数据存储

大数据时代以非结构化数据为主，数据种类多，因此传统数据库存储系统已经无法满足数据存储的需要。大数据的数据体量巨大，无法由一台服务器中的数据库来承受巨大的并发量和高速的访问需求，因此应当使用分布式服务集群的方式。分布式服务集群是一种将服务分布在多个节点上，通过网络进行通信和协作，以提供高可用性和高性能的系统架构。分布式存储方式要求大数据存储平台能够容忍一些因硬件故障而产生的可用性问题，如服务节点宕机、因网络原因使得服务器节点失去连接等。而由多个服务器组成的服务集群要求大数据存储平台具有高度的可伸缩性。

当前市场上比较知名的产品有：由卡内基梅隆大学信息技术中心开发、Transarc 公司参与开发和负责销售的 Andrew 系统；谷歌公司为了存储海量搜索数据而设计的专用文件系统 GFS，以及 GFS 的变种 Apache；开放软件基金会（OSF）的分布式文件系统 HDFS；等等。

下面介绍三种典型的大数据存储方案：分布式文件系统、分布式数据库和云存储。

1. 分布式文件系统

分布式文件系统（Distributed File System，DFS），是指文件系统管理的物理存储资源不一定直接连接在本地节点上，而是通过计算机网络与节点相连，众多的节点组成一个文件系统网络，每个节点可以分布在不同的地点，通过网络进行节点间的通信和数据传输。常见的分布式文件系统有 GFS、HDFS、Lustre、Ceph 等，它们适用于不同的领域，其中 GFS 和 HDFS 最具有代表性。

GFS 是谷歌公司设计的专用文件系统，主要用于存储海量搜索数据，处理大文件。HDFS 是 Hadoop 分布式文件系统，是一个具有高度容错性的分布式文件系统。HDFS 以流数据访问的模式来存储超大文件（具有几百 MB、GB 甚至 TB 的文件），非常适合在大规模数据集上的应用。

2. 分布式数据库

分布式数据库是利用网络将物理上分布的多个数据存储单元连接起来组成的逻辑数据库，其基本思想是将集中式数据库中的数据分散存储到多个数据存储节点上，并通过网络节点连接起来，以获取更大的存储容量和更高的并发访问量。与传统的集中式数据库相比，分布式数据库具有高扩展性、高并发性、高可用性以及更快的数据访问速度。近年来，随着数据量的高速增长，传统的关系型数据库开始从集中式架构向分布式架构发展，从集中式存储走向分布式存储，从集中式计算转向分布式计算。例如，Apache HBase 就是一种基于 HDFS 的面向列的分布式数据库，主要用来满足超大规模数据集合的实时随机读写需求。Apache HBase 利用 Hadoop 的分布式文件系统 HDFS 作为文件存储系统，是 Google Bigtable 的开源实现。

3. 云存储

云存储是一种以数据存储和管理为核心的云计算系统。它是指利用集群应用、分布式文件和网络技术系统等功能，通过应用软件协同网络中大量的各种不同类型的存储设备，共同建设一个具有数据存储和业务访问功能的系统，以保证数据的安全，节约存储空间。互联网技术的发展是实现云存储的基本条件。通过互联网技术，云存储才能实现数据、文档、图片、音频、视频等内容的存储和共享。云存储系统结构主要由存储层、基础管理层、应用接口层、访问层四个部分构成。

（四）数据挖掘

数据挖掘（Data Mining），其前身为数据库中的知识发现技术，在 1989 年举行的第十一届国际人工智能联合会议上被首次提出。后来直到 1995 年，美国计算机协会才首次提出数据挖掘的概念。

数据挖掘是指依据业务的需求和目的，运用计算机技术从大量的数据中提取出隐藏的有价值的信息和知识的过程。数据挖掘的特点有：（1）基于海量数据；（2）非平凡性，即挖掘出来的知识应该是不简单的；（3）隐藏性，即数据挖掘是要发现深藏在数据内部而非浮现在数据表面的知识；（4）价值性，即挖掘的知识能给企业带来直接或间接效益。

根据信息存储格式，数据挖掘的对象可以分为关系数据库、面向对象数据库、数据仓库、文本数据源、多媒体数据库、空间数据库、时态数据库、异质数据库以及 Internet 等。数据挖掘常用的工具软件有 Intelligent Miner、SPSS、SAS、WEKA、Matlab、R 语言、Python 等。数据挖掘的技术方法主要涉及统计学、机器学习和数据库等领域内的研究成果，如统计分析、聚类分析、决策树、人工神经网络等。

统计分析是指利用统计学对大数据进行分析，包括统计学中的回归分析、差异分析、判别分析、因子分析等，主要用来处理结构化数据。聚类分析是指根据事物的特征进行分类，以期从中发现一定的规律。其原则是使同一类事物尽可能相似，不同类事物尽可能呈现较大差异。聚类分析又可细分为划分聚类法、层次聚类法、基于网格及模型的聚类法等。决策树是机器学习中最基础、应用最广泛的算法模型，是在一批已知的训练数据的基础上建立一棵决策树，继而利用这棵决策树对数据进行分析和预测。常见的算法包括分类与回归树（CART）、C4.5、随机森林等。人工神经网络（ANN）是一种仿照人脑神经元结构和功能进行数据分析的信息处理系统，如 BP 神经网络和径向基函数（RBF）神经网络。

从数据挖掘的对象来说，数据挖掘后期多会偏向多模态数据挖掘。这是因为从当前来看，大部分的数据挖掘都是针对结构化数据进行挖掘的，但在大数据时代背景下，非结构化数据占据主流，从非结构化数据中挖掘隐藏信息，将是未来大数据领域研究和实践的重点。

（五）数据解释

数据解释是指将大数据挖掘及分析结果在显示终端以友好、形象、易于理解的形式呈现给用户，是一个面向用户的过程。传统的数据解释方法是以文本形式输出结果或者直接在电脑终端上显示结果。大数据分析的结果一般是数据量巨大且关系复杂的结果，传统的分析结果展示方法已经不满足要求。现在主要利用可视化技术、人机交互、数据起源等新的方法来将结果展示给用户，以帮助用户更加清晰地了解数据处理后的结果，从而为用户提供决策信息的支持。目前，大部分企业已经引进数据可视化技术和人机交互技术。

1. 数据可视化技术

数据可视化技术主要是通过图形化方法进行清晰、有效的数据传递。其基本思想是使用单个图元元素表示数据库中的每一个数据项，大量的数据集组成数据图像，并以多维数据的形式表示数据的各个属性值。运用可视化技术就可以将数据结果转化为静态或者动态的图形展示给用户，通过交互手段抽取或者集成数据能在画面中动态地显示改变的结果。因此，用户就可以从不同的维度观察数据，对数据进行更深入的观察和分析。可视化技术可以分为5类，包括几何技术、图标技术、图形技术、分层技术、混合技术。基于不同的需求可以采取不同的可视化技术，也可以通过多种技术手段来展示数据处理结果。例如，为直观地反映各个城市的电力需求状况，可以基于图标技术，用不同的颜色标明图中各个城市的电力负载情况。

2. 人机交互技术

人机交互技术是指通过系统输入、输出设备，以有效的方式实现人与系统之间信息交换的技术。其中，系统可以是各类机器、计算机和软件。用户界面或人机界面是人机交互所依托的介质和对话接口，通常包括硬件和软件系统。人机交互技术是一种双向的信息传递过程，既可以由用户向系统输入信息，也可以由系统向用户反馈信息。通过人机交互技术，用户只需要通过输入设备向系统输入有关信息、提示、请示等，系统就会输出或通过显示设备提供相关信息、回答问题等。人机交互技术能够使得大数据分析的数据结果被更好地解释给用户。这种交互式的数据分析过程可以引导用户逐步进行分析，使得用户在得到结果的同时能够更好地理解分析结果的由来。与此类似的还有数据起源技术，通过该技术可以帮助用户追溯整个数据分析的过程，从而有助于用户理解结果。

第三节 大数据技术在金融领域的应用

随着计算机技术的发展，金融行业的数据采集能力也逐渐提高，我们现在可以获得多种多样的金融数据，运用大数据技术分析金融数据对于个人和企业都有十分重要的意义。大数据金融依靠海量数据开展金融活动，利用云计算技术对数据进行信息化处理，同时也与传统金融相结合，从而在判断资产价格趋势、评估个人信用、分配资金流向、控制金融风险等方面发挥着重要作用，并持续提升金融服务的效率，不断创新金融服务。现在大数据在金融行业的应用十分广泛，覆盖了银行、保险、证券投资等多个领域。

一、大数据与银行

(一) 银行客户关系管理

面对互联网金融企业的竞争，银行逐渐从“以产品为中心”的经营模式转向“以客户为中心”的经营模式，从“粗放营销”的营销模式向“精准营销”的营销模式转变，从“标准化服务”的服务模式转为“个性化服务”的服务模式。在这个过程中，大数据技术可以帮助银行提高对客户信息的获取和分析能力，了解客户行为，掌握客户需求并做出应对，实现更有效的客户关系管理。大数据在客户关系管理上的应用包括以下几个方面：

1. 维护和发展客户

在长期的金融服务中，银行积累了大量的信息数据，这些数据包含客户的基本资料、收入情况、生活方式等。商业银行利用先进的数据库系统和大数据技术，对其所掌握的客户信息进行充分利用，进而实现多个维度的客户细分。在客户细分的基础上，商业银行能够及时有效地获取不同层次现有客户和潜在客户的需求、业务机会、相关成本及风险，并及时准确地制定相应的业务策略，从而向各个层次的客户提供个性化的服务并推荐与其金融需求相匹配的业务，使各客户群都能得到良好的维护和发展。例如，招商银行通过细分目标客户的购物和上网习惯，为年轻人打造了“凡客卡”“魔兽卡”等。

2. 客户流失预测

大数据技术可以帮助预测客户流失的概率。客户流失预测主要分为两个方面：一个是客户流失预警，另一个是流失客户特征分析。客户流失预警模型通过对数据的挖掘和分析，定义相应的规则，将银行客户行为数据与预警数据进行匹配，从而预测客户流失概率。流失客户特征分析主要通过决策树算法等，分析流失客户的特征，然后通过这些特征分析当前的客户群中流失概率最高的客户数据。银行可以将分析得到的流失客户数据和潜在流失客户数据分配给客户服务部门，整合销售服务资源，根据客户的需求设计个性化的营销策略，快速反应，以此达到召回流失客户、挽留流失概率大的客户的目的。

3. 精准营销

精准营销是指，以现代信息技术为工具，以大数据技术、市场定量分析为手段，获得客户通过社交网络、电子商务等方式形成的非结构化数据，对客户进行精确衡量和分析，获得客户的消费习惯、消费能力、近期需求等信息，做到用合适的方式向合适的顾客提供合适的产品，用最低的成本拓展最多的潜在消费者。精准营销主要包括对目标客户的精准定位、传播途径的选择、营销活动执行趋势分析和异常监控、营销活动的效果评估等步骤。在应用层面，银行可以利用大数据技术来挖掘和分析用户影响力、用户聚集区域和日常活动轨迹、用户基础银行业务使用的规律、用户关注点等，进而实现对客户的精准营销。

4. 欺诈检测

银行面临的欺诈行为通常是本身带有恶意的目的、到期无还款意愿或虚构偿还能力的借款行为。随着信息技术的发展，商业银行面临的欺诈风险越来越高，一方面是因为当前普遍采用非现场远程授信模式，另一方面是因为我国信用体系目前还不完善。对此，商业银行利用大数据技术，结合实时数据和历史数据进行全局分析，每天评估客户的行为，及时对客户的风险等级进行动态调整，实现对客户授信的精细化管理。一旦出现非正常交易行为，如大额存款或取款，商业银行就可以立刻做出统计和分析，并将结果及时反馈给营销部门，由营销人员及时与客户沟通，找出异常交易的原因，防范欺诈行为。

（二）应用案例：中信银行信用卡业务创新

中信银行信用卡中心基于大数据技术，通过挖掘不同客户在各种消费场景下的海量数据，形成了客户价值链，从而进行服务创新设计，为客户提供差异化的创新增值服务。中信银行建立了一个先进的大数据采集体系，将构建用户关系作为发现客户场景的重点，建立 O2O 大数据。

大数据为中信银行信用卡中心提供了以下便利：（1）更精准地定位客户；（2）实现秒速贷款，做到“即申，即审，即批核”，使信用卡的消费信贷服务更加便捷；（3）提高客户满意度。具体来看，主要包括以下几个步骤：第一步，使用移动互联网技术和定位功能来确定商圈；第二步，追踪客户的活动轨迹，确定高价值商圈，并根据活动轨迹布局相关业务；第三步，利用大数据技术来分析客户的需求，既包括客户的需要，也包括客户的体验（即客户需要与客户意义、目的、情感的关联）。

例如，中信银行信用卡中心通过数据挖掘发现，在周末 18：00 点前加油的客户中，有 60％的人会在加完油后去吃饭；接着分析客户就餐区域，发现其中又有 70％的人习惯去中心城区吃饭。于是中信银行信用卡中心与中心城区的汉拿山烤肉店合作，在每个周末的 17：30 向离开加油站的客户发送“持中信卡可享五折优惠”的广告，既让客户体验到了关怀，又为合作店家和自身带来了收入。

二、大数据与智能投顾

智能投顾又被称为机器人投顾，是指利用互联网技术，通过大数据获得客户个性化的风险偏好及其变化规律，结合算法模型来为客户定制个性化的资产配置方案和财富管理服务，并根据市场情况进行实时的持仓追踪和动态调整。它有两大特点：首先，必须有纪律性，基于清晰规则来进行策略构建；其次，从基本面出发，以超额收益为目标。所以，智能投顾的特点是，它处在被动与主动、纪律性与超额收益的交集上。

智能投顾涉及的大数据主要为客户行为大数据和金融交易大数据。一般而言，传统的金融机构在日常的交易中可以积累更多的金融交易大数据，而现在兴起的互联网企业则积累了更多客户行为大数据。一方面，可以通过分析用户行为数据来做出可以匹配用户风险偏好的资产配置决策；另一方面，可以通过分析和处理金融交易大数据来构建和调整投资组合。

具体而言，首先由投资者在理财平台上输入个人财务状况、风险偏好和理财目标等数据，然后平台利用分布式计算、大数据分析、量化建模等技术手段来为投资者提供智能化和自动化的资产配置方案，如投资咨询建议、投资分析报告、投资组合选择等。同时，平台还可以实时跟踪市场变化，当资产配置偏离投资目标时及时提醒用户进行再平衡调整。

智能投顾在以美国为代表的海外市场最先发展起来，出现了 Wealthfront、Betterment、Motif Investing、Personal Capital 等智能投顾平台。国内的智能投顾平台主要有京东金融、百度股市通等基于互联网企业的平台，平安一账通等传统金融机构旗下的平台，弥财等效仿 Wealthfront 和 Betterment 模式的平台，以及最普遍的第三方财富管理机构推出的智能投顾平台，如宜信。

三、大数据与保险

（一）大数据在保险行业的应用

在保险行业，大数据技术也发挥了巨大作用。保险中的咨询、营销、投保、核保、支付、理赔、客户关系管理等均离不开数据。保险的核心是大数法则，数据的分析和计算决定了保险产品的定价。在全球保险大数据应用市场中，涉及的应用主要有客户需求挖掘、个性化定价、精准营销、欺诈识别等。

1. 客户需求挖掘

客户需求挖掘是指通过分析客户在社交网络、电商网站等平台的浏览与交易数据，挖掘客户需求，寻找潜在客户，并根据不同客户需求设计不同产品。美国前进保险公司（Progressive Insurance）通过精细化分析客户风险、财富变化、家庭资产等数据，向客户提供量身定制的保单。众安在线财产保险股份有限公司基于用户在电商网站上的购买行为，推出网购退货运费险、网上支付安全险等创新险种。

2. 个性化定价

产品的定价是保险公司的核心竞争力，大数据技术可以协助保险公司提升精算能力。保险产品的定价主要是基于大数法则对样本数据的分析。在大数据时代，可利用的数据不仅包括保险公司存储的客户数据，而且包括互联网上的数据。这将颠覆传统保险精算的理论和技术，推动保险商业模式的创新。例如，通过大数据分析，保险公司可以掌握客户车辆的主要用途、基本行车路线、路途的风险程度、驾驶习惯等风险状况，以此评估客户车辆的风险指数，进而制定差别费率，对于风险低的客户降低费率，对于风险高的客户提高费率甚至拒绝承保。

3. 精准营销

传统的广告宣传是使用传统媒体，如电视、广告牌等，来让消费者关注产品。每个用户看到的广告一样，若该用户没有相关需求，广告也就没有效果。大数据时代的保险营销不是针对所有群体的一种广告营销手段，而是对不同的客户群体实施精准营销。大数据技术的应用，可以帮助保险公司实现寻找目标客户、挖掘客户潜在保险需求等目标。大数据营销使保险公司的客户营销策略更为精确直接，避免了以往常见的逐户拜访、陌生拜访、陪同拜访现象，也避免了和同业竞争对手的直接碰撞。相比开拓新客户，大数据营销在对原有客户购买力的深度挖掘和忠诚度培养上具有更重要的意义。

例如，我国友邦保险开通了网上服务自助平台及微信服务平台，开发了客户地图等系统工具，帮助销售人员科学管理和分析客户在不同人生阶段的保障、理财需求。试验的 O2O 模式已经初见成效。线上的精准定位和前期需求的挖掘，与线下高效的销售流程相结合，有效提升了客户转化率，也为企业创造了价值。

4. 欺诈识别

欺诈识别是风险管理中的重要一环。结合大数据技术，保险公司可以更精确地发现风险、规避风险。保险欺诈，尤其是健康保险领域的欺诈，具有专业性、隐蔽性的特点。在医疗保险领域，常见的欺诈方式主要有两种：一是非法骗取保险金；二是在医保额度内重复就医，浮报理赔金额。在以往的欺诈识别过程中，保险公司主要依靠一些固定的标准和相关人员的经验来判断是否存在保险欺诈。从本质上看，欺诈的原因是双方信息不对称。在大数据技术的加持下，保险公司能够获取更多客户信息，并对信息进行挖掘和分析，建立预测模型，从而弱化部分信息不对称的问题，建立高效的反欺诈鉴别机制。目前全国各地的保险公司都在积极建设客户理赔信息即时共享机制、完善统一的欺诈风险信息库以及广泛的异地协查网络，积极实现商业保险与社会保险之间的实时对接，扩大共享范围，提高支撑保险欺诈识别的数据质量。

（二）应用案例

1. 平安财险

一直以来，中国平安财产保险股份有限公司（简称“平安财险”）都与百度搜索保持着良好的合作关系。当用户在百度搜索中搜索关键词“车险”时，平安财险的产品宣传就会出现在用户搜索结果页面的显眼位置。除此之外，平安财险还用大数据技术来对其目标客户群体的相关数据进行重新梳理。

平安财险在对车主进行研究时，突破了传统保险营销的局限性，从整个产业链的角度对车主的车险需求进行分析和判断。它从车主购车前、购车中、购车后的 3 个阶段出发，绘制出汽车生命周期的问题蓝图。该问题蓝图清晰地展示了车主在不同阶段所面临的不同问题和主要保险需求。平安财险基于其对车主不同阶段的特征判断，为不同阶段的车主有针对性地推荐车险产品，使其车险产品的销售业绩得到了有效提高。

2. 众安在线

众安在线财产保险股份有限公司（简称“众安在线”）成立于 2013 年，其主营业务范围是：与互联网交易直接相关的企业及家庭财产保险、短期健康保险、责任保险、货运保险、意外伤害保险和信用保证保险；各类业务的再保险；国家允许的保险资金运用业务；经中国保险监督管理机构批准的其他业务。

众安在线当前推出的保险品种有：网络购物中退货产生的运费损失保险（退货运费险）；消费者保障服务协议履约保证保险（即“众乐宝”）；数码产品意外损坏产生的保险（数码产品意外险）；互联网个人消费的信用保险；等等。

众安在线的业务重点在于责任保险和保证保险。例如，众安在线的保险产品“众乐宝”是众安在线有代表性的一款保险产品，主打责任保险和信用保证保险，费率较低，额度较小，专为在淘宝网平台留下了大量经营数据的淘宝卖家量身打造。这是一款典型的基于大数据的保险产品。依靠淘宝电商平台的海量数据，保险公司可以对被保险人的情况进行分析，探知目标客户的保险需求，进而开发出能满足被保险人需求的保险产品，接着通过网络平台进行保险产品的推广和销售，并最终实现数据资料的回收。“众乐宝”保证金计划是众安在线专为淘宝平台定制的一款信誉保证保险。卖家加入后，不需要缴纳保证金，就可以加入淘宝平台消费者保障服务，享有“消保图标”。只需要缴纳一个相对低额的保费，淘宝卖家即可享受淘宝的保证金消费者保障图标服务。

四、大数据与互联网金融

互联网金融依托互联网工具如社交网络、云计算、搜索引擎来实现资金的融通、支付等业务，在安全、移动的基础上为用户提供便利。未来的互联网金融发展空间无限大，现阶段的互联网竞争不只是平台的竞争，更是大数据的竞争。一方面，互联网金融是大数据的一种新的数据来源；另一方面，大数据是一种基础资源和可利用的工具，可以广泛应用于互联网金融领域。在互联网金融领域，风险评估、风险控制以及市场营销等都可以借助大数据开展。大数据和互联网的有效结合也产生了新的商业模式，如智能信贷、第三方支付、互联网货币基金等。

（一）智能信贷

互联网企业借助大数据进行信用评估以及风险控制，能快速掌握借款人的信用状况，计算借款人的信用额度，从而实现即时放款。比如，阿里小贷从风险审核到放款的全过程都已经采取了线上模式，所有的贷前、贷中及贷后环节都能实时有效地连接，并可以向那些难以通过传统模式获得贷款的群体发放贷款，让金融更普惠。

（二）第三方支付

第三方支付企业（如支付宝）经过不断发展，已经积累了大量的用户数据和支付信息，形成了第三方机构的大数据资源。这些数据资源体量大、覆盖广，能够为第三方支付企业、银行以及各种商户提供数据支持。例如，支付宝拥有大量的用户消费数据，每年都会发布国民年度消费统计，勾勒出中国城市消费分布情况和趋势变化。

（三）互联网货币基金

货币基金具有高安全性、高流动性、收益稳定性的特点。其实在余额宝等新型互联网货币基金出现之前，货币基金在互联网的销售已经存在一段时间，但并没有引起广泛的关注。而依托支付宝积累的大量用户流量，余额宝得以积累用户的闲置资金，在帮助企业获得盈利的同时，也为用户提供了投资理财的便利。

五、大数据征信

根据 2021 年出台的《征信业务管理办法》的定义，征信业务是指对企业和个人的信用信息进行采集、整理、保存、加工，并向信息使用者提供的活动。信用信息是指依法采集，为金融等活动提供服务，用于识别判断企业和个人信用状况的基本信息、借贷信息、其他相关信息，以及基于前述信息形成的分析评价信息。传统征信主要涉及线下的金融征信体系、社会征信体系、商业征信体系以及线上某一层级数据的单一分析的 IT 征信体系等。进入大数据时代以来，互联网企业利用自身的海量数据优势，从财富、安全、守约、消费、社交等维度来为用户建立信用报告，形成了以大数据为基础的海量数据库，同时结合传统征信体系，为企业、个人进行更加精确的信用评估。

大数据征信的主要特征包括以下几个方面：

第一，大数据征信不仅数据规模庞大，而且更多地依托技术来整合有效信用数据并将其导入基础数据库，纳入相关企业或个人的信用档案。

第二，大数据征信可以实现对企业信用的动态评估。大数据技术可以实时分析捕捉来的数据，并将其录入数据评估系统。例如，一家信用良好的企业，一旦被新闻媒体曝光了负面信息，大数据征信系统就可以立刻捕捉到这些信息，并通过系统内置的数据计算模型来重新评估企业的信用状况。

第三，大数据征信主要运用数学模型来进行信用评级。在大数据时代，使用人工来处理海量的信用数据是不现实的，因此，大数据征信下的信用评级主要利用数学计算模型来对企业、个人进行信用评估。

详细来看，在大数据时代，征信数据、征信服务、数据采集、征信产品都发生了很大变革。

（1）征信数据。在数据来源方面，传统征信数据主要来自个人及机构的借贷、赊购、担保、租赁、保险、信用卡等活动中产生的行政处罚信息以及缴纳各类社保和公共事业费用信息等。在大数据时代，征信数据更加线上化，即更加依赖互联网用户的网上交易记录、评价以及社交网络信息，这些生活化的信息为传统征信提供了补充，使客户的信用状况更加准确完整。在数据类型方面，大数据技术的应用使得征信数据不再仅限于数字、字符这些结构化数据，而是扩展到图片、音频、视频等非结构化数据。例如，交通银行信用卡中心利用智能语音分析技术可以将隐藏在音频数据中的客户信息提炼出来并进行分析应用。

（2）征信服务。在大数据时代，征信机构的服务更加及时、高效、全面。例如，在营销服务方面，征信机构可以利用大数据技术搜集客户的相关信息，进行客户画像，将客户群体细分化，从而推荐不同的产品以及提供差异化服务，使得营销服务的针对性和有效性更强。大数据技术也可以帮助企业及时分析客户对产品和服务的评价和满意度，从而及时对自己的产品和服务做出相应调整。

（3）数据采集。传统征信的数据采集方式主要有以下几种：①对于公共征信机构中央银行来说，主要是通过强制要求金融机构定期向中央银行报送借款人的相关数据和信息来完成；②对于私人征信机构来说，它们独立于政府和大型金融机构，通常通过协议或者合同的方式来进行数据采集，其数据的主要来源包括提供信息服务的金融机构的信贷信息、政府平台公布的公开记录等。而大数据时代通常是使用相关传感器、无线射频识别（RFID）芯片等具有电子神经的感知设备产品来收集数据信息，这些设备连接计算机以后就可以即时收集人们在各地产生的各种数据。

（4）征信产品。传统的征信产品主要包括信用报告、信用评分、信用评级、信用风险管理类产品等。大数据技术可以在一定程度上提升征信产品的质量，推动征信产品的创新，扩大征信产品的服务范围，从而促进征信业的发展。同时，征信产品的形式也将更加多样化，不仅可以是上报的报表、可视化的图表、详细的可视化分析，还可以是简单的微博或视频信息等。

六、大数据与量化投资

（一）大数据在量化投资领域的应用

随着现代经济金融体系的不断发展，依托大数据的量化投资也逐渐发展起来。量化投资的基本理论来源是有效市场假说。有效市场假说认为，在一个有效的金融市场中，证券价格能够充分反映所有可得信息。根据信息的不同类型和市场对信息的反应程度，有效市场可分为弱有效市场、半强有效市场和强有效市场三种类型。在强有效市场中，价格充分反映了所有信息，包括公开信息及内幕信息等，任何分析方法都无法帮助投资者获得超额收益，投资经理人对投资组合的管理也就失去了价值，这为被动投资方法提供了理论支持。在半强有效市场中，证券价格不仅反映了历史信息，还充分反映了所有公开可得的信息，包括公司财务报表、公告、宏观经济数据、行业动态等，技术分析和基本面分析都无法持续帮助投资者获得超额收益。在弱有效市场中，证券价格充分反映了历史上一系列交易价格和交易量中所隐含的信息，技术分析失去作用，投资者无法通过分析历史价格走势来获取超额收益。

现实中，金融市场不是完全有效的，市场的半强有效性或弱有效性为主动投资方法奠定了基础。主动投资方法主要包括：定性投资方法和量化投资方法。定性投资方法起源较早，体系完善，以分析公司基本面为核心，通过实地调研公司、采访公司管理层、分析财务报表等途径，结合决策者的主观经验判断，对股票价值做出评估，并据此获得超额收益。对比来说，量化投资起步较晚，其发展与数理金融的发展密不可分。很多量化投资的理论、方法和技术均来源于数理金融的研究。

现在对于量化投资还没有严格的定义。一般认为，量化投资是基于大量历史数据，运用数理统计分析的方法，选取一揽子证券工具，借助计算机的程序化交易，以获得超额收益。量化投资的主要工具涉及数据挖掘、人工智能、小波分析、分形理论等。

结构化数据的主要应用范围是高频交易。高频交易是指利用计算机化交易从极为短暂的市场变化（比如，某种证券买入价和卖出价价差的微小变化，或者某只股票在不同交易所之间的微小价差）中获利的方法。高频交易的交易量巨大，持仓时间很短，日交易次数多，因此计算机每秒都需要处理海量的结构化数据。对于非结构化数据来说，目前正在不断探索其应用场景。

（二）光大中文云文本挖掘系统

光大中文云文本挖掘系统主要分为四层。第一层是数据获取模块，主要从热门财经新闻、分析师报告、热门股票论坛上的所有帖子中获取文本资料。从 2010 年 6 月到 2012 年 9 月，该系统共收集了近 36 万篇研究报告、300 万篇财经新闻及 2 500 万条论坛帖子。第二层为数据清洗层，即把获得的数据在第二层中进行数据清洗，去掉重复的、错误的无意义文本，并建立相应的全文索引。第三层是调用底层索引的通用接口的应用程序，这些接口能够隔绝底层的文字资料与应用程序，保证二者之间独立。第四层则是利用这些文本类数据设计的因子和各类基础性指标等产品，如光大宏观系列指数、光大概念板块热度、光大概念板块龙头股及光大关注度因子等。

以光大概念板块龙头股这一产品为例，其核心就是构建关键词网络图。具体来说就是：通过搜索关键词从给定的文本资料中选择出相应的文本，并按照自定义的金融词典对这些文章分词，把无意义的词语以及与金融无关的词语过滤掉，再计算剩下的词组与概念词的相关性指标，选择与关键词最相关的词组，再对查找出的词组重复上述过程，构成最初关键词的二级相关词组，最后以网络图的形式展现。该方法能够迅速寻找出与词组对应的投资标的。若将关键词设置为与概念板块相关的系列词组，在输出的一级相关词组中过滤掉非股票名称的词组，则可得到概念板块龙头股的组合。

（三）利用 Twitter 数据预测股市

印第安纳大学和曼彻斯特大学的三位学者利用 6 个月的 Twitter 数据和“情绪状态量表”（POMS）测量法来计算每日全球情绪，并基于此数据来预测股市。其结果表明，该方法可以以 87.6％的准确率提前三天预测道琼斯工业平均指数的变动方向。此后，这三位学者和一位对冲基金交易员共同组建了全球首只社交媒体基金 Derwent Capital。其原理为随机选择 10％的 Twitter 信息，从中寻找出诸如“警报”“快乐”“重要”等字眼，并把这些信息归类进不同的情绪状态，进而利用情绪数据来预测市场走势。

延伸阅读

大数据与美团外卖的精细化运营

本章小结

本章主要介绍了金融科技的应用技术之一——大数据技术，介绍了大数据的概念、发展历程以及分类等基础知识，分析了大数据当前在金融行业的应用，如在银行客户关系管理、智能投顾、保险、互联网金融、量化投资等中的应用，旨在引导读者进一步理解大数据的基本概念及其应用业态。

关键术语

大数据、非结构化数据、物联网、云计算

思考题

1. 大数据的特征是什么？
2. 大数据的处理流程包括哪些步骤？
3. 大数据技术的发展面临哪些机遇和挑战？
4. 大数据在金融领域的赋能场景主要有哪些？
5. 未来大数据可能还会有哪些应用场景？

第三章

云计算

教学目标

1. 了解云计算的含义及发展历程；
2. 掌握云计算的基本模式和关键技术；
3. 理解云计算在金融领域的实践意义。

引言

随着信息技术的发展，“云”作为一个新概念经常出现在人们的视野中，这个看似复杂的概念实质上是一个网络。从狭义上说，云计算就是一种提供资源的网络，使用者可以随时获取“云”上的资源，并且这种资源可以被看成无限扩展的，只需按使用量付费。从广义上说，云计算是与软件、互联网以及信息技术相关的一种服务，这种计算资源共享池叫作“云”。云计算把各种计算资源集合起来，通过软件实现自动化管理，只需要很少的人参与，就能提高资源的利用效率。也就是说，计算能力作为一种商品，可以在互联网上流通。

总之，云计算不是一种全新的网络技术，而是一种全新的网络应用概念，下面我们将进一步探索云计算的本质和作用。

第一节　云计算概述

一、云计算的概念

云计算是由分布式计算衍生出的一种在网络环境下通过整合海量资源形成资源“池化”，并按用户需要分类提供资源和数据计算处理服务的技术。简单来说，就是对大量数据计算处理程序进行分解，再按用户需求分配到不同的、由多台服务器组成的系统上进行数据分析，最后将分析结果反馈给用户。这种技术可以节约成本、提高效率和增强扩展性。

从技术角度来看，分布式计算可以说是云计算的核心。在云计算诞生之前，网格计算是将分布式计算运用得非常好的代表。网格计算的概念与云计算十分接近。通过互联网把分散在各处的资源（包括软件、硬件和信息资源）综合起来，以完成大规模数据的复杂计算和处理任务的技术为云计算的发展奠定了良好的基础。分布式计算解除了用户和大型应用系统的绑定，为有效利用不同空间上的计算资源和更简便地处理复杂的大数据应用提供了强大的技术支撑。

从用户使用方面来看，云计算使得资源和计算服务像商品一样可以方便取用，用户可以通过软件随时获取“云”上的资源和计算处理服务，且这种使用可以无限扩展，最后只需要按照使用量付费即可，价格也比之前低不少。

总的来说，云计算不是一门新兴的技术，而是在原有技术的基础上衍生出的一种网络应用概念，它使得所有用户都可以通过互联网方便快捷地获取海量的资源和强大的计算服务，而不用受时间和空间的限制。

二、云计算的发展历史

随着网络和计算机技术的发展，用户对计算机服务的需求日益增多。公司治理开始使用数据信息化技术，企业需要存储产品信息、财务数据、员工信息等各种运营数据，并且需要通过对这些数据的处理来为企业决策提供支持。对于小企业来说，购置一台计算机就足以解决上述问题。然而，对于规模较大的企业来说，一台计算机的运算能力是无法满足其数据运算需求的，那么企业就要购置一台运算能力更强的服务器。而超大型的企业可能需要多台服务器甚至一个具有多台服务器的数据中心才能满足其运算需求。但是，数据中心的初期建设成本巨大，后期的运营和维护支出更是大多数企业难以承担的。

在强大的需求推动下，云计算的概念应运而生。2006 年 8 月 9 日，谷歌首席执行官埃里克·施密特（Eric Schmidt）在搜索引擎大会上首次提出“云计算”的概念，互联网开始进行第三次革命。自 2007 年开始，云计算推动互联网技术和 IT 服务出现新的模式，它也成为大型企业研究的重要方向。2008 年，微软发布其公共云计算平台 Windows Azure Platform，由此拉开了微软的云计算大幕。

自 2015 年起，云计算服务市场的竞争不断加剧。2023 年，全球云计算市场规模为 5 864 亿美元，其中北美洲占比为 53.75%、欧洲占比为 20.46%、亚洲占比为 18.95%。微软 2024 财年第二季度（自然年 2023 年第四季度）财报显示，微软智能云业务本季度营收同比增长 20%，达到 258.8 亿美元，超过市场预期的 253 亿美元，在微软三大核心业务部门中增速表现最好。作为微软的主要竞争对手，谷歌云业务 2023 年营收为 330.9 亿美元，同比增长 25.9%，目前在谷歌总营收中占比为 10.8%。

云计算在国内的发展同样迅猛，许多大型网络企业纷纷加入云计算服务的开发者行列。2009 年 1 月，阿里软件在江苏南京建立首个“电子商务云计算中心”。2016 年 7 月，百度宣布正式进军云计算领域，计划打造“三位一体”的云计算平台，并同时发布了天算、天像和天工三个平台级解决方案。截至 2023 年，我国云计算市场规模为 6 165 亿元。从细分市场规模来看，我国云计算市场主要包含 IaaS、PaaS、SaaS。2023 年 IaaS 市场规模约为 3 383 亿元，PaaS 市场规模约为 598 亿元，SaaS 市场规模约为 581 亿元。从厂商占比来看，2023年我国公有云IaaS市场中，阿里云市场占比为21.31%，翼云市场占比为17.07%，移动云市场占比为12.83%，华为云市场占比为9.41%，腾讯云市场占比为7.15%。

云计算概念的提出至今已有十多年，在此期间，云计算实现了飞速的发展，产生了翻天覆地的变化。目前，云计算已经发展到较为成熟的阶段，也正在成为信息技术产业发展的战略重点，全球的信息技术企业纷纷向云计算转型。

三、云计算的特征

（一）资源“池化”

云端计算资源通过被“池化”，能够以多租户形式共享给多个用户，同时能根据用户的需求动态分配或再分配各种物理和虚拟资源。用户通常不知道自己正在使用的计算资源的确切位置，但是在申请时可以指定大概的区域范围，比如在哪个国家、哪个省或者哪个数据中心。

（二）快速便捷

用户可以自行按照需求从云端获取并使用各项资源，在这一过程中很少甚至不需要云服务供应商的人工介入。用户在使用过程中，可以自行选择在需要时快速获取资源，从而扩展计算能力，而在不需要时迅速释放资源以降低计算能力，从而减少资源的使用费用。简单来说，对用户而言，云端的计算资源是无限的，可以随时申请并获取任意数量的计算资源。

（三）多终端接入

用户可以通过包括手机、平板电脑、笔记本电脑和台式电脑等在内的多种云终端设备接入网络并使用云端资源，使用过程也不受任何时间和空间限制。

（四）计费服务

用户使用云端计算资源的付费计量方法有很多，可以根据某类资源（比如存储、CPU、内存、网络带宽等）的使用量和时间计费，也可以按照使用次数计费。无论采取何种计费方式，云服务提供商都会监视和控制资源的使用情况，并及时输出各种资源的使用报表，做到供需双方费用结算清楚明白、准确无误。

（五）成本可控

一个云计算系统虽然可以提供大量丰富的计算服务，但实际上不一定需要巨大的投资，也不一定要购买成千上万台计算机，更不一定需要具备超大规模的运算能力。云端建设方案一般采用弹性策略，即刚开始时采用几台计算机，后面根据用户数量来弹性增减计算机数量。

第二节　云计算的基本模式

大多数云计算服务都可归为三大类——IaaS、PaaS 和 SaaS，这三者又互为构建基础。目前，也涌现出许多新的服务类型，如 DaaS（数据即服务）、BaaS（区块链即服务）。

一、IaaS

（一）概述

IaaS 是指把 IT 基础设施作为一种服务，通过网络对外提供。在这种服务模式中，用户不用自己构建一个数据中心，而是可以通过租用的方式来使用基础设施服务，包括服务器、存储和网络等。IaaS 按用户需要提供计算能力和存储服务时，可以直接租用，而无须从传统的数据中心购买和安装这些资源。这种租赁模式可以部署在公司的防火墙之后或通过第三方服务提供商实现。

IaaS 是一种最简单的云计算交付模式，它以虚拟化操作系统、工作负载管理软件、硬件、网络和存储服务的形式交付计算资源，也可以实现从操作系统和虚拟化技术到管理资源的交付。虚拟化作为云计算的基础，从物理层面分离资源和服务。通过这种方法，云计算服务提供商可以在单一的物理系统内创建多个虚拟系统，通过服务器的合并，可为组织提高效率并节约成本。

（二）特征

1. 虚拟租赁

用户使用 IaaS 服务购买服务器和存储资源时，可以获得所需资源的即时访问权。然而，这个过程中并没有租赁实际的服务器或其他基础设施，该物理硬件仍放在基础设施服务提供商的数据中心，IaaS 通过虚拟化技术解绑物理硬件和软件，使用户获取相应的资源。

2. 自助服务

用户可以通过一个自助服务门户获得资源（如服务器和网络），而无须依赖 IT 为他们提供这些资源。该门户类似于一台银行自动柜员机，通过自助服务界面，可以轻松处理多个重复性任务。

3. 弹性缩放

资源能按照工作负载或任务需求自动伸展或收缩，也就是说，如果用户需求比预期的资源要多，那么也可以立即获得它们。这种服务提供商可以通过优化环境，使硬件、操作系统和自动化足以支持一个巨大的工作负载。

4. 分级服务

用户所需的服务等级取决于正在运行的工作负载，一些用户获得按需模型的能力而无须签署合同，另一些用户则要为特定的存储量或计算量签订一份合同。一份典型的IaaS合同有某个等级的服务保障，根据不同的服务和价格，可以确保99.9%的可用性。

5. 许可模式丰富

用户使用公共的IaaS运行所需要的软件服务，推动了许可和支付模式的创新。例如，一些IaaS和软件提供商已经创造了带上用户的许可计划，用户通过这种方法既可以在传统环境下又可以在云环境下使用软件。另一种选择是即用即付模式，它一般集成了软件许可和按需基础设施服务。

6. 计量方法科学

IaaS的计量方法能确保用户按照他们需要的资源和使用情况付费，这种计量方法按照对IaaS服务的评估收费，从使用的启动开始，到使用的终止结束。除了每次使用的基本费用外，提供商还可以对存储、数据传输以及其他可选的服务（如增强安全性、技术支持或先进监视）等进行收费。

（三）体系架构

以开源软件为例，现有开源软件支持的IaaS体系结构大体上可分为两种。

一种是以OpenNebula、Nimbus和ECP等软件为代表的两层体系结构。两层体系结构分为控制层和工作节点层，其中控制层由云控制器和存储系统构成，工作节点层由一系列的工作节点构成。

另一种是以Eucalyptus和Xen Cloud等软件为代表的三层体系结构。与两层体系结构相比，三层体系结构增加了一个集群控制节点中间层。该层的作用主要体现在三个方面：(1）控制相应集群中的网络管理情况，一般会在集群节点上建立起该集群的DHCP和DNS服务器；(2）监控该集群的DHCP和DNS服务器、群中节点的资源使用情况并将监控到的结果向上层的云控制器汇报，云控制器对底层的工作节点的调用要以集群控制节点监控到的信息为参考；(3）充当路由器的功能，当两个集群间的工作节点通信时，通过双方的集群控制节点进行。

从功能角度来看，三层体系结构具有更好的扩展性。在两层体系结构中，云控制器直接管理工作节点，这种直接管理方式使得云控制器对VM的部署速度更快。在三层体系结构中，由集群控制节点与工作节点直接通信，工作节点通过集群控制节点与云控制器进行通信，云控制器通过中间层集群控制节点来负责对工作节点的调度，这就缓解了云控制器的开销，增强了整个平台的扩展性。

（四）安全问题

在IaaS中，存在两个方面的安全问题——同一用户的数据安全和不同用户之间的数据安全。

我们要对同一用户的数据进行区分。一些数据，如公司公开财务信息、公司最新新闻、公司股票信息、公司业绩等，是可以向社会大众公开的公共资源。而另一些数据，如公司的技术信息、资金变动等内部重要信息，是不能对外公布的核心数据。对这两种数据，IaaS 需要分别进行处理，并且进行全方位的保护，保证数据的安全和隔离，防止后者出现在前者中。

不同用户之间的数据是不同的，有些用户数据甚至是不能外泄的。一旦发生用户之间的数据相互覆盖、复制等情况，那么不仅会对用户造成困扰，而且会让用户产生不信任感。这就需要对不同用户间的数据进行隔离，保证各个用户的数据间的准确和安全。

另外，做好安全审计也是保护商用系统信息安全的重要部分。具体来说，要对各类操作建立日志，并且分析审计，对虚拟机、数据库、管理信息等进行安全审计，保证系统的安全。在此基础上，还需要保证用户数据完整、更新及时，通过建立防火墙、数据加密、权限设置、数据备份等对数据进行全方位的安全保障，并且结合法律在规章制度上对数据安全进行有效保护。

二、PaaS

（一）概述

PaaS 是把服务器平台作为一种服务提供的商业模式。PaaS 实际上是将软件研发平台作为一种服务，以 SaaS 的模式提供给用户。因此，PaaS 是 SaaS 模式的一种应用。但是，PaaS 的出现促进了 SaaS 的发展，尤其是加快了 SaaS 应用的开发速度。

PaaS 是云计算的重要组成部分，提供运算平台与解决方案服务。在云计算的典型层级中，PaaS 层介于 IaaS 层与 SaaS 层之间。它将云端基础设施部署与创建提供给用户，或者借此为用户提供编程语言、程序库与服务。用户不需要管理与控制云端基础设施（包含网络、服务器、操作系统或存储），但需要控制上层的应用程序部署与应用托管的环境。PaaS 提供软件部署平台，抽象掉硬件和操作系统细节，使其可以无缝扩展。开发者只需要关注自己的业务逻辑，不需要关注底层环节，因为 PaaS 是为生成、测试和部署软件应用程序提供一个环境。PaaS 是云中的完整开发和部署环境，其资源使组织能够提供从简单的基于云的应用到复杂的支持云的企业应用程序的所有内容。资源可以按照“即用即付”的方式从云服务提供商处购买，并通过安全的网络连接进行访问。

PaaS 通常用于两种场景：一是开发框架。PaaS 提供了一种框架，使开发人员可以基于该框架进行构建，通过使用内置软件组件开发或自定义基于云的应用程序，包含可扩展性强、可用性强和具有多租户功能等在内的云特征减少了开发人员的代码编写工作量。二是分析或商业智能。借助 PaaS 服务提供的工具，用户可以分析和挖掘其数据，同时可以查找见解和模式并预测结果，以改进预测、产品设计和投资回报等业务决策。

（二）特征

PaaS 能整合现有的各种业务能力，具体可以归类为应用服务器、业务能力接入、业务引擎、业务开放平台，根据业务能力需要向下测算基础服务能力，通过 IaaS 提供的 API 调用硬件资源，向上提供业务调度中心服务，实时监控平台的各种资源，并将这些资源通过 API 开放给 SaaS 用户。PaaS 主要具备以下三个特点：

1. 平台即服务

PaaS所提供的服务与其他服务最根本的区别是：PaaS提供的是一个基础平台，而不是某种应用。在传统观念中，平台是向外界提供服务的基础。一般来说，平台作为应用系统部署的基础，是由应用服务提供商搭建和维护的，而PaaS颠覆了这种概念，由专门的平台服务提供商搭建和运营基础平台，并将该平台以服务的方式提供给应用系统运营商。

2. 平台及服务

PaaS运营商所需提供的服务，不仅是单纯的基础平台，而且包括针对该平台的技术支持服务，甚至包括针对该平台进行的应用系统开发、优化等服务。PaaS的运营商最了解它们所运营的基础平台，所以由PaaS运营商所提出的对应用系统进行优化和改进的建议也非常重要。而在新应用系统的开发过程中，PaaS运营商的技术咨询和支持团队的介入是保证应用系统在以后的运营中得以长期、稳定运行的重要因素。

3. 平台级服务

PaaS运营商对外提供的服务不同于其他服务，这种服务的背后是强大而稳定的基础运营平台，以及专业的技术支持队伍。这种服务能够保证支撑SaaS或其他软件服务提供商的各种应用系统长时间的稳定运行。PaaS的实质是将互联网的资源服务化为可编程接口，为第三方开发者提供有商业价值的资源和服务平台。有了PaaS平台的支撑，云计算的开发者就获得了大量的可编程元素，这些可编程元素有具体的业务逻辑，这就为开发带来了极大的便利，不但提高了开发效率，还节约了开发成本。有了PaaS平台的支持，Web应用的开发变得更加灵活便捷，能够快速响应用户需求，也为最终用户带来了切实的利益。

（三）用途

PaaS之所以能够促进SaaS的发展，主要是因为它能够为用户提供进行定制化研发的中间平台，同时涵盖数据库和应用服务器。PaaS能增加在Web平台上利用的资源数量，例如，可通过远程Web服务使用数据及服务，一些PaaS平台还允许用户混合并匹配适合应用的其他平台。用户或者厂商基于PaaS平台可以快速开发自己所需要的应用和产品。同时，PaaS平台开发的应用能更好地搭建基于SOA架构的企业应用。

此外，对于SaaS运营商来说，PaaS可以帮助它实现产品多元化和产品定制化。例如，Salesforce的PaaS平台让更多的独立软件开发商成为其平台的用户，从而开发出基于它们平台的多种SaaS应用，使其成为多元化软件服务提供商，而不再是一家CRM随选服务提供商。国内的SaaS厂商800app通过PaaS平台，不仅改变了CRM供应商的市场定位，而且实现了按订单生产和在线交付流程。使用800app的PaaS开发平台，用户不再需要任何编程即可开发包括CRM、OA、HR、SCM、进销存管理等在内的任意企业管理软件，而且不需要使用其他软件开发工具就可以立即在线运行。

对于小型企业和初创企业来说，PaaS是比较有用的，因为这些企业并没有广泛的、具有较强依赖性的旧应用程序需要迁移。PaaS的多租户特性可实现应用程序和数据资源的最大数量共享，同时让开发资源继续专注于应用程序的交付和连接，而不是开发和支持数据库资源。PaaS 的未来发展空间似乎在于小型企业和初创企业，这类企业由于不依赖于旧应用程序的集成而更适合在云计算中进行应用程序开发。

三、SaaS

（一）概述

SaaS 即通过网络提供软件服务。SaaS 平台供应商将应用软件统一部署在自己的服务器上，用户可以根据工作的实际需求，通过互联网向厂商订购所需的应用软件服务，按定购的服务数量和时间长短向厂商支付费用，并通过互联网获得 SaaS 平台提供商提供的服务。SaaS 应用软件有免费、付费和增值三种模式。付费范围一般囊括了通常的应用软件许可证费、软件维护费以及技术支持费等，厂商将这些费用统一为每个用户的月度租用费。

SaaS 是随着互联网技术的发展和应用软件的成熟，在 21 世纪兴起的一种完全创新的软件应用模式。在传统模式下，厂商通过软件产品许可证将软件产品部署到企业内部多个用户终端实现交付。而 SaaS 定义了一种新的交付方式，使得软件进一步回归服务本质。企业部署信息化软件的本质是为了自身的运营管理服务，软件表面上是一种业务流程的信息化，其实还是一种服务模式。SaaS 改变了传统软件服务的提供方式，减少了本地部署所需的大量前期投入，进一步突出了信息化软件的服务属性。

（二）特征

1. 互联网性

一方面，SaaS 服务通过互联网浏览器或 Web2.0 程序连接的形式为用户提供服务，使得 SaaS 应用具备了典型的互联网技术特点；另一方面，由于 SaaS 极大地缩短了用户与 SaaS 提供商之间的时空距离，从而使得 SaaS 服务的营销和交付模式与传统软件相比有着很大的不同。比如，SaaS 软件行业知名产品 NetSuite 所提供的在线 ERP、在线 CRM 等模块产品都是基于网络的，其优势在于不必投入任何硬件费用，也不用请专业的系统维护人员就能上网，有浏览器就可以进行 ERP、CRM 系统的使用。快速的实施、便捷的使用、低廉的价格都有赖于 SaaS 产品的互联网性。

2. 可多重租赁

SaaS 服务通常基于一套标准软件系统为成百上千的不同用户提供服务。这要求 SaaS 服务能够支持不同租户之间数据和配置的隔离，从而保证每个租户数据的安全与隐私，以及不同的个性化需求。由于 SaaS 同时支持多个租户，每个租户又有很多用户，这给支撑软件的基础设施平台的性能、稳定性和扩展性带来了很大的挑战。SaaS 是一种基于互联网的软件交付模式，优化软件大规模应用后的性能和运营成本是架构师的核心任务。

3. 服务功能强

SaaS 使软件通过以互联网为载体的服务形式被用户使用，所以对于很多服务合约的签订、服务使用量的计量、在线服务质量的保证和服务费用的收取等问题都必须加以考虑，而这些问题通常是传统软件没有考虑到的。

4. 可扩展性

可扩展性意味着可以最大限度地提高系统的并发性，更有效地使用系统资源，比如优化资源锁的持久性，使用无状态的进程，使用资源池来共享线和数据库连接等关键资源，缓存参考数据，为大型数据库分区等。

（三）面临的困境

1. 技术限制

SaaS 软件个性化定制技术尚未成熟，随着企业信息化程度的提升，通用化的 SaaS 平台已经无法满足企业个性化的需求。由于 SaaS 产品使用多租户的架构，因而这一问题十分重要。SaaS 软件可以像传统软件一样，采用定制的方法来满足个性化的用户需求，但是 SaaS 软件和传统软件在定制技术上存在较大的差异：传统软件的定制只需针对某一具体的用户进行，而 SaaS 的定制则需让软件满足多租户各自的需求，需要多个定制；传统软件的定制服务是在软件开发阶段完成的，而 SaaS 需要在软件使用过程中针对需求的变化更新定制，而且在定制的时候不能影响其他用户的使用；除此以外，SaaS 的定制过程还必须简单易行，让用户可以自行完成。这些差异使得 SaaS 应用在技术设计上更加复杂，传统的个性化定制无法应用在 SaaS 领域。因此，SaaS 个性化定制技术的限制是制约其发展的瓶颈之一。

2. 市场混乱

当前 SaaS 的市场较为混乱。由于大用户市场盈利的机会更多，因此 SaaS 服务提供商专注于大用户，中小用户因而被忽略。一些从传统软件行业转型发展 SaaS 平台的企业虽然占有大量优质的用户资源，却受制于其收入模式，无法加速 SaaS 平台的推广。对于小型 SaaS 服务提供商而言，融资难、拓展市场困难始终是其面临的难题。除此以外，SaaS 市场的驱动力一直是国外的经验而非国内企业的真正需求，许多 SaaS 公司并没有实现和用户的真正交流，导致产品不能和用户的真实需求接轨。

3. 制度不完善

近年来，虽然我国政府大力推动云计算及 SaaS 平台的发展，其业已处于高速发展阶段，但仍缺乏法律和制度保护。一方面，对于用户而言，SaaS 平台下的用户数据被储存在云端，用户并不知道其处理过程和存放位置，数据缺乏法律保护使得用户对服务提供商的信任度很低；另一方面，制度不完善使得不法分子有机可乘，SaaS 服务提供商承担着用户数据丢失的风险和责任，这极大地制约了 SaaS 服务提供商创新及开拓市场的积极性。

4. 安全性不稳定

虽然当前已有多种数据加密方式，但是 SaaS 平台要求的用户数据安全是一种动态安全，即不仅要保证数据不丢失，而且要保证用户在因业务增减等原因导致的安全需求发生变化时能灵活调整，因此这种安全较难保证。同时，由于平台被多租户共享，数据信息交互复杂，对数据权限的要求极高。就网络安全而言，互联网稳定性的波动给 SaaS 的应用提出了巨大的挑战。企业内网和互联网连接的不确定性太高，无论何种因素引起的互联网稳定性的波动都会影响软件的使用，甚至会造成用户数据的丢失。

第三节　云计算的关键技术

一、虚拟化技术

虚拟化技术就是在构建一个逻辑层的基础上，将物理资源与用户使用分开的技术。虚拟化技术屏蔽了底层复杂性，使用户可以按照简单方式使用 IT 资源，将用户从物理硬件和软件绑定中解放出来，使用户可以自主选择优化和组合 IT 资源，提供商可以做到资源弹性服务。虚拟化技术具有以下四个重要特征：

（1）兼容性强。虚拟机在逻辑上与物理计算机看起来一样，具备完整计算机必备的所有组件。由于虚拟机是逻辑上的机器，脱离了硬件对软件的约束，所以理论上能够兼容所有标准的操作系统、应用和设备驱动程序。

（2）封装性好。封装性的基本原理是通过软件把虚拟机需要的虚拟硬件资源、操作系统和应用捆绑在一起。封装后产生的虚拟机可以自由地移动和复制。由于是软硬件一起进行封装，不需要用户重新安装驱动程序或者重新安装应用，所以大大提高了使用效率。

（3）隔离性稳定。虚拟化的隔离技术确保了封装后的虚拟机在共享了一台物理计算机的情况下，相互之间不产生影响。也就是说，其中一台虚拟机发生死机，并不会影响在同一台物理计算机上运转的其他虚拟机的正常使用。

（4）硬件独立性。虚拟机使用者可以灵活配置虚拟计算机组件，这种配置可以与物理机完全不同，例如，不同的虚拟机可以安装不同的操作系统。

目前，虚拟化技术最常见的两个应用场景是服务器合并和桌面虚拟化。服务器合并就是把分布在多台不同物理机上的应用合并安装在一台有多台虚拟机的物理机上。桌面虚拟化就是用户通过客户端访问服务器上封装的虚拟机，用户体验与现场物理机相同，其关键不再取决于用户客户端现场性能，而是取决于后台虚拟机的配置。虚拟化技术最有用的两个价值在于将资源进行“池化”和将用户需求与物理基础设施的绑定进行分离。资源“池化”后可以定义最小化的资源单元，实现最大化的资源利用。而将用户需求和物理基础设施分离，则实现了资源使用的灵活性。

二、分布式计算

分布式计算就是把一个大任务分解成很多个小任务并分配到不同的计算资源上进行处理。分布式计算能够有效解决成本、效率和扩展性之间的平衡问题。

在云计算之前，网格计算是分布式计算的典型代表。网格计算的基本思想是通过把分散在互联网各处的硬件、软件、信息资源联结成一个巨大的整体，使人们能够利用地理上分散于各处的资源，完成各种大规模的、复杂的计算和数据处理任务。网格计算是一种互联网级别的分布式计算方式，关注点在于利用互联网上分布的计算资源，也是最接近云计算的概念。网格计算更关注社会化资源的利用，实现集中并行处理大型计算任务，这与普通企业的需求不匹配，但是网格计算技术为云计算的发展奠定了关键的技术基础。

分布式计算是云计算最重要的支撑技术之一，它解除了用户和大型应用系统的绑定关系，与虚拟化技术在解除用户与物理基础设施的绑定关系方面有异曲同工之妙。分布式计算在孕育云计算的同时，也重塑了云计算环境下的应用和服务形态。分布式计算作为云计算的关键技术，既可以支持不同地理上分布的计算资源的有效利用，又使得大数据应用的计算方式从复杂变为简单。

三、分布式数据存储和管理技术

云计算系统由大量服务器组成，为大量用户服务，因此云计算系统采用分布式存储的方式存储数据。传统的网络存储系统采用集中的存储服务器存放所有数据，不能满足大规模存储应用的需要，而分布式网络存储系统用冗余存储的方式（集群计算、数据冗余和分布式存储）来保证数据的可靠性。冗余存储的方式通过任务分解和集群，用低配机器替代超级计算机的性能来保证低成本，这种方式保证了分布式数据的高可用性、高可靠性和经济性，即为同一份数据存储多个副本。

云计算的另一大优势就是能够快速、高效地处理海量数据。因此，数据管理技术必须能够高效地管理大量的数据。由于云数据存储管理形式不同于传统的数据管理形式，因此，如何在规模巨大的分布式数据中找到特定的数据，也是云计算数据管理技术必须解决的问题。同时，管理形式的不同造成了传统的 SQL 数据库接口无法直接移植到云管理系统中来，因此目前的一些研究也在关注为云数据管理提供 RDBMS 和 SQL 的接口。另外，在云数据管理方面，如何保证数据安全性和数据访问高效性也是研究关注的重点问题之一。

此外，信息系统仿真系统在大多数情况下会处在多节点并发的执行环境中，要保证系统状态的正确性，就必须保证分布数据的一致性。为了解决分布的一致性问题，很多公司和研究人员提出了各种各样的协议。在云计算出现之前，解决分布的一致性问题取决于众多协议，但对于大规模甚至超大规模的分布式系统来说，无法保证各个分系统、子系统都使用同样的协议，因而无法保证分布的一致性问题得到解决，而云计算中的分布式资源管理技术就很好地解决了这一问题。

四、并行编程技术

云计算采用并行编程模式。在该模式下，并发处理、容错、数据分布、负载均衡等细节都被抽象到一个函数库中，通过统一接口，用户大尺度的计算任务被自动并发和分布执行，即将一个任务自动分成多个子任务，并行地处理海量数据。

并行计算出现在20世纪60年代初期，这时晶体以及磁芯存储器开始出现，处理单元变得越来越小，存储器也变得更加小巧和廉价。并行计算在高性能计算领域发展迅速，其体系结构也在不断变化。并行计算所依赖的平台被称为并行机，并行机由多个节点组成，任务被分解到各个节点，在各个节点并行运行。早期的并行节点并不是互相完全独立的主机，而是更像一台主机的各个模块。到了20世纪90年代，随着网络设备的发展以及MPI/PVM等并行编程标准的发布，集群架构的并行计算机开始出现，此时的并行计算硬件平台的节点就是彼此独立的主机了。

现代的并行机体系结构有对称多处理共享存储并行机、分布共享存储并行机、大规模并行机和并行向量多处理机。所有这些体系结构的并行机都是位于云端的，但和云计算没有直接的关系。随后，诞生于微处理器性能和网络带宽飞速发展时代的工作站群，是另一种体系结构的并行机，它为云计算的诞生奠定了基础。对于信息系统仿真这种复杂系统的编程来说，并行编程模式是一种颠覆性的革命，它基于网络计算等一系列优秀成果，更加彻底地体现了面向服务的体系架构技术。

分布式并行编程模式创立的初衷是更高效地利用软、硬件资源，让用户更快速、更简单地使用应用或服务。在分布式并行编程模式中，后台复杂的任务处理和资源调度对于用户来说是透明的，这样用户体验能够大幅提升。

第四节　云计算在金融领域的应用——金融云

一、金融云的功能与作用

接入大规模信息技术基础设施曾被视为进入金融部门的一大障碍。但是，技术进步让这一障碍几近不复存在。科技巨头凭借巨大的规模经济大大降低了数据中心的运营成本。云服务提供商依靠自动化来管理提供的服务，它们使用复杂的算法来分配计算资源，云计算可以像电力和水资源那样按需使用。这样一来，较小的组织也可以通过云计算来访问强大的计算资源。因此，建立数据中心需耗费的巨大的前期成本不再构成进入金融等数据密集型行业的障碍，这大大促进了金融科技初创企业的发展。更加便宜、更易访问的信息技术基础设施正在加速金融脱媒，它与开放的金融机构协同作用，将使金融机构重构其运营模式。

随着互联网技术在金融行业应用范围的逐步扩大，几乎所有提供金融服务的企业都开始接触云计算。这些企业的交易活动如果在云上发生，那么过程中产生的数据经综合处理后将可为金融业提供大量的场景，同时帮助金融机构更好地进行经营决策和风险控制。和很多行业相似，金融行业的主要成本也可以归为连接成本（例如网点、柜面、保险代理人等）、计算成本和信息成本。云计算等互联网技术使金融业和实体业进一步结合起来，既降低了金融行业的成本，又扩大了金融的覆盖面，使金融业的发展成果惠及更多产业，更好地服务实体经济，特别是中小微企业、个人、“三农”等原先金融服务的薄弱领域。

在这样的行业背景下，金融云有三种方式来推进与行业的合作：第一种是推进在金融云之上的行业云合作，即由行业内或某个区域内起主导作用或掌握关键资源的组织建立和维护，以公开或半公开的方式，向行业内部或相关组织和公众提供有偿或无偿服务的云平台；第二种是帮助大中型客户做专有云，由客户独享使用，同时解决 IT 效能和效率问题；第三种是与很多金融机构合作，追求协同发展。金融机构可以灵活地选择合作方式，也可以根据业务和 IT 需求实现混合云模式。

二、金融云标准体系建设

金融行业的 IT 业务架构发展通常分为三个阶段。第一阶段是传统金融机构的业务，需要以柜面为中介或者需要中间人来介入。然而，只要是有人介入的业务，并发量一定不会很大。在这种情况下，传统 IT 架构可以很轻松地实现。第二阶段是强交互性的业务场景，主要有三大类：第一类是以互联网为渠道的业务；第二类是以移动互联网为渠道的业务；第三类是以互联网或者移动互联网为场景的业务。这三类业务会有强烈的交互性，而且会有很大的并发量，于是 IT 架构走向了云架构。第三阶段是数据驱动的业务，由于第二阶段的数据积累，金融机构可以更好地利用数据来做风控、定价、营销、提供客户体验等。

因此，金融行业未来一定会因为技术发展出现行业革新，基于传统 IT 的部分会增长缓慢甚至萎缩，而基于云计算、大数据和互联网的部分会增长得很快。

根据金融行业的特点和金融云发展的实际需要，金融云标准体系建设应包括基础、技术产品等通用标准，以及能体现金融业特点的服务、安全、应用等标准。具体来说，金融云标准体系包括通用类、安全类、服务类及应用类共四大类。其中，通用类标准主要包括基础设施、软件硬件、网络构架等技术产品方面的标准，这些标准专业性强，主要依赖信息产业及主管部门已有或正在研制的相关标准，金融行业作为应用部门直接应用已有的通用标准。而安全类、服务类、应用类标准，将直接体现金融行业特色和个性化要求，需要组织力量进行研究。

在金融云安全标准的制定过程中，对安全技术和产品标准、安全基础标准等通用标准直接应用已有标准，而体现金融行业特色的云安全标准主要围绕数据安全与隐私保护及可信服务来研制金融云安全标准，如敏感数据的定义，私人信息的安全保护和披露，传输、存储加密，云密码服务，数据损毁、丢弃的处置，数据一致性保护和校验等。金融云安全标准是顺利开展金融云服务的基础，科学、合理和实用的金融云标准体系建设是大规模开展金融云服务的前提。

金融云服务标准是在参考已有的涉及云服务设计、部署、交付、运营和采购以及云平台间的数据迁移等通用的相关标准的基础上，重点聚焦金融云服务准入与资质、服务能力与质量评估、交易异常的责任分担与赔付等内容，保证金融行业重点关注的业务连续性、可靠性等。其中，满足金融云服务的准入、资质要求可增强金融云服务的可信性；服务能力要求和质量评估可增强金融云服务的可靠性；交易异常的责任分担可以解决业务正常开展面临的保障问题。

云计算服务提供商正在打造的云上金融生态是产融结合在云端的一种具体实现方式。以阿里云为例，其打造的云端金融大生态分成四层，第四层即最低一层是金融服务层，包括一系列金融机构和互联网金融公司。金融云作为各类机构之间的多端口转接器，可以降低机构之间合作的成本，方便彼此之间的同业合作，让金融创新变得更简单。第三层是解决方案层，多家科技公司为金融创新提供多种解决方案，金融云集合这些提供商的服务形成一整套云上解决方案。金融行业所服务的目标是产业，云端金融最上面一层是产业经济层，包括小微企业、个人、“三农”等。第二层是产融结合层，也叫场景化生态层或金融 O2O 层，这一层的目标是打通金融和产业之间“最后一公里”，包含了消费侧和供给侧两端的各种实际应用。通过金融服务层、解决方案层、场景化生态层、产业经济层这四个层级的构建，金融云实现了资金流、数据流、客户流的有效归集与良性循环，实现了二者零距离有机互动和有效融合。

三、金融云在推进合作过程中遇到的问题与应对措施

一是数据安全的问题。到目前为止，中国针对云上数据保护的法律法规或标准体系尚不成熟，一些金融客户担心云上数据会被云服务提供商擅自读取或利用。在 2015 年，阿里云与浪潮、用友、英特尔等业内大型厂商率先联合公开发起“数据保护倡议”，呼吁运行在云计算平台上的开发者、企业、政府、社会机构的数据的所有权绝对属于客户；云计算平台不得将这些数据移作他用；平台方有责任和义务帮助客户保障其数据的私密性、完整性和可用性。这些基本的行业准则需要大家共同遵守，并加紧形成制度或者在立法层面进行推动。

二是业务连续性的问题。一些金融客户担心云上资源与其他客户共享，进而受其他客户的影响；一些金融客户担心云服务提供商可能管理不当，导致云平台出现故障，进而影响到客户业务系统的连续性；还有人担心云平台自身可能存在安全漏洞。为提高业务连续性保障，阿里云于 2016 年通过 ISO22301 业务连续性管理国际认证，力争向客户提供最好的服务。对于金融企业来讲，在很多情况下技术创新可跨越国界，因此行业内企业应该按照国际标准来规范其自身业务框架。

三是关于监管合规的问题。由于与云计算相关的金融监管政策不明朗，金融机构在合规方面可能出现问题。实际上我国早在 2013 年就出台了《中国保监会关于专业网络保险公司开业验收有关问题的通知》，明确表示对云计算的支持。此后，国务院于 2015 年发布《关于促进云计算创新发展培育信息产业新业态的意见》，明确鼓励发展公共云计算。2016 年 7 月银监会向社会公开征求对《中国银行业信息科技“十三五”发展规划监管指导意见（征求意见稿）》的意见，其中把开展云计算应用作为主动实施架构转型的主要手段。2024 年，中国人民银行等七部门发布《推动数字金融高质量发展行动方案》，该方案明确提出了要促进金融机构数字化转型，强化数字技术支撑能力，提升数字化经营管理能力，并推动数字技术在金融领域的应用。云计算作为重要的数字技术之一，在方案中得到了明确提及和支持。

因此，从整体发展态势来看，金融监管部门对云计算的态度已经逐渐从观望转向支持和鼓励。

随着金融科技浪潮的兴起，中国金融机构在云计算领域的创新走在世界前列，为了促进云计算产业进一步健康规范发展，助力金融科技转型，行业规范必不可少：一是要对云服务提供商进行分级分类管理。金融机构必须根据自身业务系统安全级别要求选择相应安全级别的云服务平台，鼓励云服务提供商根据自身实力和业务目标建设合适安全等级的云平台。二是要建立相对统一的云服务管理机制。应由专业第三方评估机构按照标准对云服务提供商进行统一审查评估，鼓励对云服务提供商的审查结果在各行各业通用复用，消除用户自行选择云服务提供商没有依据的顾虑，减轻云服务提供商应对不同行业管理要求的负担。三是要优先鼓励发展公共云服务。云服务本身就是一种规模经济，只有达到一定规模的云平台才能真正做到计算能力按需弹性扩展，从而真正降低用户成本，节约社会资源消耗，真正提供专业化的运营和服务。

延伸阅读

金融云服务——银银平台

本章小结

云计算以分布式计算为核心，通过整合网络上的海量资源，形成资源“池化”，在方便用户随时随地取用资源的同时，提高了资源的利用效率。正因为云计算有着超强的实用性，所以它仅在十多年间就从一个新兴概念逐步发展成为信息技术产业的战略重点，而且在金融领域得到了广泛运用。

关键术语

云计算、资源“池化”、分布式计算、金融云

思考题

1. 云计算具体指什么？
2. 云计算有什么特征？
3. 云计算的三大模式有什么区别和联系？
4. 有哪些技术服务于云计算？它们又是如何服务于云计算的？
5. 云计算在金融领域的应用前景如何？

第四章
人工智能

教学目标

1. 了解人工智能的发展历程及现状；
2. 掌握人工智能的基本概念；
3. 熟悉人工智能的常用算法和底层技术；
4. 深入理解人工智能的相关案例。

引言

有这样一位“学习达人”，“他”的学习速度是人类的几万倍，只需花费数小时便可以获得常人一生才能获取的知识量，仅经过数月的学习训练就能战胜当今最强的围棋棋手！

有这样一位“翻译专家”，“她”能够同步将他人所述翻译成任何语言，无论是准确性还是流畅度都不逊色于学习多年的专业翻译！

有这样一双未卜先知的“眼睛”，它能将城市里错综复杂的十字路口和成千上万的路段都尽收眼底，并能提前告诉你 5 分钟后、10 分钟后乃至 1 小时后的路况信息！路况预测准确率在 91%以上！

…………

“他”“她”“它”的背后，都有一个共同的名字：人工智能。人工智能到底是什么？它能为人类做什么？我们该如何使用它？它与金融是如何结合的？这些问题你都可以从本章中获得答案。

第一节　人工智能的发展历程与现状

一、人工智能的起源

人工智能（Artificial Intelligence，AI）的思想萌芽最早可以追溯到 17 世纪由帕斯卡（Pascal）和莱布尼茨（Leibniz）提出的有智能的机器的想法。英国科学家巴贝奇（Babbage）于 1834 年发明了分析机，这是第一架“计算机器”，它被认为是现代电子计算机的前身，也被认为是人工智能硬件的前身。世界上第一台电子计算机“ENIAC”由莫克利（Mauchly）和埃克特（Eckert）于 1946 年发明，电子计算机的问世使人工智能的研究真正成为可能，自此，开始人们对人工智能的研究不再局限于理论，而是可以真正制造出有智能的机器。

作为一门学科，人工智能于 1956 年诞生，由约翰・麦卡锡（John McCarthy）、萨缪尔（Samuel）、明斯基（Minsky）、罗切斯特（Rochester）和香农（Shannon）等一批数学家、信息学家、心理学家、神经生理学家、计算机科学家在达特茅斯学术会议上首次提出，并正式采用了“人工智能”这一术语。同时，在这次会议上，萨缪尔首次提出了“机器学习”这一名词。自此，一个研究如何用机器来模拟人类智能的新兴学科诞生了，其被划分为计算机科学的一个分支。1969 年举办的国际人工智能联合会议则标志着人工智能已得到了国际社会的认可。

二、人工智能的定义

美国斯坦福大学人工智能研究中心的尼尔斯・约翰・尼尔逊（Nils John Nilsson）教授给人工智能下了这样一个定义：人工智能是关于知识的学科，是关于怎样表示知识以及怎样获得知识并使用知识的科学。美国麻省理工学院的帕特里克・温斯顿（Patrick Winston）教授这样认为：“人工智能就是研究如何使计算机去做过去只有人才能做的智能工作。”虽然在表达方式上有所不同，但它们所反映的基本思想和基本内容是一致的，即人工智能是研究和开发用于模拟人类智能活动，以延伸人们智能的理论、方法、技术及应用系统的一门技术科学。

2024 年诺贝尔物理学奖得主杰弗里・辛顿（Geoffrey Hinton）认为人工智能是通过构建人工神经网络，利用统计学、物理学等方法，让计算机模拟人类的学习、记忆等智能活动，从而使机器能够处理和理解信息、发现数据中的特征和模式，并应用于图像识别、自然语言处理等多个领域。

三、人工智能的发展历程

1950 年，阿兰・图灵（Alan Turing）提出了图灵测试，据此来判定计算机是否智能。图灵测试认为：如果一台机器能够通过电传设备与人类展开对话而不被辨别出其机器身份，那么这台机器就被认为具有智能。

20 世纪 50 年代到 70 年代初，人工智能研究处于“推理期”，那时人们着力于赋予机器逻辑推理能力，认为具有这一能力的机器即具有“智能”。这一阶段的代表性研究主要有纽厄尔（Newell）和西蒙（Simon）的“逻辑理论家”（Logic Theorist）程序以及此后的“通用问题求解”（General Problem Solver）程序等。这些研究在当时取得了令人振奋的结果。例如，“逻辑理论家”程序证明了《数学原理》中的全部定理，甚至对有些定理的证明比原作者罗素（Russell）和怀特海（Whitehead）更巧妙，纽厄尔和西蒙也因此获得 1975 年图灵奖。大量优秀学者的投入掀起了人工智能发展的第一个高潮，也正因为发展初期的大量突破性进展，学者们对人工智能的期望大幅提升了，大家开始尝试挑战更艰难的任务，并提出了一些不切实际的研发目标。然而，接二连三的失败和预期目标落空带来的沮丧感使人工智能发展步入了低谷。

学者们逐渐意识到仅具有推理能力是远远实现不了人工智能的，要使机器具有智能，首先必须设法使机器拥有知识。于是，从 20 世纪 70 年代中期开始，人工智能研究进入了“知识期”。在这一时期，大量“专家系统”问世，这些发明在医疗、化学、地质等应用领域取得了显著的成果，人工智能也迎来了发展的新高潮。费根鲍姆（Feigenbaum）作为“知识工程”之父于 1994 年获得图灵奖。由此，人工智能实现了巨大的突破，完成了从理论研究走向实际应用、从一般推理策略探讨转向专门知识运用的重大转变。

随着人工智能的应用规模不断扩大，专家系统存在的推理方法单一、缺乏常识性知识、应用领域狭窄、缺乏分布式功能、难以与现有数据库兼容等问题逐渐暴露出来，一些学者由此期待机器能够像人类一样具有自主学习知识的功能，之后机器学习便开始走上了历史的舞台。

20 世纪 90 年代中期至 2010 年，由于网络技术的发展，人工智能的创新研究加速了，人工智能技术进一步走向实用化。2010 年，机器学习里边的一个领域创造出了新的天地，它就是人工神经网络（Artificial Neural Network，ANN）。人工神经网络是一种模拟人脑的形式，是从信息处理角度对人脑神经元网络进行抽象，建立某种简单模型，按不同的连接方式组成不同的网络。2017 年，谷歌提出新的学习框架 Transformer，大大提高了机器在文字学习方面的效率和速度。2022 年，ChatGPT 及其底层大模型 GPT-3.5 横空出世。2024 年，AI 领域迎来一个重要的里程碑，诺贝尔物理学奖颁给了神经网络之父，化学奖颁给了谷歌 DeepMind 的掌门人，这充分表明 AI 已经被正式认可为一项能够改变世界的技术。

四、关于人工智能的争论

目前距人工智能发展起步仅仅半个世纪，但是这半个世纪以来，人工智能发展速度极其迅猛，可以说是日新月异。然而，在给人类生产、生活带来便利的同时，人工智能也冲击着我们的经济、政治、文化、伦理道德。因此，人们产生了许多关于人工智能的争论，争论的焦点主要集中在人工智能是否具有主体地位、人工智能的伦理设计方式和人工智能对人类及其未来的影响这三个方面。

（一）人工智能是否具有主体地位

针对人工智能是否具有主体地位这一问题，学界在以下三个方面依然争论不休。首先，人工智能是否可能具有独立思维？一部分学者认为，只有人具有思维、精神、心灵等，人工智能不具备这些。而对此持肯定态度的学者却认为，人和人工智能本质上是一样的，人类所谓的思维、精神、心灵、自由意志等不过是一种生化算法，其本质仍是大脑近千亿个神经细胞（神经元）互动而产生的电化学活动，因此人工智能完全有可能发展出和人类一样的思维。

其次，人工智能是否可能具有自由意志？大部分学者认为，人具有无限的可能性，而人工智能只是有限的存在。和人类相比，人工智能具有如下三个特点：人工智能把非己，即人类作为自己存在的目的；人工智能只是专门处理某一方面问题的工具，并不能做到像人一样随着环境的变化处理各式各样的问题；人工智能只能规规矩矩地按章办事。由此他们认为：人工智能作为有限的存在，不具有自由意志，因此不具备主体地位的资格。然而，也有学者指出，量子力学中有个著名的实验叫作“薛定谔的猫”，即在既定的实验程序下可以出现不确定的结果，这就为人工智能的未来带来了无限的可能。

最后，人工智能是否可能具有“人性”？古往今来，不少学者都对人具有社会性这一特点极为关注，许多学者认为人工智能只是一堆金属，即使最终会有思考的能力，也不可能会有社会性，他们不可能会像人一样具有丰富的情感，不会懂得喜怒哀乐，也不会产生欲望与追求，不会理解人类的情感，通俗来说即没有“人性”，也因此无法和人类一样拥有主体地位。然而，不少学者并不这样认为。他们指出：这个问题完全可以在技术发展到一定程度之后加以克服。现今虚拟技术日益发达，以后可以将人工智能放入虚拟时空，使人工智能在经过加速之后的时间里获得与人类相同的真实的社会经历，从而产生和人类一样的情感，此时人工智能便可以完全融入人类社会。

（二）人工智能的伦理设计方式

对人工智能是否具有主体地位这一问题的不同看法导致了对人工智能的伦理设计方式的争论：认为人工智能同样具有主体地位的学者倾向于认为，人工智能应采用自下而上自主学习的方式学习人类的伦理道德和价值观；而对人工智能是否具有主体地位这一问题持否定态度的学者则认为，人工智能的伦理设计应采取自上而下的方式来“嵌入”人类的伦理道德和价值观。对此学界至今未达成一致，且现今无论是自下而上自主学习的方式还是自上而下“嵌入”的方式都面临着重重困难与挑战。因此，将自主学习和“嵌入”的方式结合起来，吸收二者的优点的同时避免二者的缺点，看起来是目前较好的选择。

（三）人工智能对人类及其未来的影响

最后一个同时也是当前引起最多争议的一个问题是：人工智能会对人类及其未来产生什么影响？如今人工智能不仅用于工作，而且对我们的经济、政治和日常生活都产生了深远的影响。面对人工智能的蓬勃发展，我们不免陷入迷茫，因为我们无法准确地预测人工智能未来的趋势，无法准确判断人工智能的飞速发展是好事还是坏事，其背后究竟是机遇还是挑战。认为人工智能不具有主体地位、提议采取自上而下的方式来“嵌入”人类的伦理道德和价值观的学者大都对此持乐观态度；而认为人工智能具有主体地位、倾向于使人工智能自下而上自主学习人类的伦理道德和价值观的学者则普遍持悲观态度。目前，对人工智能对人类及其未来的影响只能从实践的角度去看，只有随着科技和社会的发展我们才能看清人工智能和人类的未来。人类需要及时联合起来制定人工智能相关的规章制度以及学会控制人工智能的使用，从而规避人工智能带来的灾难，共同实现人类长久、最大化的幸福和安全。

五、国内外人工智能的发展动态

（一）国内人工智能的发展动态

近年来，国内人工智能产业发展迅速，工信部发布的数据显示，截至 2023 年 6 月，我国人工智能核心产业规模已经达到 5 000 亿元，人工智能企业数量超过 4 400 家，仅次于美国，全球排名第二。与美国相比，中国人工智能被广泛应用于包括智慧城市、智能制造、智慧农业和科学智能在内的 20 个细分领域。下面从多个方面描绘中国人工智能的发展面貌。

1. 论文产出方面

根据乔治城大学的数据分析平台 ETO 发布的报告，2017—2022 年间，全球共发表了 125.5 万篇人工智能相关论文，而中国以 24.3 万篇的发表量位居榜首，占总数的 19.4%，远超美国的 17.1 万篇（仅占 13.6%）。在被引用次数最多的 10%论文中，美国有 34 036 篇，而中国紧随其后，有 29 229 篇。

2. 专利申请方面

2010—2020 年，中国人工智能专利申请量占全球申请总量的 72%。中国原创专利申请量居全球第一，占 44.15%，已经超过了美国和日本。但专利布局主要集中在国内，海外专利布局严重不足，占专利申请总量的 2%。美国海外专利布局量最大，高达 29%以上，其次是日本，占比达 26%。

3. 人才投入方面

中国在杰出人才比例上不尽如人意，按高 H 因子（又称 H 指数，用于评价科学家的科研绩效）衡量的中国杰出人才与美国相比差距过大。但根据麦克罗波洛智库统计，2022 年中国培养的全球顶级人工智能研究人员比例升至 47%，较 2019 年的 29%有了大幅提升。来自中国的人工智能人才在质量上也取得了进步，最精英的（前 2%）人工智能人才现在有 26%出自中国，美国是 28%，两者非常接近。

4. 企业规模方面

截至 2023 年 6 月底，全球人工智能企业共计 3.6 万家，中美英企业数量名列前茅。美国人工智能企业数量约为 1.3 万家，在全球占比达到 33.6%，中国占比为 16.0%，英国占比为 6.6%，美中英的人工智能企业数量合计占到全球的 56.2%。具体到人工智能独角兽企业情况来看，截至 2023 年 6 月底，全球人工智能领域独角兽企业总数达 291 家，美国和中国分别有 131 家和 108 家。

5. 风险投资方面

截至 2023 年 12 月 14 日，中国人工智能行业一共有 10 110 起投资事件发生，总计融资金额为 37 762 亿元。其中投资事件主要集中在企业服务、先进制造和汽车交通领域，占比分别为 38%、31%和 13%。

6. 产品应用方面

中国人工智能市场增长迅速，其中计算机视觉市场规模最大，应用范围最为广泛；语音和视觉类产品最为成熟。伴随着算法、算力的不断演进和提升，有越来越多的基于语音、自然语言处理和视觉技术的应用和产品落地。

(二) 国外人工智能的发展动态

世界主要发达国家均把发展人工智能作为提升国家竞争力、维护国家安全的重大战略。自 2013 年以来，美国、德国、英国、法国、日本等国纷纷出台人工智能战略和政策。2019 年，美国推出国家级人工智能战略，强调加大对人工智能人财物资源方面的投入。2021 年，英国发布《国家人工智能战略》，提出未来十年将英国打造成全球人工智能超级大国。各国人工智能战略各有其侧重点：美国主要关注人工智能对国土安全、经济发展和科技领先等方面的影响；欧盟国家更为关注人工智能带来的安全、隐私、尊严等方面的伦理风险；日本则希望能够利用人工智能技术来推进其超智能社会的建设。

各国的重点研发领域以及重点应用领域如表 4-1 所示。

表 4-1 各国人工智能领域研发及应用情况

国家	重点研发领域	重点应用领域
美国	特朗普提出的 FY2019 预算要求是美国历史上第一个指定人工智能和自主、无人系统作为行政研发重点的预算	国土安全领域：面部识别洪水预测分析项目、可穿戴警报系统等 医疗领域：《医疗影像研究和发展路线图》中提到的人工智能和医学影像的协调
德国	人机交互；云计算；智能服务；大数据；网络安全	农业；生态经济；智能交通；数字社会
法国	超级计算机	电子政府；医疗护理；性别平等（对女性的人工智能教育）
英国	硬件 CPU；身份识别	海域工程；太空宇航
日本	脑信息通信；语音识别；创新型网络建设	生产自动化；物联网；医疗健康及护理；自动驾驶和无人配送

第二节 人工智能技术

一、人工智能包含的主要学科种类

(一) 机器学习

机器学习（Machine Learning，ML）是一门多领域交叉学科，其内容涉及概率论、统计学、逼近论、凸分析、算法复杂度理论等多门学科。机器学习是人工智能的核心，是使得计算机具有智能的根本途径，其主要研究目的为：设计算法使计算机能够模拟或实现人类的学习行为以获取新的知识和技能，并且在学习过程中重新组织已有的知识结构，从而使自身不断优化。其应用遍及人工智能的各个领域，主要使用归纳、综合而不是演绎的方法。

一个机器学习器的表现是否优良是通过误差指标来进行判断的。我们将学习器的实际预测输出与样本的真实输出之间的差距称作误差，将学习器在训练集上的误差称作“训练误差”或“经验误差”，将学习器在新样本上的误差称作“泛化误差”。我们希望得到的是泛化误差较小的学习器。为了达到这一目的，应在训练样本时尽可能“学出”适用于所有潜在样本的“普遍规律”，这样才能在对新样本进行判别时得到尽可能正确的结果。我们将对训练样本的一般性质学习得不够好的情况称为“欠拟合”，这通常是由学习能力低下导致的。而将训练样本学得太好的情况称为“过拟合”，这是由于学习器将训练样本自身的一些特性当成了所有样本的共性，因而会导致泛化能力的下降，这通常是由学习能力太强导致的。

机器学习算法主要分为两类：监督学习算法和无监督学习算法。监督学习算法根据输入数据集以及已知输入数据对应的输出结果训练模型，使模型能够为新的输入数据的响应生成合理的预测。而无监督学习算法在训练时并不提供对应的输出结果，学习器仅可以从输入数据中寻找隐藏的模式或内在结构。监督学习算法一般包括分类与回归两种类型。分类问题的目标变量只在有限目标集中取值，比如，对于最简单的手写数字识别问题，目标结果在集合｛0、1、2、3、4、5、6、7、8、9｝中。而回归问题的目标变量是数值型的，它可以从无限的数值集合中取值，比如预测乐高玩具套装的价格，它可以是你设想的任意一个数字。

下面对几种常用的机器学习算法进行简单的介绍。

1. 支持向量机

支持向量机（Support Vector Machine，SVM）属于一种监督学习算法，于20世纪90年代中期发展起来，是一种基于统计学习理论的机器学习方法，可用来解决分类问题和回归问题，目前被广泛应用于分类问题。其基本思想是求解能够正确划分训练数据集并且几何间隔最大的分离超平面；其学习策略是使间隔最大化，最终化为一个凸二次规划问题的求解。支持向量机可分为线性可分支持向量机、线性支持向量机和非线性支持向量机。

2. 随机森林

随机森林也是一种监督学习算法，这个术语源于1995年由贝尔实验室的何（Ho）所提出的随机决策森林（Random Decision Forest）。在机器学习中，随机森林是指一个包含多个决策树的分类器，并且其输出的类别是由个别树输出的类别的众数决定的。里奥·布雷曼（Leo Breiman）和阿黛尔·卡特勒（Adele Cutler）开发了推论出随机森林的算法，这一算法是结合布雷曼的“Bootstrap Aggregating”和何的“Random Subspace Method”以建造决策树的集合。

3. K最近邻算法

K最近邻算法是一种监督学习算法，也是一种最简单的机器学习算法，理论上比较成熟。所谓K最近邻，就是K个最近的邻居的意思。该算法的思路是：在特征空间中，如果一个样本附近的K个最近邻样本的大多数属于某一个类别，则该样本也属于这个类别。即，给定一个训练数据集，对新的输入实例，在训练数据集中找到与该实例最邻近的K个实例（也就是上面所说的K个邻居），这K个实例的多数属于某个类，就把该输入实例分类到这个类中。

4. 谱聚类

谱聚类是一种基于图论的无监督聚类方法，相较传统的K均值算法，谱聚类算法对数据分布的适应性更强，聚类效果更优，同时聚类的计算量也小很多，最重要的是实现起来并不复杂。该算法的主要思路是：把所有数据都看作空间中的点，用边将这些点连接起来。距离较远的两个点之间的边权重值较低，而距离较近的两个点之间的边权重值较高。通过对所有数据点组成的图进行切图，使得切图后不同的子图间边权重和尽可能地低，而子图内的边权重和尽可能地高，从而达到聚类的目的。

今天，在计算机视觉、自然语言处理等计算机应用技术领域，机器学习已成为最重要的技术进步源泉之一。机器学习还为许多交叉学科提供了重要的技术支撑。通过不断地在不同学科进行应用，机器学习已经与普通人的生活密切相关。例如在天气预报、能源勘探、环境监测等方面，有效地利用机器学习技术对卫星和传感器发回的数据进行分析，是提高预报和检测的准确性的重要途径；在商业营销中，有效地利用机器学习技术对销售数据、客户信息进行分析，不仅可以帮助商家优化库存、降低成本，而且有助于针对用户群设计特殊的营销策略。

（二）深度学习

深度学习是机器学习的一个分支，它除了可以学习特征和任务之间的关联以外，还能自动从简单特征中提取更加复杂的特征，是一种能够使计算机系统从经验和数据中得到提高的技术。深度学习通过其他较简单的表示来表达复杂表示，解决了表示学习中的核心问题，它还让计算机通过较简单概念构建复杂概念。深度学习模型的经典例子是前馈神经网络或多层感知机。多层感知机仅仅是一个将一组输入值映射到输出值的数学函数。该函数由许多较简单的函数复合而成。我们可以认为：不同数学函数的每一次应用都为输出提供了新的值。

至今已有数种深度学习框架，如深度神经网络、卷积神经网络（CNN）、深度置信网络和递归神经网络被应用于计算机视觉、语音识别、自然语言处理、音频识别与生物信息学等领域并获得了极好的效果。深度学习兴起于谷歌的人工智能团队在2016年的AlphaGo事件：在一场万人瞩目的比赛中，AlphaGo首次击败世界冠军李世石。深度学习自此逐渐被众人关注。

下面对两种目前最常用的深度学习模型进行介绍。

1. 循环神经网络模型

循环神经网络（Recurrent Neural Network，RNN）模型源自1982年由约翰·霍普菲尔德（John Hopfield）提出的霍普菲尔德网络。它是一类以序列（Sequence）数据为输入，在序列的演进方向进行递归且所有节点按链式连接的递归神经网络，可以理解为 Recurrent Neural Network＝A network with a loop，即带环的网络结构，如图 4－1 所示。

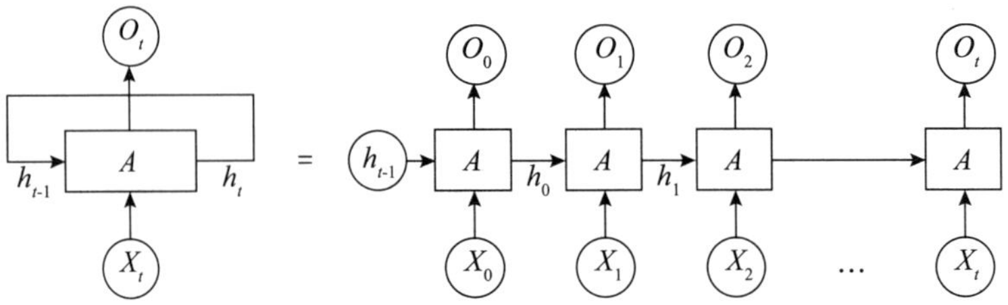

图 4－1　循环神经网络结构图

图 4－1 中左边部分是 RNN 模型没有按时间序列展开的图，右边部分是按时间序列展开的图。我们重点观察右边部分的图。

这幅图描述了在序列索引号 t 附近的 RNN 模型。其中：

A 代表 RNN 模型。

X_t 代表在序列索引号 t 时训练样本的输入。同样地，X_{t-1} 和 X_{t+1} 分别代表在序列索引号 $t-1$ 和 $t+1$ 时训练样本的输入。

h_t 代表在序列索引号 t 时模型的隐藏状态。h_t 由 X_t 和 h_{t-1} 共同决定。

O_t 代表在序列索引号 t 时模型的输出。

RNN 模型的主要用途是处理和预测序列数据。由上述结构图我们可以看出，RNN 模型最大的优点在于：RNN 会记忆之前的信息，并利用之前的信息影响后面节点的输出。也就是说，RNN 的隐藏层之间的节点是有连接的，隐藏层的输入不仅包括输入层的输出，还包括上一时刻隐藏层的输出。这同全连接神经网络或卷积神经网络模型中仅有层与层之间全连接或部分连接，但每层中的节点无连接的结构有着很大的不同。因此，RNN 模型在挖掘数据中的时序信息方面实现了突破。

但传统的 RNN 模型在训练过程中的梯度下降过程中，更加倾向于按照序列结尾处的权值的正确方向进行更新，即：越远的序列输入对权值的正确变化所能起到的“影响”越小，所以训练的结果往往偏向于新的信息，不太有较长的记忆功能，所以也只是理论上可以记忆任意长的序列，在实际训练长时间序列数据的过程中会出现梯度消失和爆发的问题，导致网络几乎不可训练。

2. 长短期记忆神经网络模型

长短期记忆（Long Short-Term Memory，LSTM）神经网络模型由霍克赖特（Hochreiter）和施米德胡贝（Schmidhuber）在 1997 年首先提出，并在后来的工作中被很多人改进和推广，如格尔斯（Gers）等在 2000 年通过引入遗忘门使其更有效。LSTM 神经网络作为 RNN 的变体，解决了 RNN 存在的梯度消失问题，在挖掘序列数据长期依赖关系中极具优势，现在被广泛应用于时间序列的预测、图像识别与描述、语言系统、机器翻译等领域。

LSTM 神经网络中会包含多个判断信息有用与否的 cell，每一个 cell 中存在三扇门，分别为输入门、遗忘门和输出门。输入门控制输入信息中可以流入 cell 中的数量，遗忘门控制上一时刻 cell 中的信息可以累积到当前时刻的 cell 中的数量，输出门控制当前时刻 cell 中的信息可以流入当前隐藏状态中的数量。

LSTM 神经网络的结构如图 4－2 所示。

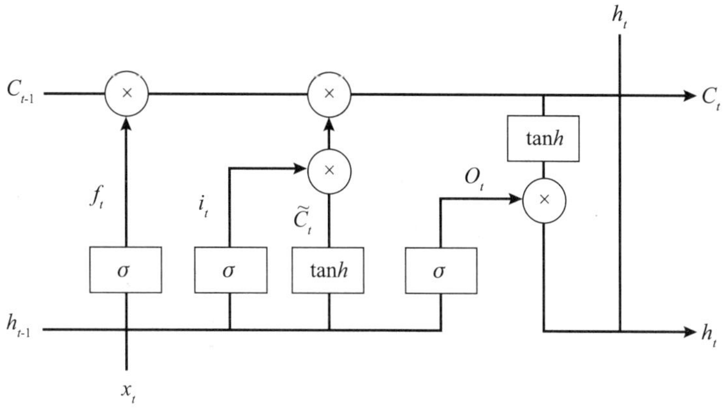

图 4－2 LSTM **神经网络结构图**

输入门：

$$i_t=\sigma(W_{hi}h_{t-1}+W_{xi}x_t+b_c)$$

遗忘门：

$$f_t=\sigma(W_{hf}h_{t-1}+W_{xf}x_t+b_f$$

输出门：

$$o_t=\sigma(W_{ho}h_{t-1}+W_{xo}x_t+b_o)$$

更新 cell 状态：

$$\tilde{C}_t=\tanh(W_{hc}h_{t-1}+W_{xc}x_t+b_c)$$

最终 cell 状态：

$$C_t=f_t\odot C_{t-1}+i_t\odot\tilde{C}_t$$

隐藏层：

$$h_t=o_t\odot\tanh(C_t)$$

式中，

$$\sigma(x)=\frac{1}{1+e^{-x}}$$

$$\tanh(x)=\frac{e^x-e^{-x}}{e^x+e^{-x}}$$

x_t 表示 t 时刻的输入值，h_t 表示 t 时刻的隐藏状态值，×表示元素积，W_{ij} 为连接神经元 i 和 j 的权重值，b 为常数，W_{ij} 和 b 可以通过模型训练得到。

（三）强化学习

强化学习（Reinforcement Learning）是一种重要的机器学习方法。在传统的机器学习分类中没有提到过强化学习，而在连接主义学习中，把学习算法分为三种类型，即无监督学习算法、监督学习算法和强化学习算法。

强化学习算法通过感知环境状态信息来学习动态系统的最优策略，通过试错法不断与环境交互来改善自己的行为，并具有对环境的先验知识要求低的优点，是一种可以应用到实施环境中的在线学习方法，因此在智能控制、机器学习等领域得到了广泛研究。

它主要包含四个元素：Agent、环境状态、行动、奖励。强化学习的目标就是获得最多的累计奖励。强化学习从动物学习、参数扰动自适应控制等理论发展而来，其基本原理是：如果 Agent 的某个行动策略导致环境正的奖励（强化信号），那么 Agent 以后产生这个行动策略的趋势便会加强。Agent 的目标是在每个离散状态发现最优策略以使期望的折扣奖赏和最大。

强化学习在人工智能领域已占有一席之地。它被广泛应用于博弈、决策等领域。强化学习应用的浪潮也离不开深度学习的支撑，深度学习具有较强的感知能力，它可以提升强化学习算法获取状态信息等能力，使得强化学习具有更强的鲁棒性。

（四）迁移学习

迁移学习是一种机器学习方法，指的是一个预训练的模型被重新用在另一个任务中。迁移学习与多任务学习以及概念漂移这些问题相关，它不是一个专门的机器学习领域。

迁移学习在某些深度学习问题中是非常受欢迎的，例如在具有大量训练深度模型所需的资源或者具有大量用来预训练模型的数据集的情况下。仅当第一个任务中的深度模型特征是泛化特征的时候，迁移学习才会起作用。深度学习中的这种迁移被称作归纳迁移，就是通过使用一个适用于不同但是相关的任务的模型，以一种有利的方式缩小可能模型的搜索范围。

使用迁移学习的主要原因在于数据资源的可获得性和训练任务的成本。当拥有海量的数据资源时，自然不需要迁移学习，机器学习系统很容易从海量数据中学到一个鲁棒性很强的模型。但通常情况下，研究的领域可获得的数据极为有限，仅靠有限的数据量进行学习，所习得的模型必然是不稳健、效果差的，通常情况下很容易造成过拟合：在少量的训练样本上精度极高，但是泛化效果极差。

另一个原因在于训练成本，即所依赖的计算资源和耗费的训练时间。通常情况下，很少有人从头开始训练一整个深度卷积神经网络，一是因为上面提到的数据量的问题，二是因为时间成本和计算资源的问题，从头开始训练一个卷积神经网络通常需要较长时间且依赖于强大的 GPU 计算资源。对于一个实验性极强的领域而言，花费好几天乃至一周的时间去训练一个自己心里都没谱的深度卷积神经网络通常是不能忍受的。在这样的情况下，使用迁移学习就是十分有必要的。

二、人工智能的基础技术及应用技术

人工智能的基础技术包括自动定理证明、自动推理、搜索方法、机器学习、人工神经网络、数据挖掘和知识发现等，其中在金融领域使用最广泛的为数据挖掘和机器学习技术，智能投顾、智能信贷等服务都需要数据挖掘技术作为基础。

人工智能的应用技术则包括自然语言处理、图像识别等。

自然语言处理（Natural Language Processing，NLP）是计算机科学与人工智能领域的一个重要方向，它研究能实现人与计算机之间用自然语言进行有效通信的各种理论和方法。自然语言处理是一门融语言学、计算机科学、数学于一体的科学。

用自然语言与计算机进行通信，这是人们长期以来所追求的。它既有明显的实践意义，同时也有重要的理论意义：人们可以用自己最习惯的语言来使用计算机，而无须花大量的时间和精力去学习不很自然和习惯的各种计算机语言；人们也可通过它进一步了解人类的语言能力和智能的机制。但无论是实现自然语言理解，还是实现自然语言生成，都远不如人们原来想象的那么简单，而是十分困难的。从现有的理论和技术看，通用的、高质量的自然语言处理系统仍然是较长期的努力目标。但是针对一定应用，具有相当高的自然语言处理能力的实用系统已经出现，有些已商品化，甚至开始产业化。典型的例子有：多语种数据库和专家系统的自然语言接口、各种机器翻译系统、全文信息检索系统、自动文摘系统等。

图像识别是人工智能的一个重要领域，是指利用计算机对图像进行处理、分析和理解，以识别各种不同模式的目标和对象的技术。在工业应用中，一般是先用工业相机拍摄图片，然后利用软件根据图片灰阶差做进一步的识别处理。

图像识别技术的计算机实现与人类对图像进行识别的基本原理基本类似，只是计算机不会受到任何感觉或视觉因素的影响。人类不只是结合储存在脑海中的图像记忆进行识别，还利用图像特征对其进行分类，再利用各类别特征识别出图片。计算机也采用同样的图像识别原理，对图像的重要特征进行分类和提取，并有效排除无用的多余特征，进而使图像识别得以实现。计算机对上述特征的提取有时比较明显，有时不太明显，这将对计算机图像识别的效率产生较大影响。目前，基于神经网络的图像识别是一种比较新的技术，它是以传统图像识别方式为基础，有效融合了神经网络算法。

第三节　人工智能对金融领域的影响

一、人工智能与金融市场

人工智能在金融市场的应用可分为三个方面。一是面向客户（前台）的应用，包括信用评分、保险和面向客户的服务机器人；二是管理层面（后台）的应用，包括资本优化、风险管理模型和市场影响分析；三是金融市场的交易和资产组合管理。

人工智能对金融市场的影响可从微观经济层面和宏观经济层面进行考虑。在微观经济层面，一是对金融机构的影响。人工智能的使用通过降低成本和风险，有助于提升金融机构的盈利能力和效率，较强的盈利能力有助于应对风险，最终有利于整个金融系统的稳定。二是对金融消费者和投资者的影响。由于人工智能有助于金融机构降低成本、提高服务效率，所以消费者和投资者可以享受更低廉的费用和融资成本，获得更便捷和个性化的金融服务。三是对金融监管的影响。程序化交易已经成为市场交易的主流，这可能会放大系统性金融风险，因此部分国际监管规定制定者已经开始考虑应对与程序化交易有关的风险。

在宏观经济层面，一是对金融市场集中度的影响。人工智能可能仅由少数大型技术供应商掌握，会加剧金融系统某些功能的集中度。但考虑到人工智能能够改变传统的银行服务模式，推动新公司加入金融服务体系，这在某种程度上反倒会降低单个大型银行的系统重要性。二是对金融市场稳定性的影响。一方面，人工智能使金融交易更加分散，能给客户提供更多个性化的交易建议，减少了金融产品价格扭曲，有助于促进金融系统的稳定。但另一方面，与传统的交易模式相比，依靠机器学习通过运算程序实现的新交易模式很难被预测，既可能因提高交易效率而提高金融市场的流动性，也可能为实现收益最大化的目标而使金融机构乃至金融市场陷入流动性风险。三是对金融市场关联性的影响。人工智能的应用会强化金融市场和机构间的相互关联，导致以往无关联的宏观经济变量、金融市场价格、各种非金融企业部门（电子商务、P2P、B2B 等）之间的关联性变强。金融系统更广泛的联系有助于分担风险或在某种程度上吸收冲击，但同时也会加剧重大风险事件造成的冲击和影响的传播。在金融领域，如果人工智能工具没有进行适当的调整或有效的实践，那么相关模式化的系统可能会产生新的金融风险。

二、人工智能与投顾

智能投顾，又称机器人顾问。目前对于智能投顾的界定还没有形成统一的认识，美国证券交易委员会认为智能投顾是指通过基于网络算法的程序，利用创新技术为用户提供全权委托的账户管理服务的注册投资顾问。2016 年 3 月美国金融业监管局发布了《数字化投资顾问报告》，认为投资顾问的价值链包含用户档案创建及用户分析、资产配置、投资组合选择、交易执行、投资组合再平衡、税收损失收割、投资组合分析功能，投资管理服务中用机器来代替人工完成上述 7 项功能中的一个或多个的服务是数字化投顾，而综合 7 项功能的服务是智能投顾。

近年来我国一些创业企业、互联网巨头和金融机构看到智能投顾的广阔前景，纷纷投身其中，推出了一批智能投顾产品和平台。我国智能投顾平台业务可以分为三类：第一类是模仿美国主流智能投顾平台如 Wealthfront、Betterment 等公司的业务模式，对接海外证券公司后直接投资美国市场 ETF，以投米 RA、蓝海智投和弥财为代表。第二类是以平安壹账通、京东智投、招商银行摩羯智投为代表，为投资者提供配置建议和“一键购买”按钮，不参与后续账户操作。投资标的设计包括国内公募基金、QDII 基金、保险、P2P 等。这类平台更像“金融超市”和导流工具。第三类以金贝塔为代表，投资于国内资产的投顾公司不能对账户进行后续操作，仅仅担任基金销售角色。这类平台也是国内智能投顾采用的主流模式。

三、人工智能与信贷

智能信贷是基于大数据等金融科技技术的快速借贷模式，全流程都是通过线上数字化的形式呈现，提升了用户体验，也降低了后端需要人员维护客户的成本。随着大数据、云计算、机器学习等更多技术的应用，智能信贷将可能从更核心的层面变革如今的消费与信贷形态。

智能信贷主要依托的底层技术为大数据。大数据的作用在于筛选和清洗信息，评估金融风险、信用，刻画和分析场景。数据不仅可以描述已有的场景、分析已有的数据，还可以通过点式显现和链式逻辑预测未来。智能信贷更多的是针对小额贷款，受益的是中小企业和普通用户。由于金额不大，承担的风险相对较小，所以可以用智能代替人工分析处理大数据，从而加快金融平台放款速度，及时解决问题，使平台更具有时效性。

随着“80 后”“90 后”成为金融消费主力，金融服务正在由以产品为中心逐步转变为以消费者为中心，同时消费群体年轻化使得移动大数据的商业价值正在无限扩大，成为金融机构获得用户画像的一个重要来源。移动大数据能帮助金融机构推测用户的兴趣爱好、消费偏好等诸多信息，且更加精准和全面。移动大数据有效提升了互联网金融风控的效率，提高了识别和侦测恶意欺诈的能力，降低了恶意欺诈的风险；同时，移动大数据在高风险客户识别方面有着成熟的应用场景，可以有效降低互联网金融风险概率。

四、人工智能与监管

人工智能作为新兴科技，如何加以监管，保证其得到合理合法运用，对监管机构来说是一个全新的挑战。在积极应用人工智能的金融行业，加强对人工智能的规范应用，使之行进在正确的轨道上，更是十分迫切的问题：一方面，行业监管部门应该加强在法律法规层面对人工智能技术在金融行业应用的制度性约束，设立红线；另一方面，也应该积极地制定各项技术标准，以规范人工智能的技术应用和发展路径。

2021 年，中国人民银行发布金融行业标准《人工智能算法金融应用评价规范》，针对金融行业在人工智能技术应用中存在的算法黑箱、算法同质化、模型缺陷等潜在风险问题，从安全性、可解释性、精确性和应用性能等方面建立了人工智能算法金融应用评价框架，明确了人工智能算法应用的基本要求、评价方法、判定准则，为金融企业加强人工智能算法应用风险管理提供了明确的指引。

在金融行业推进人工智能等创新技术和创新场景的过程中，“监管沙盒”是一个有效的管控手段。“监管沙盒”的概念由英国政府于 2015 年率先提出。按照英国金融行为监管局的定义，“监管沙盒”是一个“安全空间”，在这个“安全空间”内，金融科技企业可以测试其创新的金融产品、服务、商业模式和营销方式，而不用在相关活动中碰到问题时，立即受到监管规则的约束。“监管沙盒”对进入的服务对象、涉及客户、风险敞口等都有特别的规定，可以有效防范创新应用中的风险外溢到整个市场。自 2019 年起北京、上海、福建等省市开展了“监管沙盒”模式的金融科技创新应用试点。经过多轮次的试点推进，已经有超过一百个创新项目进入各地的“监管沙盒”，试点范围也扩展到全国多个地区。“监管沙盒”模式逐步验证了其在“金融安全”与“科技创新”之间的良好平衡作用。

第四节　人工智能展望

在数字化浪潮的强力推动下，人工智能正以惊人的速度融入社会的各个层面，深刻改变着人们的生活与工作模式。

一、人工智能产业化趋势

从宏观视角审视，人工智能总体将坚定不移地向着规模化、安全化、健康化方向阔步前行。从全球来看，新一代人工智能产业将呈现四个发展趋势。

（一）产业规模趋势

各国政府和产业界投入的日益增加，以及人工智能技术的进一步成熟将带来更多的新产品、新服务，人工智能驱动的自动化将提升全要素生产率增长率，产业规模将呈现爆发式增长。

（二）国际竞争趋势

近年来，世界各国纷纷出台人工智能规划、政策和投资计划，从国家战略层面强化人工智能布局，以期在新一轮国际科技竞争中获得优势。中国未来将更加深度参与全球人工智能产业合作竞争，成为人工智能的重要推动者。

（三）技术趋势

类脑智能蓄势待发，目前已有多国开始了“脑科学研究”；量子智能也将加快孕育，这是全球公认的下一代计算技术，将为人工智能带来革命性发展机遇。

（四）风险趋势

随着人工智能逐渐惠及社会，人工智能安全风险和社会治理等问题将被逐步提上日程。2021 年，中国人民银行发布金融行业标准《人工智能算法金融应用评价规范》，从安全性、可解释性、精确性和应用性能等方面建立了人工智能算法金融应用评价框架。

二、人工智能云服务化趋势

人工智能学会主席在 2016 年时认为：10 年之后，人工智能可能会介入世界上大部分的金融交易。在未来，人工智能的云服务化将不可避免。人工智能技术在金融行业已经被广泛应用于投资、投研、风控、营销、投顾、理赔、客服等金融场景。但是金融企业要单独完成人工智能项目的实施并不容易，特别是对中小型金融企业来说，人工智能所需的技术能力、人才团队、资源投入都是很大的挑战。

一个成功的人工智能项目往往需要大量的数据进行训练，在训练过程中更是会消耗巨大的算力，中小型金融企业难以承担其中巨大的成本。

例如，投研和风险管理的业务往往会涉及资讯文本数据深度处理的场景。这时对NLP和知识图谱的技术要求非常高，而业界顶尖的自然语言处理模型，例如OpenAI公司的GPT-3（据称有1 750亿个参数）训练所消耗的算力资源高达36 440 pfs-day。OpenAI公司为如此庞大的算力花费460万美元。在中文领域，华为公司于2021年4月发布的“盘古NLP模型”（据称预训练模型参数达到1 100亿个）在训练过程中使用了40TB的中文样本数据，而训练所使用的“鹏城云脑-2”是占地面积达3 011平方米的超级计算机。这样巨大的资源投入显然不是大部分金融企业所能独立承担的。

对于那些想要开展人工智能应用的金融企业以及金融科技企业而言，人工智能能力的云服务化可能是一条可行的技术路线。

人工智能能力云服务化就是领先的人工智能企业将其技术能力、计算能力、算法能力结合特定的场景形成API等可调用的服务方式，提供更高层次的应用调用的方式。这种人工智能的服务方式一般基于云的方式提供，形成SaaS或PaaS。

对金融企业来说，实施智能化建设要把握好自主与合作之间的平衡，平衡点判别的原则因企业而异，而且需要量力而行。一般而言，金融应用层面的、具有自身特色的能力应该自主建设或自主把控，而通用层面的、基础层面的能力则应该选择与优秀的科技企业合作构建，或选用其所构建的云服务。同时还要积极融入金融科技生态，从生态中汲取营养，不断优化。

较大型金融企业的科技投入力度大，科技预算充足，因此，其数字化建设以平台模式为主。其在智能化建设中基于数字云平台构建PaaS智能平台型服务，将金融智能应用所需的人工智能能力，如NLP、OCR、机器学习、深度学习、知识图谱等，通过容器化等云原生技术能力服务化，聚合在PaaS智能平台上，为业务应用提供统一支撑。PaaS在底层聚合人工智能计算资源，服务化之后能够根据应用和算法所需弹性供给资源，达到算力集约化的效果。

更进一步，大型金融企业可将自身的智能化能力和通用金融场景相结合，构建智能SaaS服务，在条件具备的情况下向内外部输出。在满足自身业务需求的同时，还能够将自身的智能金融能力向行业输出，形成新的利润增长点。

对中小型金融企业来说，构建全能力的人工智能PaaS平台在资源投入上不够经济，或可采用SaaS的模式，从大型金融企业或金融科技企业、专业的人工智能科技企业采购基础SaaS智能服务。通过将这些智能服务与自身的业务应用相融合，快速构建专业化的金融应用场景，迅速进入市场和触达客户，为消费者提供有特色的精品金融应用，在总体成本最小化的基础上，最大化发挥中小型金融企业快速灵活的优势。这或许是体现中小型金融企业敏捷、专业竞争力的良好方式。

在这样的协同方式下，有可能构建一个多层次的智能化金融服务市场，形成大型金融企业、金融科技企业和人工智能企业、中小型金融企业共生共存、共同发展的多赢生态，实现资源配置的最优化和价值产出的最大化，并创造一种新的基于云的金融智能商业模式。

当然，在这个新生态中，客户隐私数据保护和金融数据安全仍然是最重要的红线，生态各参与方都要严守底线，对风险、客户和监管保持足够的敬畏之心，保持理性发展，促进整个生态的持续繁荣。

延伸阅读

Rebellion Research 公司基于机器学习开发人工智能投资基金

本章小结

本章介绍了金融科技的另一应用技术——人工智能，从人工智能的起源与定义讲起，首先介绍了人工智能自诞生至今所取得的成果与所经历的挫折，读者可以从中领略到人工智能发展历程中都经历了哪些阶段以及当前国内外的发展动态。之后对人工智能技术进行了介绍，包括其包含的学科种类如机器学习和深度学习等，以及应用技术如自然语言处理和图像识别等。最后分析了人工智能当前在金融业的应用，如在智能投顾、智能信贷中的应用，旨在通过实例引导读者更深入地理解人工智能的概念与技术。

关键术语

人工智能、机器学习、深度学习、自然语言处理、图像识别

思考题

1. “人工智能”这一术语是在哪一年于什么契机下被正式确定的？
2. 人工智能发展至今经历了哪几个阶段？每一阶段都有哪些代表性的研究成果被提出？
3. 监督学习与无监督学习的区别在哪里？分别有哪些代表性算法？
4. 深度学习相较机器学习有哪些优点？
5. 人工智能在金融领域的应用有哪些？你能否结合真实经历举出一个例子？
6. 人工智能相较人类在进行投资决策时具有哪些优势？

第五章
区块链

教学目标

1. 掌握区块链的基本概况；
2. 熟悉区块链的基本技术和数字货币的概况；
3. 了解区块链技术的具体应用和发展趋势。

引言

相比区块链，我们在日常生活中可能更常提及比特币。在过去的几年里，比特币热潮及其引发的争议让我们对比特币更不陌生。比特币是区块链技术的一个典型应用，在对比特币的狂热开始消散并回归理智后，人们逐渐认识到：相较比特币，作为其核心的区块链技术才更具实用价值。因其特有的去中心化、难以篡改、透明可信、隐私保障、开放性和自治性等性质，区块链技术渐渐从比特币中剥离出来，迁移到其他货币领域以及更宽泛的金融领域，到现在区块链技术已然渗透到了社会经济的方方面面，我们也开始从“互联网+”步入所谓的“区块链+”时代。

从区块链诞生至今，这项技术仅发展了10余年，但基于区块链技术创建的已稳定运行的、还在试验中的、尚未落地的、仍处于构想阶段的种种项目已足以向人们描绘出一幅价值互联的新世界蓝图。与此同时，我们也应该清醒地认识到，现阶段区块链不论是技术还是延伸应用都还处于“婴幼儿”时期，未来的发展挑战与机遇并存，区块链技术固有的局限性与发展中遇到的瓶颈仍亟待我们解决。

第一节　区块链的基本概况

一、区块链的起源

1997年，亚当·贝克（Adam Back）发明了哈希现金（Hashcash），其中用到了工作量证明系统。该系统要求计算机在获得发送信息的权限之前做一定的计算工作，通过工作量验证筛选出进行非正常信息传播的计算机。2004 年，该机制在哈尔·芬尼（Hal Finney）的设计下改进为可复用的工作量证明系统，后来成为比特币的核心技术之一，用于解决“双重支付”问题。

1997 年，哈伯（Haber）和斯托尼塔（Stornetta）提出了用时间戳的方法保证数字文件安全的协议，即用时间戳的方式表达文件创建的先后顺序，文件创建之后其时间戳不能更改，这就使文件被篡改的可能性为零，该协议之后成为比特币区块链协议的原型。

1998 年，戴伟（Wei Dai）发明了 B-money，这是一个匿名的、分布式的电子加密货币系统，强调了交易方式点对点、交易记录不可更改、交易可追踪等特性。比特币有很多技术都借鉴了 B-money，其分布式思想成为比特币的重要灵感来源。此外，尼克·萨博（Nick Szabo）发表了许多关于合同法在网络中安全实现的理论文章，这些思想被视为区块链智能合约的起源。

2008 年，比特币问世，随之出现的还有区块链。比特币的最大供给量为 2 100 万枚，目前已被挖出约 1 980 万枚比特币。剩余待开采比特币的开采过程是通过挖矿来实现的。随着时间的推移，难度不断增加，需要更强大的算力才能获得比特币奖励。强大的算力意味着消耗更多的能源，同时比特币价格急剧波动给投资者带来了巨大风险。目前各国对比特币的态度不一，中国明确虚拟货币不具有法定货币地位，禁止金融机构开展和参与虚拟货币相关业务，清理取缔境内虚拟货币交易和代币发行融资平台。

拓展知识

密码朋克

二、区块链的定义

区块链的定义在不同的机构和组织中有不同的表述。根据中国工信部指导发布的《中国区块链技术和应用发展白皮书（2016）》，区块链是分布式数据存储、点对点传输、共识机制、加密算法等计算机技术的新型应用模式。本质上是一个去中心化的数据库，是由一串使用密码学方法连接而成的数据区块，每一个数据区块中均包含了一批次网络交易的信息，用于验证其信息的有效性（防伪）和生成下一个区块。美国国家标准与技术研究院（NIST）将区块链描述为一种分布式账本技术，它由一系列的区块组成，每个区块包含一定的交易记录或其他数据，并通过密码学技术与前一个区块链接在一起，形成一个链状结构。区块链通过共识协议来确保网络中节点对账本状态的一致性，通过加密技术来保证数据的完整性、保密性和身份认证。

区块链（Blockchain）是作为比特币的核心技术而诞生的，它整合了数学、密码学、互联网和计算机编程等多门学科的信息与网络技术，其本质就是一套去中心化的分布式数据库，由一串使用密码学方法产生的数据区块顺序相连而成，每一个数据区块中都记录了在一定时间内产生的不可篡改、不可伪造的网络交易信息。为了更好地理解，我们可以将区块链想象成一个实物记账本，一个数据区块就相当于账本中的一页，区块中包含的数据记录信息就是这一页上记载的内容，那么比特币就相当于这个账本使用的货币计量单位。由此，我们也不难理解，尽管区块链最初伴随比特币而产生，但区块链不等同于比特币的区块链，区块链技术也不仅仅用于比特币，只要技术成熟，也可以以更多样的形态应用到更多的体系中去，正如记账本不仅可以采用元作为记账单位，也可以采用美元、欧元作为记账单位，记账本不仅可以是胶装的，还可以是线装的、合页的。

我们已经知道，区块链包含了数据区块、区块间的连接关系，区块内聚合了各种交易相关信息，那么这些到底是以怎样的结构组合起来形成区块链的呢？这就需要我们进一步了解区块链的数据结构。

如图 5－1 所示，区块（Block）作为区块链的基本数据单元，主要包含了区块头和区块主体两部分。区块头主要包含了区块版本号（Version）、父区块哈希值（Previous Hash）、时间戳（Timestamp）、默克尔树根（Merkle Tree Root）以及其他信息，其中默克尔树（Merkle Tree）的根节点存储的哈希值实际就是当前区块的哈希值，当前区块内任一数据的变更都将会导致默克尔树的变化，根节点的哈希值也随之变化。区块主体一般包含一串交易的列表，类型可以是资产交易记录、资产发行记录、智能合约记录、物联网数据记录等，由使用的具体场景决定。而区块之间的连接是根据时间顺序相连的单向链式结构，区块头中的父区块哈希值索引自父区块，用于指认并连接前一区块，如此环环相扣形成链条；当父区块被添加到链上之后其内容不得更改，这时子区块才能得以创建。

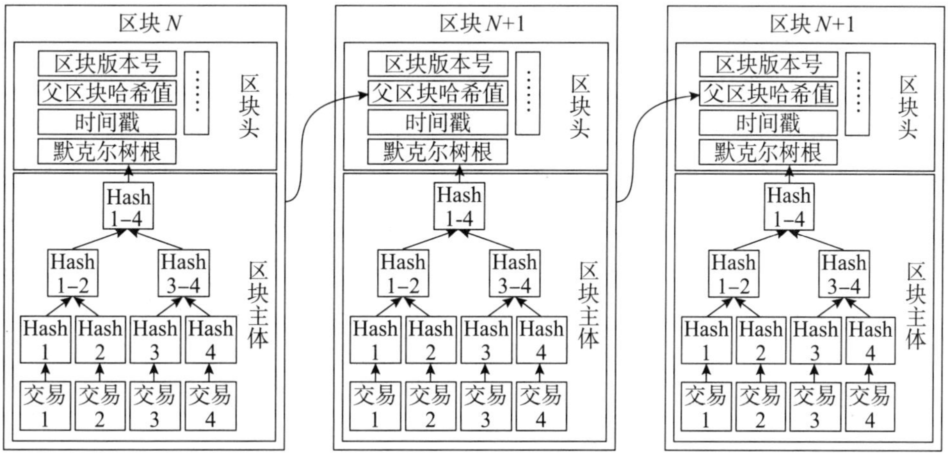

图 5－1　区块链数据结构示意图

三、区块链的发展历程

自 2008 年起，区块链技术在短短 10 年内取得了长足发展，被誉为引发新一轮科技革命和产业变革的重要基础信息技术之一。目前，发展区块链技术已成为我国信息技术领域的重大国家战略。2016 年 12 月，国务院印发《“十三五”国家信息化规划》，鼓励针对区块链等战略性前沿技术进行提前布局。2019 年 10 月，习近平总书记在中共中央政治局第十八次集体学习时强调，要把区块链作为核心技术自主创新重要突破口，加快推动区块链技术和产业创新发展。2023 年，工信部印发《区块链和分布式记账技术标准体系建设指南》，以促进区块链产业高质量发展。

到目前为止，区块链的发展先后经历了三个阶段：以数字货币为代表的区块链 1.0 阶段（可编程货币阶段）、以智能合约为代表的区块链 2.0 阶段（可编程金融阶段）和以价值互联网为内核的区块链 3.0 阶段（可编程社会阶段）。

1. 区块链 1.0 阶段

最先构建的区块链版本是与转账、汇款和数字化支付相关的密码学货币应用。在区块链 1.0 阶段，全球大型金融机构纷纷进入区块链领域，进行区块链技术的概念验证和相关技术标准制定。此时区块链的应用主要集中在数字货币领域。在区块链热潮的带动下，除比特币外，区块链 1.0 的开发者还开发出了形形色色的竞争币，从而构建了加密数字货币体系。

2. 区块链 2.0 阶段

在区块链 2.0 阶段，人们根据区块链的可编程特点，尝试在区块链系统中引入智能合约接口，形成可编程金融，旨在以数字化方式达成合约、履约、监控履约过程并验证履约结果的自动化合同。这一版本的区块链以 2013—2014 年间提出的以太坊为代表，它将区块链技术应用到泛金融领域，例如股票、债券、期货、小额信贷、智能财产等，而不再局限于从前单一的货币体系。

3. 区块链 3.0 阶段

区块链技术在数字货币和泛金融领域都存在广泛的应用场景，但其价值不会止步于此。从技术的角度来看，通过应用 CA 认证、电子签名、数字存证、生物特征识别、分布式计算等技术，区块链可以实现一个去中心化、难以篡改、透明可信的计算平台，形成统一的价值传输层。构建价值互联网是区块链未来发展的必然方向。价值互联网的诞生不仅可以实现金钱的流通，还可以促进信息、金钱、价值的有效配置和流通，成为真正意义上的去中心化组织。以价值互联网为核心的区块链技术在物联网、金融交易、网络安全、公共记录等多个领域的应用，将颠覆传统商业模式，继万维网之后给人们带来另一个崭新的世界。

四、区块链的六大基本特征

（一）去中心化

去中心化是区块链最基本的特征，区块链中的数据不像传统方式一样将所有交易记录统一存放在数据中央，而是将不同数据分散存储于各区块的各个节点，采用分布式核算，实现数据的分布式记录、存储和更新。区块链网络的各个节点可以不依赖中央化管理结构或中间人，直接实现点对点的信息交互。由于区块链中的数据为整个系统所共有，是由全网节点共同维护的，遵循一个统一的基于密码算法而非信用的规则，所以即使在互不了解的陌生人之间也无须第三方中介机构或信任机构背书。在传统的中心化网络中，集中力量攻击中心节点即可破坏整个系统，而在去中心化的区块链网络中，只有攻击了其中51%的节点才能获得系统的操控权，这极大增强了区块链网络的安全性能。

（二）难以篡改

区块链系统中的数据一旦被记录，就会在全网节点间传播、达成共识并永久存储，通常无法更改，但若存在特殊更改需求，系统也会将这些更改的完整过程记录下来且记录完后不再编辑。由于数据已达成共识且广泛分布在全网节点中，所以任一节点都无法单方面篡改信息，除非能够同时控制系统中超过51%的节点以夺取系统的控制权，这种手段对所需的技术和资金投入要求极高，并且一旦系统被攻破，就会面临系统作废导致前期投资石沉大海的风险。

（三）透明可信

在传统的中心化系统中，中心节点往往能比普通节点接收到更多信息，加之中心节点拥有绝对话语权，使得系统的不同节点之间存在信息不对称，如此一来，只能借助系统之外的机制来保障信息的可信度。而在区块链系统中，由于网络节点均是对等节点，它们在信息交互中的权利和义务均等，所以每个节点都能完整地观察到系统中所有节点的行为，并将这些行为在各个节点进行记录，故而所有的数据记录以及更新数据记录的操作对于全网节点均是透明可见的。另外，区块链的统一共识机制能够保证在决策过程中所有节点之间的一致性，这使得区块链具有了很高的数据可信度。

（四）隐私保障

区块链系统中的任意节点都包含完整的区块校验逻辑，因此数据交换甚至交易过程都无须额外的信任，这也就是“去信任”。通常情况下，公私钥体系中的私钥是区块链系统中用户的唯一身份标识，用户只要持有私钥就可以在系统中完成数据交互，而区块链也会记录下交易过程中用了哪个私钥，但不会匹配该私钥的持有者身份，从而为区块链系统提供了对用户身份的隐私保障。

（五）开放性

区块链通过共享数据和共识机制实现了数据对所有人公开（除与各方的私有信息直接相关的数据被加密外）。同时，区块链系统不会限制任何一个系统参与者通过公开的接口查询区块链的数据记录或者开发相关的应用，因此系统具有高度的信息开放性。

（六）自治性

区块链中的数据由全网所有节点共同维护，采用基于协商一致的规范和协议，使得全网所有节点都能够在去信任的环境中安全自由地分享数据、达成共识和记录过程，任何人为的干预都是无效的，实现了从对个人或机构的信任到对机器和算法的信任的转变。

第二节 区块链的基本技术

一、区块链的主要类型

根据网络范围及参与节点的特性，目前已知的区块链可被划分为公有链（Public Blockchain）、私有链（Private Blockchain）和联盟链（Consortium Blockchain）三类，其中公有链是非许可链，私有链和联盟链被统称为许可链。由多种链融合而成的多链结构则被称为混合链（Combination Blockchain）。除此之外，我们还可以根据网络的独立程度将现有的区块链划分成主链（Mainnet）和侧链（Sidechain）。当然，未来也有可能会诞生更多其他类型的区块链。

（一）公有链

公有链一般是指全世界任何人都可以在区块链系统中发送交易、读取数据、参与共识决策、交易获得有效确认的区块链。公有链是完全去中心化的，不受任何单个中央机构的控制，数据记录完全开放透明，不设置准入门槛，所有人都可以访问，通过由加密算法和哈希算法随机生成的账户地址，以匿名身份发出交易请求，并通过验证决定能否被添加到区块链中和明确当前状态。

然而，完全去中心化和高度匿名性使得对公有链的监管难度较大，目前其安全通常是采取工作量证明机制或权益证明机制的“加密数字经济”来加以维护。“加密数字经济”本质上是融合了密码学、计算机科学和经济学等多门学科的经济奖惩机制，对在系统中贡献了自己的网络算力的节点进行相应份额的经济奖励，反之，也对作恶的节点采取相应的经济惩罚，从而构建价值协作模式，实现有效可靠的价值网络，鼓励人们参与到公有链的开发及维护中来。也正是因为其内建的经济奖惩机制，公有链难以脱离“币”的概念，往往被应用于虚拟货币发行和交易场景，其典型应用包括比特币、以太坊等。

（二）私有链

相较公有链的数据完全公开，私有链对数据的访问和使用有严格的权限管理，其写入权限仅掌握在单独的个人或组织手里，读取权限可以选择对外开放，也可以进行一定限制。

私有链通过一定的中心化控制，来满足现实应用中部分个人或组织对区块链权限有特殊控制的需求，并且牺牲部分去中心化还能为区块链的共识机制大大节约时间和资金成本，毫不夸张地说，其交易速度甚至可以接近一个常规传统数据库的速度，而其交易成本非常低廉甚至几乎为零。由于私有链的数据为一个个体或组织所有，隔离了参与者以外的节点，因此私有链的数据隐私得到了更好的保障，可以更好地防范内部和外部对数据的攻击，同时也意味着存在参与节点共同篡改数据的风险。

私有链的价值在于提供安全、有限开放、可追溯、自动执行的运算平台，可应用于企业内部的数据库管理和审计、政府的预算和执行等场景。然而，目前还是主要附着于比特币等底层应用，其代表性应用如 Eris Industries。

（三）联盟链

联盟链与私有链一样存在准入条件，一般会指定预先选择的节点担任记账人，其共识的达成需要预选节点的共同决策，其他接入节点可以参与交易但没有写入权限，区块链中的数据可以通过其开放的 API 被其他人（可以是外界任何人，也可以有身份限制）进行限定查询。联盟链通常用于机构之间，例如一个联盟链有 20 家金融机构作为联盟成员，其中每一家金融机构都运行着一个节点，它们拥有记账权限，而且在挖到新区块后为使新区块生效需要至少 50%的机构（即其中 10 家金融机构）的确认。根据联盟的个性化需求，其他有限的第三方可以通过 API 进行区块链数据和区块链状态信息读取等。

联盟链和私有链都是在去中心化协议的基础上进行一定的中心化控制，其相较公有链有交易速度提高、交易成本降低、隐私保护、规则灵活等几方面的优势，但作为智能合约的基础支撑时，其节点无法并行处理交易数据，这在一定程度上会制约节点的处理能力。根据联盟链技术的特性，其往往被用于优化传统信息化系统的业务流程，例如商品溯源、公益慈善、互助保险、电子政务等场景，典型应用包括了超级账本、区块链联盟等。

公有链、私有链和联盟链的结构如图 5-2 所示。

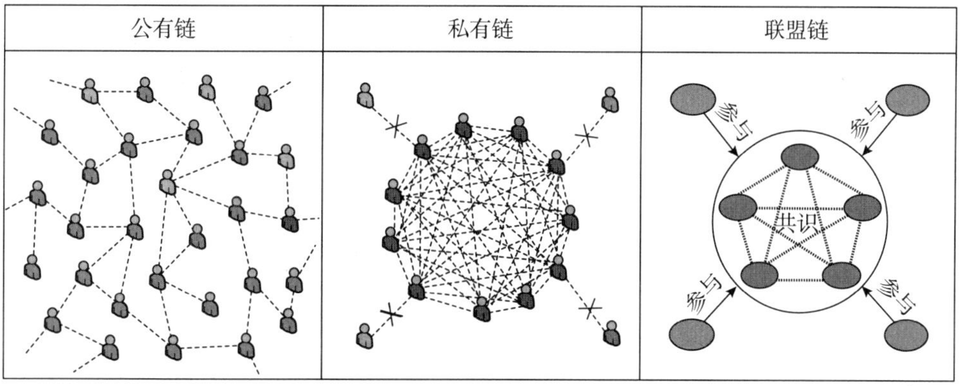

图 5-2　公有链、私有链、联盟链的结构示意图

（四）混合链

混合链，早期是指公有链和私有链各自优势的结合。之后在 2019 年，GMPC 的创始人布莱恩·崔（Brian Choi）首次对混合链的内涵进行了扩展，提出了革命性的混合链架构，使其还可支持跨链之间以及对联盟链的融合。

混合链架构对于区块链生态具有重大意义。在混合链诞生之前，区块链经过多年的发展，其数量开始呈现爆发式增长，诸多问题也逐渐显现，其中链与链之间互联的问题在极大程度上限制了区块链的发展空间。包括私有链与公有链之间、公有链与公有链之间等在内的多种形式的连通困境，导致了链与链之间的业务无法得到对接、价值无法进行转移，每一种区块链仿佛都是一个平行的世界，区块链生态中产生了一个个孤立的岛屿，也就是价值孤岛。

为解决价值孤岛问题，跨链技术与混合链机制先后应运而生。所谓跨链，顾名思义，是一种能够跨越不同区块链的技术，听起来仿佛与混合链有着异曲同工之效，其实不然。跨链技术的实现逻辑很多样，但共同之处在于都会重新塑造一个新的跨链系统，在新系统中创建原生链的新链，然而不同的跨链项目可能采用互不兼容的底层协议，这导致了比原先更大的跨链生态与跨链生态之间的价值孤岛的产生。而混合链机制相较跨链的优势在于对现有区块链更加友好，在保持原生链架构的基础上打造标准的混合链协议和数据交互协议，直接对接所有公有链、私有链、联盟链、跨链，完成原生链间的通信，从而打破价值孤岛效应，迎来万链互联的一线曙光。

（五）主链和侧链

通常来说，主链又被称为主网，是指已正式上线的、能独立运行的区块链网络，是区块链社区公认的可信区块链网络，其交易信息为全体成员所认可，换句话说，就是有效的区块数据存储所在的实体。主链在上线之前被称作测试网，是主链的测试版，其功能与主链相似，供社区成员早期参与、测试流程，以修正和完善区块链网络。一个区块链项目的主链是唯一的。

侧链的概念是相对于主链来说的，是指遵守侧链协议的所有区块链，而不是特指某个区块链。它是在主链之外另外开发的、与主链有联系但又相对独立的区块链，用于开发区块链系统附加的功能和应用，既能辅助主链，又可以不影响主链的运行。

以比特币为例，侧链协议是指可以让比特币安全地从比特币主链转移到其他区块链，又可以从其他区块链安全地返回比特币主链的一种协议。侧链协议的产生对区块链的发展具有重大意义，使得比特币或者其他数字资产能够在区块链之间进行转移，为开发区块链技术的新型应用提供了更多可能性。

这种能使数字资产在侧链与主链之间互转的过程被称作“双向锚定”（Two-way Peg）。但数字资产是不能在区块链间转移的，所谓“转移”的过程实质上是在一条区块链上暂时锁定数字资产，再在另一条区块链上以确定的汇率将等价的数字资产释放的一个过程。以比特币在主链和侧链之间的转移为例，现需将 1 个比特币从主链转移到侧链，但由于主链与侧链本质上是两条独立且算法不一样的区块链公链，因此并不能直接简单地把比特币转移到侧链上。

拓展知识

“转移”的实际操作过程

二、区块链的层级结构

针对区块链的技术架构，目前业界主要流传着三层模型和六层模型，本章将利用三层模型介绍区块链的层级结构。根据基础架构设计，从广义上说，区块链可以简单地分为三个层级：协议层、扩展层和应用层，它们之间既相互独立又相互联系。三层架构的示意图如图 5－3 所示。

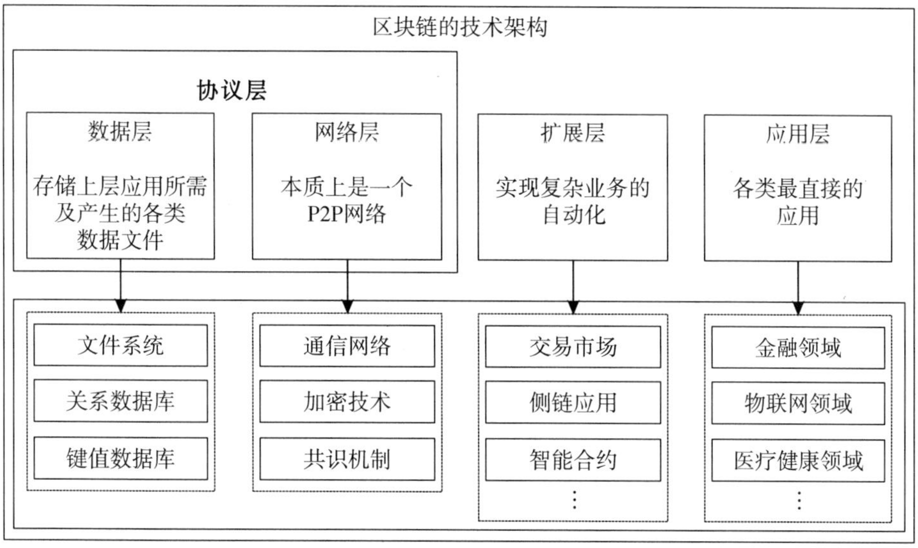

图 5－3　区块链的技术架构

（一）协议层

协议层是区块链最底层的技术，通常可以进一步划分为数据层和网络层。协议层充当着与电脑的操作系统类似的角色：在底层部署一个开发环境，由它来直接定义底层网络节点的基础规则，当开发其他应用功能时，直接调用相应的 API 即可。因此，协议层是上层应用对等、信任、安全的网络和通信的基础，是一条区块链一切活动的基础。这个层次和操作系统一样，通常会以一个完整的区块链产品的形式呈现。例如，区块链项目团队官方往往会提供简单的钱包客户端，支持建立地址、验证签名、转账支付、查看余额等简单的功能，其他开发者可以以此为基础，不断拓展区块链的功能，形成一个更加完善的生态。

协议层封装了区块链系统的组网方式、消息传播协议和数据验证机制、共识机制、节点激励机制等，应用了网络编程、分布式算法、加密签名、数据存储等多方面技术，以达到全网共同维护一个底层账本的目的。其中的分布式算法、加密签名、数据存储，任何编程语言都可以做到，唯有 P2P 网络和并发处理成为网络编程的门槛，由此导致开发者们更加偏爱擅长解决高并发的编程语言。在这种情况下，Node. js 和 Go 语言也逐渐变得流行起来。

协议层可以分成两个子层级。其中数据层负责以区块为单元存储上层应用所需及产生的各类数据文件，并以链状结构连接在一起形成区块链。其存储方式比较灵活，经常结合传统文件系统、关系数据库、键值数据库等多种方式。网络层主要包括了区块链节点之间的通信网络、非对称加密技术和共识机制。区块链网络本质上是一个 P2P（Peer-to-Peer，点对点）的网络，网络中的资源和服务分散在所有节点上，信息的交互都直接在节点之间完成，无须任何第三方的权威机构。而非对称加密技术是指：区块链通常在加密和解密过程中采用两个非对称的密码，即公钥和私钥，公钥用于指认账户地址，私钥则是操控该账户及其地址下所有资金的唯一钥匙，通过非对称加密技术来满足区块链系统中的安全性要求和所有权验证的需求。目前区块链项目主流的共识机制包括 PoW（Proof of Work，工作量证明机制）、PoS（Proof of Stake，权益证明机制）、DPoS（Delegated Proof of Stake，委托权益证明机制）、Pool（验证池共识机制）。PoW 是节点通过解决一个计算困难但容易验证的数学难题来证明数据的有效性，应用这个机制的挖矿过程引发了很大程度的能源浪费；PoS 要求证明人提供一定数量加密货币的所有权，根据衡量节点拥有数字货币的币龄来达成共识；DPoS 与董事会投票类似，全体节根以其拥有的股份权重享有相应的投票权利，选举一定数量的代表，由它们代理全体节点维护区块链系统；Pool 是在传统成熟的分布式一致性技术上加上数据验证机制，实现秒级共识验证。

（二）扩展层

扩展层，也称共识层，介于上层应用和底层协议之间，我们可以把它类比成电脑的驱动程序。扩展层的存在是为了实现复杂业务流程的自动化，或通过激励/惩罚机制规范区块链节点贡献自身存储和计算资源。它的应用方向目前主要有两个：一是各类交易市场，作为法定货币兑换加密货币的重要渠道，具有实现简单、成本较低、回报周期短等优点，但同时对应的风险也大。二是针对某个方向的扩展实现，包括各种侧链应用，用以满足不同的个性化需求。这一层的代表性应用有智能合约、跨链协议、BaaS 平台、挖矿服务等。

拓展知识

智能合约

（三）应用层

应用层是区块链技术在不同行业领域的各类应用场景和案例最直接的体现，类似于电脑中的各种软件程序，也可以理解为 B/S 架构的产品中的浏览器端。应用层上的是普通人直接可见的、直接使用的产品，通过移动端、Web 端等不同形式为最终用户提供支付结算、证券、票据、供应链、物联网、医疗健康等多领域的服务，相比区块链技术架构的其他层次能够最直观地体现区块链技术的应用价值，能够让区块链技术真正走入大众的生活和生产，例如目前各种数字货币的轻钱包客户端。

限于当前区块链技术发展还不够成熟，很多区块链项目的开发只能从协议层出发，把目标指向应用层，同时为第三方开发者提供扩展层的强大支持，这样做既可以避免纯粹的协议层或扩展层的开发无法真正解决实际应用问题，又可以拓展协议层或扩展层上易用可靠的产品。相信随着区块链技术的发展，在众多开发者孜孜不倦的努力下，区块链技术会有更广泛的应用场景。

第三节 区块链在金融领域的应用

一、数字货币

我们从前面的介绍中已经了解到区块链起初是伴随着比特币的概念而产生的，而我们屡次提及的比特币正是数字货币的一种具体尝试，因此区块链的一个主要应用就是数字货币（Digital Currency）。尽管比特币不是对数字货币的第一次尝试，但数字货币的概念能够进入人们的认知范畴并为大众所熟知的确应归功于比特币。从 2009 年发展至今，数字货币已然成为国际组织、各国央行、业界以及学界共同关注的热点话题，其作为金融科技的重要组成部分也已经不知不觉地渗透到社会、经济、金融等各个领域。

（一）数字货币的优势

随着数字货币种类的增加以及支付方式的不断更新，数字货币在为人们提供便捷服务上具备天然的优势，主要体现在以下几点：

第一，能有效降低货币发行和流通成本，提升交易的支付效率。数字货币有别于传统的纸质货币或金属货币，传统货币的印刷、发行、更换、存储以及流通过程都需要耗费大量的人力和物力成本，并且还会不可避免地造成损耗。而数字货币将物理空间的存储和转移转变为数字形式的存储和空间划转，在有效地降低银行的运营成本、避免损耗产生的同时，还能免受时空的限制，这对跨境支付、跨境贸易和跨境资产转移产生了巨大的影响，在日常消费支付时也能简化“付钱找钱”的步骤，便于人们快捷、高效地进行资产转移。

第二，具有更高的安全性，能有效降低支付和流通风险。现在中国流行的微信支付、支付宝支付这类电子支付方式虽然高效方便，但是它们的安全性还是主要依赖于第三方平台的运营，易被病毒入侵。而基于区块链技术的数字货币具有去中心化、透明可信、难以篡改等优势，可以通过更安全的技术架构和运行方式来降低可能的支付风险。

第三，其稳健的基础设施有助于提升监管效能，促进共享金融的发展。数字货币具有身份识别功能，可以追溯每一笔数字货币在对应支付平台上的交易信息，这些数据一般都是公开透明的，非法交易会被系统的其他用户监视到，在事后能够被相关机构调取记录、追查源头，在很大程度上加大了洗钱者的风险系数，从而具有反洗钱的优势。同时，数字货币还能为宏观货币政策提供连续全面的数据基础，实现各种现代技术的无缝对接，升级现有金融运作体系，提升金融服务的层次与广度，促进共享金融的稳步发展。

（二）数字货币的前景

尽管目前阶段数字货币不管是底层技术还是应用环境都存在诸多缺陷，但其作用和前景是不可估量的，数字货币未来的发展趋势可以概括为以下几个方面：

第一，数字货币对支付体系的革命性冲击要远远大于对计价体系的影响。人类对交易便利性的渴求同现行货币交易不便性之间的矛盾是推动货币形式演变的内在动力。以底层区块链技术、分布式记账体系技术等为基础的数字货币必然会极大地满足人类交易便利性的需求，也必将引起支付体系的革新。相较流通职能或支付职能，数字货币以其现有的信用基础较难拥有价值尺度职能，当前各类商品和服务依旧广泛使用法定货币进行标价，并在未来的很长一段时间内都难以看到大多数商品脱离法定货币而仅仅使用私人数字货币进行标价的局面。

第二，法定数字货币相对于私人数字货币更具有竞争优势，将会是未来数字货币体系中的主导货币。私人数字货币固然可以通过底层技术成为可信任的支付货币，但由于其发行部门的私有属性，在实现可信任、可贮藏功能上与法定数字货币相比存在天然的劣势。建立在国家主权基础上、具有一定法律基础的法定数字货币凭借政府或社会机构的公信力更容易让用户信服，能够较容易地解决数字货币难以取得信用、价值不稳定的问题。与此同时，不管是从继续保有货币权力的角度考量，还是从持续有效监管货币市场、维护社会稳定性的角度考量，主权国家都不会放任其他数字货币随意挑衅法定数字货币的权威性，势必在法律法规、技术标准上采取相应手段。因此，未来的货币体系必然会对社会层面的数字货币在法定数字货币主导下的发展产生约束作用。

第三，法定数字货币的国际竞争将会给国际货币体系造成一定的冲击，导致新型的国际货币竞争不可避免。一种新事物的产生和强势兴起会伴随着很大的随机性和不确定性，必定会打破原有的、已成惯性的组织平衡。在现行的国际货币体系中，货币国际地位越高的国家越不希望国家层面的法定数字货币出现，各国法定数字货币的国际化会挤占原来世界货币体系中处于主导地位的国家的既得利益。相反，对其他不满于现有地位的国家来说，法定数字货币的国际竞争带来的刷新旧格局的机会给它们提供了一个很好的逆袭或者突围的平台，但凡有条件的主权国家都不会轻易错失或放弃，而是会选择争一争。

二、区块链＋供应链金融

供应链金融产生于 20 世纪 80 年代，其运营模式基本是以供应链为基础，面向特定供应链参与主体所提供的具有针对性的融资活动。相较于传统融资方式，供应链金融不再是企业进行一对一授信服务，而是基于产业链的整体信息，以核心企业信用为背书，向整条产业链提供金融服务，因此供应链金融具有服务对象广、参与主体众多、金融风险小等优势。其作为一种能有效缓解中小微企业融资难题的方式，发展势头迅猛，已经成为现代供应链发展的重要融资模式之一。但现实中供应链金融长期面临着高需求和弱信用的矛盾，而区块链技术的出现，为破解目前供应链金融运营的难题提供了机会。

区块链技术与供应链金融具备相互匹配的特性，在贸易的各环节，无论是融资、流转还是支付都具有广泛的应用场景，可以显著提高效率与质量。具体体现在：第一，区块链技术可以建立点到点的强信任关系来赋能供应链金融，区块链依据参与节点的结构来布置分布式账本，数据无须单一的中心化机构来统一维护；第二，区块链使供应链金融的数据更透明化和可重复使用，避免重复审查和反复校验的程序，有利于提升供应链平台的数据利用率和融资处理效率；第三，区块链能够有效保证供应链数据安全，解决了现实中存在的单证伪造、遗失等问题；第四，区块链让供应链金融实现了信用自证，作为机器信用、计算信用，以其分布式、可追溯、自组织等特性有效弥补了供应链金融信用机制的缺陷。

区块链与供应链金融的融合创新催生了多种不同模式：第一种（见图5-4）是从现有的商业模式入手，以供应链金融为基础，核心企业仍旧处于供应链系统的核心部位，起着承接上下游企业、带动上下游企业发展的作用；另一种（见图5-5）则是伴随着互联网企业发展呈现的更新的商业模式，以金融科技企业为基础，将供应链金融服务覆盖到供应链系统内更加末端的企业；其他还有由区块链技术服务提供商发起的模式、由资金方发起的模式等。

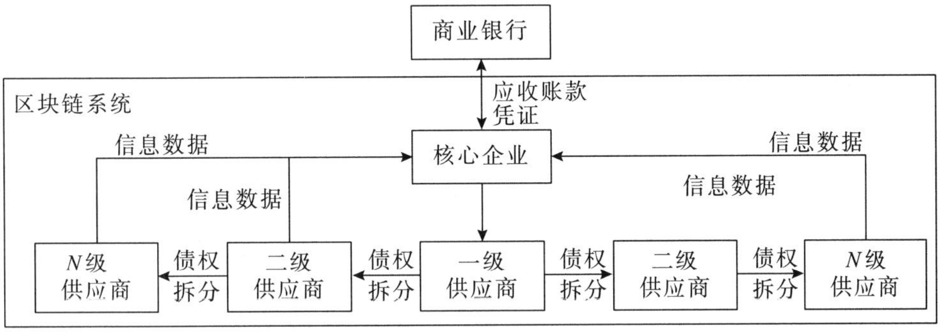

图5-4　以供应链金融为基础的区块链+供应链金融商业模式

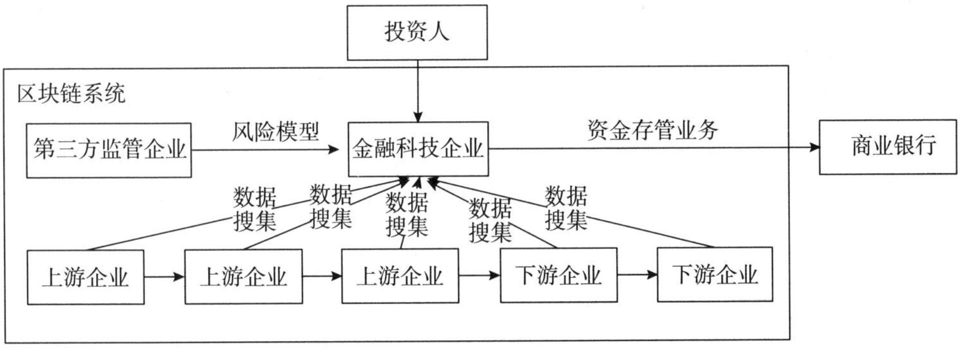

图5-5　以金融科技企业为基础的区块链+供应链金融商业模式

尽管区块链将给供应链金融带来的变革是可以预见的，但目前仍处于探索阶段，不同类型的区块链之间的技术壁垒、专业技术人才的空白、原有市场的竞争秩序的维护以及区块链本身固有的隐私和安全等隐患都是亟待解决的问题。

三、区块链+保险

保险业也是区块链技术在金融领域应用的典型场景。据不完全统计，目前全球正在进行的区块链应用场景探索中，与保险业结合的占20%以上的比例。原先受技术限制，传统的保险行业往往是高度中心化的，保险公司作为中心节点将风险进行归集和分散，大量参与主体之间基本不存在互动行为，实际上背离了现代保险制度的大数法则和核心诉求，即要拥有足够数量的风险个体及其保险基金的集合，风险及其损失才能得以有效分散，社会的互助功能才能得以发挥，而各个参与者之间需要达成集体共识。对于这样的社会性要求，传统的科学技术无法实现，但区块链技术可以。除社会性以外，区块链技术和保险业在信息记录的唯一性、时间管理的刚性、保险体系的安全合规性等多方面的共性，给两者的结合提供了逻辑基础。

区块链技术在保险业的应用能够打破不同保险公司、同一保险公司不同产品线和部门之间的信息壁垒，简化信息的认证流程，缩减理赔时间及人力成本，从而帮助保险公司降低综合业务成本，还能基于智能合约系统实现基于合同的自动理赔。同时，区块链难以篡改和可追溯的特点能够为核实情况提供重要的理赔依据，有效应对保险理赔中的欺诈和洗钱行为。另外，区块链的共识信任机制能够优化监管模式，帮助保险行业形成人人都是监管者的自治体系。

目前“区块链＋保险”尚处于初步探索阶段，多数应用还停留在大型保险公司内部或联盟间的实验阶段，区块链在保险行业的实际应用遇到的问题还有待解决。虽然区块链技术处于人人看好的阶段，但是只有当区块链客户端安全性和加密算法的安全性问题得到彻底解决才能应对未来的应用。此外，目前区块链保险的运用主要在于智能合同上的突破，如我国保险市场上已经推出的区块链航空意外保险保单等，这类金额小但频率高的保险合同首先结合区块链技术，将会带来交易速率和存储空间的问题，在技术无法突破的情况下将限制区块链技术的运用。最后，区块链保险监管由原来的制度监管变成技术监管，从之前的政府监管慢慢变成行业自律，从公司合规监管变成社会性监管。保险业客观上有严格的监管要求，区块链电子凭证的法律效力和规范目前缺乏明确的监管细则，仍待监管方评估相关保险创新并给予适当的监管和规范。

四、区块链＋跨境支付

跨境支付是现代金融和跨境贸易活动中的重要业务环节，随着近年来跨境贸易活动越来越频繁，跨境支付的重要性越来越明显。相关数据显示，全球跨境支付市场的年增长速度约为5%。随着跨境支付交易量与频率的持续增长，传统跨境支付系统的问题也逐渐凸显。例如，我国大额跨境支付主要采用电汇模式，跨国银行之间通过SWIFT通道传输数据，一般到账时间为2～3个工作日，另外需要支付一定比例的电报费、手续费和中转费。

传统跨境支付存在的问题主要体现在以下四个方面：其一，耗时较长。这是因为，虽然现在第三方支付业务在逐渐扩大，但银行仍是主要支付渠道，资金的转移需要经过开户行、央行、境外银行等多个中间机构，不同机构的记账系统相互独立，清算和对账等步骤耗时较长。其二，费用较高。这是因为，中介机构提供跨境支付服务本身就有较高的成本，另外还需要盈利，必然不会无偿提供服务。有数据显示，跨境支付的费用率一般为7.68%。其三，占用资金多。这是由于跨境支付的交易周期较长，资金被占用，使用效率降低。其四，安全性较低。在中心化的支付模式下，中介机构掌握的大量信息极易为不法分子所觊觎，相对集中的攻击容易导致风险相应集中，致使信息被泄露。

数字货币点对点跨境支付的模式将改进传统国际贸易结算不足，降低跨境支付的成本，形成动态比较优势。央行数字货币作为法定货币的数字形式，既有法定货币的稳定性，又兼具数字货币的灵活性，特别适合作为跨境支付的媒介。截至 2020 年 12 月底，全球已有 80％的主要经济体央行正在研究央行数字货币，央行数字货币由于其特性将引起金融脱媒，逐步取代传统货币，一旦上述现象成为趋势，国际贸易结算体系将迎来重大变化。随着数字货币在国际贸易结算领域的大规模使用，以美元为主导的国际货币体系将得到缓解。当国际社会呼吁建立新型国际货币体系时，央行数字货币的发行具有划时代的意义，既能够推进贸易结算创新，为规避美国长臂管辖提供一条跨境支付通道，又能够维护各国货币的主权。

为了未来“区块链＋跨境支付”能够真正落地，还需要各国政府加强政策引导和行业规范，政府部门、银行以及其他相关企业要强化国际先进经验的交流与合作，而且在项目的开发和试验过程中重视并积极应对区块链技术存在的潜在风险。许多国家和地区，比如英国、新加坡、澳大利亚和阿拉伯联合酋长国等国家以及中国香港、中国台湾等地区采用“监管沙盒”的方式对金融科技进行监管。“监管沙盒”模式更加适用于对跨境数字货币生态的监管。“监管沙盒”模式参与当中，能够及时更新信息，更好地识别好企业的比例，同时调整监管力度。“监管沙盒”模式效率越高，就越能够更多地挑选出好企业。对于高风险的跨境数字货币生态业务而言，“监管沙盒”模式对跨境数字货币生态业务具有包容性，更加能够支持跨境数字货币生态的发展。目前各国（地区）正在进行央行数字货币研发试点，进行沙盒监管，也说明运用“监管沙盒”模式监管跨境数字货币生态业务是市场均衡的结果。

第四节　区块链的未来发展趋势

一、区块链技术的风险

自从区块链技术诞生以来，成百上千种区块链技术被应用到了社会生活的各个领域，囊括了金融经济、物联网、公共服务、能源、智能城市、军事等现实中各个合适的应用场景。尽管目前区块链的应用领域已经十分广泛，但其本身存在的严重的安全问题及其潜在的风险依旧不容忽视。从 2016 年震惊全球的“The Dao”事件开始，区块链上智能合约的安全问题层出不穷。根据业界学者的统计，从 2011 年到 2018 年 4 月，区块链安全事件中，交易平台安全事件造成的损失高达 13.44 亿美元，智能合约安全事件造成的损失达 12.4 亿美元，普通用户安全事件造成的损失达 1.73 亿美元，矿工安全事件造成的损失达 6 328 万美元，共识机制安全事件造成的损失达 3 100 万美元，其他类别的安全事件造成的损失达 1 260 万美元。随着区块链技术的发展及应用场景的拓展，因其安全问题造成的损失还在增长。

区块链技术的风险主要包括以下几种：

（一）算法安全风险

从一般意义来讲，多数区块链中使用的密码学算法目前是安全的，这也正是区块链技术能够得到广泛应用的原因之一。但是这些算法从未来看也存在安全隐患，如来自区块链系统内部和外部的算力攻击。来自内部的算力攻击是指区块链系统中的节点利用自身的算力优势在系统内算力的角逐中胜出，从而有权实施篡改过往记录等不法操作。而来自外部的算力攻击则是基于量子计算技术。量子计算是一种遵循量子力学规律进行高速运算和处理量子信息的新型计算方式，未来量子计算将会对现有的密码体制造成致命性打击，可能降低一半的攻击难度甚至完全破解，而新型密码的研究及投入使用需要经过足够的时间检验和攻防考验，因此区块链系统的算法安全性在未来极有可能会经受巨大的考验。

（二）协议安全风险

协议安全在网络层和共识层上分别表现为 P2P 协议设计安全和共识协议安全。在网络层，利用 P2P 协议漏洞可以进行日蚀攻击和路由攻击，攻击的难易程度则取决于该应用中网络协议的好坏，也就是信息的流转能力，比如以太坊就比比特币更易受日蚀攻击影响。在共识层，共识协议本身在设计上就存在安全问题。例如，我们最熟悉的 PoW 共识机制，若系统内拥有 51%算力的节点达成共识或遭到攻击，系统就不再安全。此外，PoW 中存在的自私挖矿和坚强挖矿的行为也是利用其 51%的算力攻击对区块链系统的安全进行破坏。

（三）实现安全风险

实现安全主要源于智能合约的安全漏洞。现有智能合约的漏洞可以分为四种类型：其一，量子合约。即在某时刻被触发后，能立刻或者经过多次交易将代币转移到任意地址的合约。其二，贪婪合约。即只能接受代币，而不能发出代币，因而会锁定大量代币，致使全网流通的代币数量减少的合约。其三，自杀合约。有些合约允许代币消耗完时或者被攻击者攻击时，合约的拥有者可以用后备选项销毁合约。自杀合约就是指那些支持被任何人销毁，因而起不到规范用户遵守契约的作用的合约。其四，死后合约。即被终止后可以继续收到随着交易请求一同发送的代币，虽然无法调用合约代码，但是会无限期锁定这些代币的合约。

（四）使用安全风险

区块链技术中私钥是每个用户自己生成并负责保管的，一旦私钥丢失便无法对所有账户的资产做任何操作。例如，一些用户对私钥管理不当，将私钥或是助记词泄露到其他公开网站上，给不法分子窃取密钥提供了可乘之机。另外，一些犯罪个体或团伙滥用区块链技术权限，借助区块链系统从事毒品交易、赌博、洗钱、盗窃等活动，这也会给区块链的网络运行环境带来安全风险。

（五）系统安全风险

区块链技术的系统安全风险主要来自黑客的攻击，攻击者可以运用网络攻击手段，综合利用各个方面的漏洞，使区块链变得越来越脆弱，最后达成攻击目的。例如，有的黑客利用网络钓鱼的手段，在初次发起代币时利用电子邮件散播虚假消息、设置近似域名与近似地址，诱导用户向攻击者的账户自行转账。

二、区块链技术面临的机遇和挑战

区块链产业的形成，一度与比特币的诞生和发展密不可分，直指人类对财富本源的追逐和渴望，在2013—2017年间出现过全球性的膨胀式增长，在2017年增速达到顶峰。在比特币等数字货币的热潮逐渐消退后，各国开始意识到区块链作为分布式数据存储、点对点传输、共识机制、加密算法等多种技术的集成应用才是其真正的价值所在。于是国际各大领先机构纷纷开始行动，至今已组建了多个行业联盟，如Hyper Ledger（超级账本）、R3（全球银行业区块链联盟）、B3i Services AG（全球保险业区块链联盟）、China Ledger（中国区块链联盟）等。2015年一个名叫R3CEV的金融技术创业公司在纽约成立，至今已吸引了超过40家巨头银行的参与，上文提及的R3也是由其发起的。同年10月，微软基于Azure云计算平台推出BaaS，并联合一系列合作伙伴，在一个低风险的环境中开展从智能合约到基于区块链的税务汇报服务。2016年，英国发布区块链专题研究报告，宣告将积极推行区块链在金融和政务中的应用。区块链在教育界也引发了一系列革新。自2014年以来，麻省理工学院、斯坦福大学、普林斯顿大学等十几所欧洲和美国顶尖高校先后开设了区块链课程。

转观国内，我国也加快了区块链技术发展和产业规划的步伐。国务院于2016年12月发布的《“十三五”国家信息化规划》明确指出，要加强区块链等新技术基础研发和前沿布局，构筑新赛场先发主导优势。2020年4月20日，在国家发展改革委举行的例行新闻发布会上，区块链正式被列为新型基础设施中的信息基础设施，从此被纳入“新基建”范畴。

目前绝大多数国家对区块链技术的发展是持支持态度的，并为其提供了优惠的政策和良好的产业链环境，且全球区块链产业发展动力依然充足，区块链的应用场景已基本实现从最初的货币领域及金融领域向物联网、医疗健康、数字版权、公益慈善、智慧城市等领域的渗透。而在国内，区块链产业同样具备广阔的上升空间，各互联网巨头的持续投入和新兴科技企业的积极进入，以及量大面广的潜在市场都为区块链技术和产业的发展提供了千载难逢的发展机遇。

尽管区块链技术前景广阔，但在商业环境中推出解决方案之前，必须解决几个大的实践问题，这些问题主要与区块链的可用性和适用性有关。首先，由于私钥无法重置，区块链对消费者并不友好。其次，如果将加密货币作为主流货币，还要保证加密货币的稳定性。

除此之外，区块链创新发展也面临来自多维度的挑战：一是区块链本身技术框架不够成熟，相比其他大多数技术仍处于婴幼儿阶段，在算法安全、协议安全、实现安全、使用安全和系统安全方面存在诸多来自结构设计、程序代码、外部攻击和未来技术的风险。另外，区块链技术还存在可扩展性不强、效率较低、手续费偏高等诸多现实问题，目前还不能很好地支持 DAPP（去中心化应用）的大规模、商业化落地。二是由于基于区块链技术的应用的正常运行涉及诸多同步优化和实时转化问题，这对存储和同步数据信息的硬件及软件有极高的要求。目前，这些基础设施仍旧处在研究和建设阶段，投入规模化的应用还需要持续的研究开发和大量试点项目的经验积累，基于一体化的软硬件平台的大规模应用尚需时日。三是行业监管机制亟待攻克难关。区块链领域的快速创新和技术复杂性可能会导致监管机构采用基于原则的方法来监管区块链。同时，区块链允许交易双方越过第三方进行点对点直接交易，对追踪有计划的洗钱活动造成了障碍，也对现行严格的税制构成了挑战。

三、区块链技术的发展方向

在 2019 年 10 月 24 日中共中央政治局就区块链技术发展现状和趋势进行的第十八次集体学习中，习近平总书记的讲话基本确立了“中国区块链发展纲领”，确立了区块链作为核心技术自主创新重要突破口，指出要强化基础研究，提升原始创新能力，抢占区块链的战略制高点；同时确立了“区块链＋”的战略，要求深入推动区块链与实体经济深度融合，促进区块链的落地应用以及发挥实效。

因此，我们将区块链的未来发展方向总结为以下两点：

（一）强化基础研究，核心技术自主创新

在技术研发上，区块链作为一种新兴的重要技术，全球主要国家都在加紧布局，这对中国来说是一个在国际竞争中争取话语权的机会，同时也是一个巨大的挑战。在过去几十年以互联网为代表的信息技术发展过程中，我国一直在做的往往以模仿和应用居多。尽管中国有着巨大的市场优势，但在基础研究和原始创新能力方面中国始终处于劣势，缺乏自主创新的核心技术，在之后的技术应用中处于受制于人的被动地位。我国在历史上已经错失了三次技术革命良机，而区块链技术具有巨大的发展潜力和光明的发展前景，我国应该牢牢把握这次机会，加快在区块链基础理论和相关技术上的研究，营造良好的研发氛围，激励良性循环的区块链技术研发生态的形成，在核心技术上取得突破，争取进一步缩小同美国等发达国家的差距。

（二）融合实体经济，应用实践服务民生

在区块链的产业化和应用实践方面，要抓住区块链技术融合、功能扩展、产业细分的契机，充分发挥区块链技术的优势，针对传统行业在数据存储和交流、业务流程、工作效率等方面的痛点，利用区块链技术探索创新数字经济模式，打造便捷高效、稳定透明、公平竞争的市场环境，推动供给侧结构性改革，加快新旧动能接续转换，从而推动

经济高质量发展。在探索区块链的应用场景时应关注在民生领域的运用，推动区块链技术与公共服务、城市建设的结合，促进社会信息、资金、人才、征信等资源在更大的范围内互联互通，实现科技发展成果由人民共享，切实服务人民群众的日常生活。

延伸阅读

Ripple和壹账链区块链技术

本章小结

本章主要向读者讲解了区块链技术，介绍了区块链技术的起源、定义、发展历程、特征、主要类型和层级结构等基础知识，列举了区块链技术在金融领域的应用。最后从风险、机遇和挑战、发展方向三个角度分析了区块链的未来发展趋势，旨在引导读者对区块链技术的现状和发展进行更深层次的思考。

关键术语

区块链、区块链十、比特币、数字货币

思考题

1. 区块链诞生于何时？标志性事件是什么？
2. 自区块链概念首次被提出以来，区块链的发展历经了几个阶段？
3. 区块链有哪些基本特征？
4. 简单描述区块链的数据结构和技术架构。
5. 区块链在金融领域有哪些具体应用？分析区块链技术对金融行业产生的冲击和影响。

第六章
物联网

教学目标

1. 掌握物联网的基本概况；
2. 熟悉物联网的体系架构及其各层的主要技术；
3. 了解物联网在金融行业及其他行业生产生活场景中的应用探索。

引言

你早晨醒来，从床上起身，打开壁灯，拉开窗帘，然后来到厨房，从电饭锅里盛起刚煮好的热腾腾的小米粥。吃完早餐，你去卫生间洗漱，在口腔护理装备的提示下一步步完成针对你个人口腔状况的牙齿洗护。你来到衣帽间，拉开衣柜门，柜门开始为你播报今日天气，并为你提供了一系列服装搭配方案。你从中挑选了一套，根据位置提示找到了对应的衣物换上。你来到地下停车场，“刷脸”打开了车锁。你坐入汽车，直接启用无人驾驶模式。你打开音箱收听你的工作安排和早间新闻，偶尔瞥一眼窗外熟悉的街景。突然汽车驶入一个你不常经过的路段，导航提示你原方案中间路段发生了一起交通事故，已经为你调整了驾驶方案。这个意外虽然让你绕了一点远路，但还是“有惊无险”地抵达了公司。来到公司，你点了杯咖啡。过了几分钟，一个机器外卖小哥将外卖送达了你的办公室……

在上一段描述中，我们看不到“计算机”“网络”这些词汇，但计算机和网络分散在了各个场景，无论是床、灯、窗帘还是电饭锅等都搭载了微型计算机，与网络连接起来，能够智能地做出处理，为人们提供实时的服务，其中用到的就是物联网技术。上面这个例子仅仅列举了物联网在智慧生活领域的一些应用场景。此外，物联网还能被应用到人们生产生活的各个领域，如金融、工业、能源、政务、医疗、军事等，你可以充分发挥自己的想象力，畅想未来万物互联的社会。

第一节　物联网的基本概况

一、物联网的发展历程

1999 年，美国麻省理工学院的凯文·阿什顿（Kevin Ashton）教授首次提出了物联网概念。那时的物联网是基于无线射频识别技术的物流网络。随着技术的发展和应用的延伸，物联网的内涵已经发生了较大变化，但不可否认的是，这为后来掀起的物联网热潮提供了理论和技术基础。

2005 年，信息社会世界峰会上，国际电信联盟（ITU）发布了《ITU 互联网报告 2005：物联网》一文，在报告中明确提出了“物联网”的概念，正式将“物联网”称为“The Internet of Things”，确定了物联网的合法地位。该报告宣告了“物联网”通信时代即将来临，物联网揭示了计算和通信的未来，除了相对成熟的无线射频识别技术外，它还将融合其他新的动态技术，如无线传感技术、智能式嵌入技术、小型化技术和纳米技术等，由此来实现一个能将任何物体从感官上和智能上连接到一起的完全可交互、可反馈的网络环境的搭建。

2008 年国际金融危机爆发后，世界经济一片萧条，物联网让许多国家看到了新的经济增长点。2009 年 2 月，美国政府颁布《美国复苏与再投资法案》，其中提出在智能电网、卫生医疗信息技术应用和教育信息技术上进行大量投资，这些投资都与物联网技术直接相关，物联网成为美国摆脱金融危机、重振经济的关键武器。2009 年 6 月，欧盟执行委员会发布了《物联网——欧洲行动计划》。该计划共包括监管、隐私及个人数据保护、“芯片沉默”、潜在危险辨别、关键资源、标准制定、研究和发展、公私联合、创新、统计跟踪和评估机制等内容，描绘了物联网技术的应用前景，提出欧盟政府要加强对物联网的管理，促进物联网的发展。2009 年 7 月，日本制定了日本新一代的信息化战略“I-Japan 战略 2015”。2009 年 10 月，韩国出台了《物联网基础设施构建基本规划》。2009 年成为名副其实的物联网之年。

2013 年 12 月，欧盟在布鲁塞尔举行的欧盟竞争力委员会会议上通过了“地平线 2020”科研规划。该规划指出物联网领域的研发重点集中在传感器、架构、标识、安全和隐私等方面。2016 年 6 月，NB-IoT（窄带蜂窝物联网）标准协议获得国际组织 3GPP（第三代合作计划）通过，被确定为物联网通信的全球统一标准。NB-IoT 作为物联网的基础网络，具有海量连接、超低功耗、深度覆盖、数据安全、稳定可靠、成本较低等优势，通信标准的统一为终结物联网早期发展呈现出的“碎片化”问题提供了可能。2016 年也被业界视作 NB-IoT 的商用元年。

我国高度重视物联网的研究和发展。早在 1999 年，中国科学院就启动了传感网研究，先后投入大量资金和人力，在培育物联网产业上取得了重大进展。2009 年，时任国务院总理温家宝的一篇题为《让科技引领中国可持续发展》的讲话将物联网正式列为我国重点发展的五大新兴战略性产业之一，再次强调着力突破传感网、物联网关键技术，使信息网络产业推动产业升级，成为迈向信息社会的“发动机”，我国物联网发展的新纪元从此开启。2013 年，为加快推进物联网有序健康发展，国家发展改革委、工业和信息化部、科技部、教育部等制定印发了《物联网发展专项行动计划》，从顶层设计、标准制定、技术研发、应用推广、产业支撑、商业模式、安全保障、政府扶持措施、法律法规保障、人才培养十个方面制订专项行动计划，进行了整体规划布局。2021 年，工业和信息化部印发《物联网新型基础设施建设三年行动计划（2021—2023 年）》，力争打造系统完备、高效实用、智能绿色、安全可靠的现代化基础设施体系，推进物联网新型基础设施建设，充分发挥物联网在推动数字经济发展、赋能传统产业转型升级方面的重要作用。

经过 30 余年的发展，而今物联网技术革命已成为继计算机革命、互联网革命之后信息产业的第三次革命，物联网产业具有非常可观的市场前景，蕴藏着巨大的潜在价值，各国政府都加紧布局物联网市场。从发展思路来看，物联网技术的研发和应用主要集中在欧美发达国家和日本、韩国等，但从整体上而言，全球物联网都处于加速发展阶段。随着未来几年物联网产业链上下游资源的不断投入，全球物联网市场规模将继续快速增长。

二、物联网的定义

物联网最早的定义是于 1999 年由麻省理工学院的 Auto-ID 中心给出的，即将所有物品通过射频识别和条形码等信息传感设备与互联网连接，实现智能化的识别和管理的网络。此定义包含两层含义：其一，物联网的核心和基础是互联网；其二，物联网通过其他通信感知技术实现物物相联。之后在较长一段时间内被广泛接受的一种定义是 2005 年由 ITU 提出的：物联网是通过射频识别、红外感应器、全球定位系统、激光扫描器等信息传感设备，按约定的协议，把任何物体与互联网连接，进行信息交换和通信，以实现对物体的智能化识别、定位、跟踪、监控和管理的一种网络。

物联网将无处不在的末端设备和设施，包括具备“内在智能”的传感器、移动端、工业系统、楼控系统、家庭智能设施、视频监控系统等，以及“外在智能”的各种资产、智能化物件或动物、“智能尘埃”等，通过各种无线和/或有线的长距离和/或短距离通信网络实现互联互通、应用大集成以及基于云计算的 SaaS 营运等模式。物联网技术的应用能够实现在内网、专网和互联网环境下，采用适当的信息安全保障机制，提供安全可控乃至个性化的实时在线监测、定位追踪、报警联动、调度指挥、预案管理、远程控制、安全防范、远程维保、在线升级、统计报表、决策支持、领导桌面等管理和服务功能，从而能够对“万物”进行高效、节能、安全、环保的一体化管理、控制和营运。

早期人们曾将物联网与传感网、泛在网混为一谈，后来人们发现它们之间有着显著的区别。传感网是指由大量多种类型的传感节点组成的网络，它对动态信息进行分布式协同感知与处理，形成综合信息网络系统，是人类的远程神经末梢。传感网是物联网主动感知物理世界的方式，就像视觉、听觉、嗅觉、味觉和触觉感官之于人体一般，是物联网不可或缺的关键组成部分。而泛在网，即广泛存在的网络，以“无所不在、无所不包、无所不能”为基本特点，帮助人类实现“4A”化通信，即任何时间、任何地点、任何人、任何物之间均能顺畅地通信。泛在网比物联网的层次更高，物联网是泛在网发展的物联阶段，是泛在网的最终形态之一。我们可以将这三者之间的关系简单地用图 6－1 来表示。

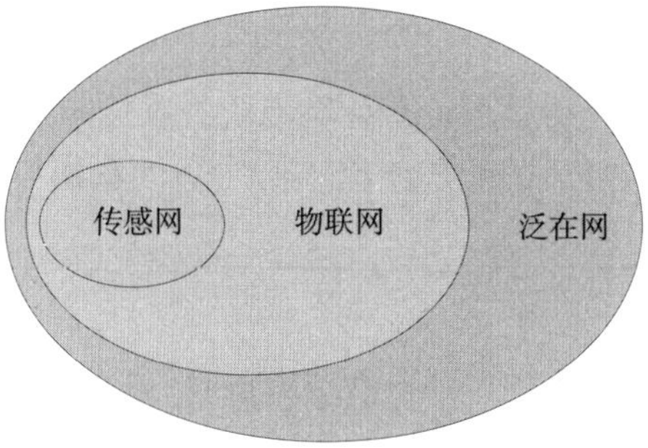

图 6－1　传感网、物联网和泛在网之间的关系

三、物联网的主要特点

根据物联网的技术架构，可以总结出物联网具有以下几个特点：（1）在感知识别层呈现出的感知全面化；（2）在网络传输层呈现出的网络化、物物互联化；（3）在管理服务层呈现出的处理智能化；（4）在综合应用层呈现出的应用链条化。

（一）感知全面化

物联网通过射频识别、条形码识别、生物识别等各种识别技术和不断发展的传感器设备随时随地获取物体的信息。随着物联网在众多领域的广泛发展，物联网将其“触角”伸入人们的各种场景，采集来自物体、环境、社会的丰富信息，通过无所不在的感知和识别将物理世界信息化。

（二）网络化

网络化是物联网的基础，无论是信息通信网络、有线/无线网络还是物联渠道网络都依赖于网络；无论哪种网络，最终都必须与互联网或下一代互联网相连，形成真正意义上的物联网网络，为数据的实时、准确传递提供场所和平台。

（三）物物互联化

物物互联化是指，在物体上安装传感器或者植入感应芯片，通过“内在智能”或“外在使能”等多种方式，使得每个物体都能接入网络并具有通信能力，实现物与物、人与物之间信息的共享和实时的交互。

（四）处理智能化

物联网的产生是微处理器技术、传感器技术、计算机网络技术、无线通信技术、人工智能技术不断发展融合的结果，在整个信息的采集、海量数据的存储和处理分析过程中都有其预设的处理逻辑，通常情况下无须人为干涉就可自动进行，仿佛物联网系统中各个设备都充满了智慧，能够通过对物体的物理属性的分析监控周边环境，从而做出科学的判断并为人们提供实时服务。

（五）应用链条化

物联网在现实领域中的应用呈现链条化特点，物联网技术的应用服务逻辑往往是从一个业务流程的各个环节到前后的业务流程，从一个行业到与之相关的上下游产业，最终覆盖整条产业链。

第二节　物联网的体系架构

物联网作为一个系统网络，与其他类型的网络一样，也有其特定的体系架构。目前国内外人们普遍接受的体系架构有将其分成感知层、网络层和应用层的三层结构的，也有将其从下至上分成感知识别层、网络传输层、管理服务层和综合应用层的四层结构的。本书将采用后者，详细架构如图 6－2 所示。

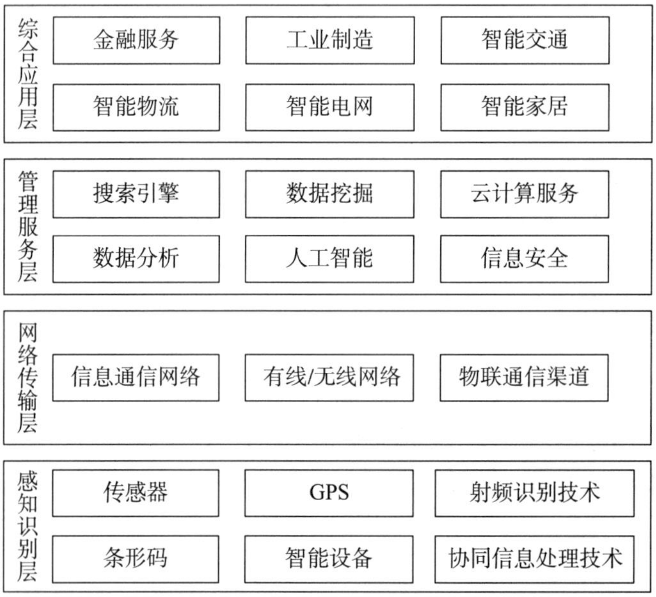

图 6－2　物联网技术架构图

一、感知识别层

感知识别层位于物联网结构模型的最底层，是物联网的核心技术，是实现物联网全面感知的基础，解决的是人类世界和物理世界的数据（包括各类物理量、标识、音频和视频等）获取问题。感知识别层的主要工作是识别物体、收集数据和控制设备，通过各种类型的传感器对实际或虚拟物体的物质属性、环境状态、物理相关信息进行大规模、分布式的信息采集、状态辨别，根据具体感知任务，建立数据库实时计算和评估数据的效度和信度，并与网络中的其他单元实现资源共享，进行交互和信息传输，有的还可以通过执行器对感知结果做出反馈，以实现对整个信息有效感知过程的智能化控制。

感知识别层的基础技术设备经过多年的稳定发展，应用相对成熟，主要包括网络、通信、信息处理、传感器、安全、服务技术、标识、定位、同步等传统技术，还涉及协同处理等新技术应用，技术范畴较广，覆盖行业范围较宽。本章主要介绍条形码技术、机器视觉识别技术、生物识别技术、传感器智能设备及智能终端等。

（一）条形码技术

条形码（Bar Code）是由一组按一定编码规则排列的条、空符号组成的编码符号，用以表示一定的字符、数字及符号组成的信息。“条”指对光线反射率较低的部分，“空”指对光线反射率较高的部分，这些条和空组成的数据可以表达一定的信息，并能够用特定的设备识读，转换成与计算机兼容的二进制和十进制信息。条形码具有可靠、准确、数据输入速度快、便宜、灵活实用、自由度大、设备简单等优越性，在当今的自动识别技术中占有重要的地位。

二维条形码作为一种新的信息存储和传递技术可把照片、指纹编制于其中，有效地解决证件的可机读和防伪问题，已广泛应用于护照、身份证、行车证、军人证、健康证、保险卡等防伪领域。同时，二维条形码也在国防、交通运输、医疗保健、工业、商业、金融、海关及政府管理等多个领域得到了广泛应用。

（二）机器视觉识别技术

机器视觉识别技术是一种通过光学装置和非接触的传感器自动接收和处理真实物体的图像，以获得所需信息或控制机器人运动的技术。机器视觉识别基于处理过程可以分为低层视觉识别和高层视觉识别两个阶段。低层视觉识别包括边缘检测、特征提取、图像分割等；高层视觉识别包括特征匹配、三维建模、形状分析与识别、景物分析与理解等。

机器视觉识别技术的应用包括工件的自动检测与识别、产品质量的自动检测、食品的自动分类、智能车的自主导航与辅助驾驶、签名的自动验证、目标跟踪与制导、交通流的监测、关键地域的安保监视等。

（三）生物识别技术

生物识别技术就是将计算机与光学、声学、生物传感器和生物统计学原理等高科技手段密切结合，对生物特征或行为特征进行采集，将采集到的唯一的特征转换成数字代码，并进一步将这些代码组成特征模块来储存进数据库，这样配合网络就能够对人员的身份识别实现智能化的管理。

根据人体不同部位的特征，典型的生物识别可以分为：手形识别、人脸识别、签名识别、虹膜识别、声音识别、指纹（掌纹）识别、真皮层特征识别、静脉特征识别。生物识别技术可广泛应用于政府、军队、银行、社会福利保障、电子商务、安全防务，例如，高铁站刷脸检票、景点刷脸验票、余额宝刷脸认证等。

（四）传感器智能设备及智能终端

传感器是一种物理装置或生物器官，能够探测、感受外界的信号、物理条件或化学组成，并将探知的信息传递给其他装置或器官。传感器技术与通信技术和计算机技术共同构成信息技术的三大支柱，这三类技术分别适用于信息采集、信息传播、信息处理三大领域，因此，传感器技术是不可或缺的技术。国外各发达国家都将传感器技术视为现代高技术发展的关键。我国传感器产业始于 20 世纪 50 年代初期，虽起步较早，但直到 1986 年才正式将传感器技术列入国家重点攻关项目，投入了以机械敏、力敏、气敏、温敏、生物敏为主的五大敏研究。

智能终端设备是指那些具有多媒体功能的智能设备，这些设备支持音频、视频、数据等方面的功能。智能终端之所以“智能”，是因为该终端内置处理器，它们能够理解转义序列，可以定位光标和控制显示位置。智能终端的主要表现形式有智能电视、智能机顶盒、智能手机、平板电脑等，智能终端包含的主要因素有高性能中央处理器、存储器、操作系统、应用程序和网络接入。

智能终端具有几个明显特征：第一，设备高度集成，主要体现为快速发展的半导体制造工艺和高速发展的硬件架构。第二，开放式操作系统应用广泛。开放式操作系统是智能终端的核心，也是智能终端系统资源管理、应用程序运行的基础。第三，具有完善的应用程序开发环境，智能终端具有很强的扩展性。和非智能终端相比，智能终端的扩展性来源于智能终端能安装大量的应用程序。智能终端可应用于多个领域，包含机械制造、工业过程控制、汽车电子、通信电子、消费电子、传感器领域等。与传统的终端相比，智能终端的显著特点是能够连接到网络，实现物联网，提高效率。

二、网络传输层

网络传输层是连接感知识别层和上层的纽带，它的存在就如同人体的神经系统，能够确保无障碍、可靠、安全地将感知识别层获取的信息进行处理和有效传送，还具有信息存储查询和网络管理等附加功能，以供上层服务使用。这一层融合了目前已完成和正在建立的各种信息通信网络、有线/无线网络、物联渠道网络等承载网络，以及其演进技术（如 4G 通信技术、5G 通信技术和终端技术等）。经过 10 余年的快速发展，无线传感器网络、互联网、移动网络等技术已比较成熟，基本能够满足物联网数据传输的需要。

（一）无线传感器网络

无线传感器网络（Wireless Sensor Network，WSN）为一种自配置的、无须基础设施的无线网络，用于监视物理或环境条件，例如温度、声音、振动、压力、运动或污染物，并通过网络将其数据协作传递给可以观察和分析数据的主要位置或汇。WSN 最初旨在促进军事行动，但现在其应用已扩展到健康、交通以及许多消费者和工业领域。

通常，无线传感器网络包含成千上万个传感器节点。传感器节点可以使用无线电信号相互通信。每个传感器节点都配备了换能器、微型计算机、收发器和电源。换能器根据感测到的物理效应和现象生成电信号。微型计算机处理并存储传感器输出。收发器从中央计算机那里接收命令，并将数据传输到该计算机。每个传感器节点的功率均来自其所使用的电源。无线传感器网络中的各个节点本质上受到资源（例如它们的处理速度、存储容量和通信带宽）的限制。部署传感器节点后，通常通过与它们的多跳通信来负责自组织适当的网络基础结构。然后，机载传感器开始收集感兴趣的信息。

无线传感器网络有三种结构：一是星形网络（单点对多点）。星形网络是一种通信拓扑，其中单个基站可以向多个远程节点发送或接收消息，不允许远程节点相互发送消息。二是网状网络。网状网络允许在其无线电传输范围内将数据传输到网络中的一个节点再到另一个节点。三是混合型网络。星形网络和网状网络的混合提供了强大而通用的通信网络，同时保持了将无线传感器节点的功耗保持在最低水平的能力。

（二）互联网

互联网（Internet）是一种系统架构，通过允许世界各地的各种计算机网络进行互联，彻底改变了通信和商业方法。互联网于 20 世纪 60 年代末出现于美国，但直到 20 世纪 90 年代初才对公众可见。从 20 世纪 60 年代末互联网起源开始，对互联网的控制就从政府逐步转移到私营部门。今天，一个由数千名感兴趣的个人组成的松散组织（被称为互联网工程任务组）参与了互联网标准的基层开发过程。互联网标准由非营利组织互联网协会（Internet Society）维护。该协会是一个国际机构，总部位于美国弗吉尼亚州。

后来，出现了所谓的“Web 2.0”，这是一种注重社交网络、用户生成的内容以及云计算的互联网。诸如 Facebook、X（原 Twitter）和 Instagram 之类的社交媒体通过允许用户与朋友和更广阔的世界共享自己的内容，成为最受欢迎的互联网网站。之后，通过手机也能够访问 Web，并且随着苹果 iPhone 等智能手机的推出，全球互联网用户占比从 2005 年的约六分之一激增至 2023 年的 67%。

无线访问的可用性的提高使以前不经济的应用成为可能。例如，全球定位系统（GPS）与无线互联网访问相结合，可帮助移动用户定位替代路线，生成精确的事故报告并启动恢复服务，从而改善交通管理，减少拥堵。此外，还有智能手机、无线便携式计算机和个人数字助理（PDA），以及带有语音输入和特殊显示眼镜的可穿戴设备等。

（三）移动网络

移动网络是连接手机区域的复杂网络，也被称为蜂窝网络。它们由“小区”组成，这些小区通常为六边形，在其区域内至少有一个收发器蜂窝塔，并使用各种无线电频率。

移动网络已经历了几代的发展，每一代都在前几代的基础上实现了重大技术进步。移动网络的前两代首先引入了模拟语音（1G），然后引入了数字语音（2G）。随后的几代通过引入数据连接（3G）并允许访问互联网来支持智能手机的普及。4G 服务网络改善了数据连接，使其能更快、更好地为诸如流媒体等用途提供更大的带宽。最新技术是 5G 网络，与 4G 网络相比，它承诺更快的速度和更大的带宽，同时减少对附近其他无线设备的干扰。4G 网络使用低于 6GHz 的频率，较新的 5G 网络则使用较短的波长信号，但其频率要高得多，在 30GHz～300GHz 的范围内。这些频率提供了更大的带宽，并允许信号更具方向性，从而减少了干扰。

大型移动服务提供商使用的移动技术各不相同，并且移动设备是按预期的运营商和地区的技术构建的。目前使用的移动技术主要有两种，即国际标准的全球移动通信系统（Global System for Mobile Communications，GSM）以及高通公司的码分多址（Code Division Multiple Access，CDMA）。移动网络的信号接收、呼叫质量和速度都取决于许多因素，如用户的位置、服务提供商和设备。GSM 和 CDMA 在质量上并没有太大区别，但是它们的工作方式相差甚远。

从消费者的角度来看，GSM 更为方便，因为 GSM 手机将所有客户的数据存储在可移动 SIM 卡上。若要更换电话，客户只需将 SIM 卡换到新的 GSM 电话中，即可连接到提供商的 GSM 网络。GSM 网络必须接受任何符合 GSM 标准的电话，从而使消费者在设备选择上有很大的自由度。相比之下，CDMA 手机不容易在运营商之间转移。CDMA 运营商基于安全列表而非 SIM 卡识别用户，并且其网络上仅允许使用经过批准的电话。

三、管理服务层

管理服务层是为上层行业应用提供智能的支撑平台，在各种海量存储和智能处理技术的支撑下，负责将大规模数据高效、可靠地组织起来，对网络层传输过来的数据根据不同的业务需求进行计算、处理和知识挖掘，同时也把处理的信息进行再反馈以实现更新，这使得整个物联网的每个环节更加连续、智能。此外，管理服务层还需要解决信息安全和隐私保护的问题。随着各种终端深入人们的生活和生产，如何保证数据不被破坏、泄露、滥用成为物联网面临的重大挑战。

管理服务层的功能由各类可重复使用并实时更新的信息库和应用服务资源保证，其核心是大数据处理技术，具体包括数据融合技术、云计算、物联网中间件、物联网安全技术等。

（一）数据融合技术

数据融合（Data Fusion）是从多个来源获取数据以构建更复杂的模型，并更多地了解项目的过程。这通常意味着获取单个主题的组合数据，并将其组合进行集中分析。与单个数据源相比，多个数据源提供了更好的结果。

数据融合涉及融合各种类型和形式的数据，以提高数据质量和决策能力。换句话说，它被定义为“用于将多个感官数据组合为通用表示格式的理论、工具和技术”。物联网的发展生成了大量数据（即大数据），必须使用数据融合。

数据融合的优点有：第一，与基于单个传感器的数据融合相比，基于多个传感器的数据融合使信息更具决定性，更智能、更精确。第二，数据融合有助于对 N 个独立观测值进行统计分析。第三，由于数据融合有助于创建高度准确的信息，因此，在基于物联网的网络中也可以使用低精度的低功率传感器，而不是高精度的功耗传感器。第四，它有助于解决与基于物联网的系统生成的大数据有关的问题。第五，它有助于隐藏关键信息。

然而，为了拥有成功的数据融合系统，必须解决这些问题。第一，由数十万个传感器组成的物联网网络可生成无关紧要的数据，对琐碎数据的处理可能会影响数据融合算法的准确性。因此，数据融合算法应处理最相关的特征和最重要的数据。第二，数据融合本质上不是静态过程。第三，数据的冲突性质提供了违反直觉的结果。因此，数据融合算法在处理冲突数据时必须格外小心。第四，应在数据融合过程之前处理数据关联和对齐。这在 WSN 中更为常见。第五，在使用数据融合算法时，必须有效处理数据缺陷和数据不一致问题。

（二）云计算

云计算是通过互联网按需访问由云服务管理的远程数据中心托管的计算资源、应用程序、服务器（物理服务器和虚拟服务器）、数据存储、开发工具、网络功能等。

与传统的本地 IT 相比，云计算有以下优点：第一，降低了 IT 成本。云使得用户可以分担购买、安装、配置和管理自己的本地基础结构的部分甚至大部分成本和精力。第二，提高了敏捷性，缩短了实现价值的时间。借助云，用户可以在几分钟内开始使用企业应用程序，而无须等待数周或数月的时间来让 IT 部门响应请求，购买和配置支持的硬件以及安装软件。云还使得用户能够赋予某些用户（特别是开发人员和数据科学家）帮助自己使用软件和支持基础架构的能力。第三，可以更轻松、更经济高效地进行扩展。用户可以根据流量的高峰和低谷来上下扩展容量。用户还可以利用云提供商的全球网络，将应用程序进行扩展。云计算的服务类型有三种，分别为 IaaS、PaaS 和 SaaS。

（三）物联网中间件

物联网中间件（Middleware）是位于操作系统和在操作系统上运行的应用程序之间的软件。中间件本质上起着隐藏翻译层的作用，可实现分布式应用程序的通信和数据管理。中间件有时被称为管道，因为它将两个应用程序连接在一起，因此可以轻松地在“管道”之间传递数据和数据库。使用中间件可以使用户执行诸如在 Web 浏览器上提交表单之类的请求，或者允许 Web 服务器根据用户的个人资料返回动态网页。

常见的中间件示例包括数据库中间件、应用程序服务器中间件、面向消息的中间件、Web 中间件和事务处理监视器。每个程序通常都提供消息传递服务，以便不同的应用程序可以使用消息传递框架进行通信，例如简单对象访问协议（SOAP）、Web 服务、代表性状态传输（REST）和 JavaScript 对象表示法（JSON）。尽管所有中间件都执行通信功能，但是公司选择使用的类型将取决于所使用的服务以及需要传达的信息类型。这可以包括安全认证、事务管理、消息队列、应用程序服务器、Web 服务器和目录。

中间件具有多种功能。首先，它管理与各种后端资源的连接。中间件组件可能会创建一个连接池，以提供对流行的后端数据库的快速有效访问。它还可以创建消息队列和主题的连接。其次，一个中间件可以管理与基于云的资源的连接，例如 Amazon Simple Storage Service。最后，中间件在确保对后端资源的访问中起着重要的作用。

（四）物联网安全技术

通过提供用于识别、收集、处理和传输数据的现代化功能，物联网可以提高整个区域的效率。但是，物联网设备必须遵守安全要求和隐私法规。在设备级别方面，信息安全始于确保设备标识以及身份验证、授权和管理的可靠性。管理网络连接需要访问控制和有保证的消息传递。对于身份验证问题，保护服务器设备通信免受中间人攻击至关重要。在传输过程中，必须在机密性、可用性和完整性方面保护信令数据和物联网系统数据。在服务和应用程序级别方面，数据包在传输过程中被封装，因此，必须支持标识和身份验证服务以及加密和完整性保护。由于主要的攻击媒介可能针对应用程序级别，因此安全性方法应该是全面的。

为什么物联网会带来风险？原因有以下几点：第一，物联网类别的设备数量正在迅速增长。智能设备制造商正在将物联网传感器应用于汽车、灯泡、电源插座、冰箱和许多其他设备，这些传感器将设备连接到互联网，并允许它们与其他计算机系统通信。第二，物联网设备引发了许多潜在的安全漏洞。随着时间的推移，新的漏洞被检测到，每个智能设备都需要得到保护和维护。而且许多物联网设备不包括安全功能，可能是因为供应商急于将新的智能设备推向市场，或者开发安全接口的挑战太大。尽管设备本身已经变得越来越复杂，但通常没有底层的物联网安全框架来保护它们。第三，即使物联网设备确实包含安全功能，人们也不会总花时间来正确设置和维护它们。人们渴望使用新的智能扬声器或其他设备，且认为以后可以重新配置安全功能，这就为物联网安全漏洞提供了土壤。

四、综合应用层

综合应用层是物联网的最上层，包括了各种应用子集成，通过各类人机交互接口向终端用户提供服务，实现对物理世界的实时控制、精确管理和科学决策，完成从传统的互联网时代人围绕计算机作业到物联网时代微型计算机围绕人工作的模式转变。

随着技术的发展，物联网在交通、医疗、能源、建筑等多个领域的应用都取得了一系列的进展，未来的物联网将使现有各种产业应用集成为新型的跨领域产业。同时，物联网在金融领域的应用前景也不可小觑，物联网在金融领域的实际应用场景是多种多样的，为金融行业实现高度自动化提供了应用方案。

第三节　物联网的应用前景

当前物联网正以前所未有的速度成为未来世界推动经济发展和社会转型的基础设施，作为日常生活中的重要手段融入人们的生活，迎来跨界融合、集成创新和规模化发展的新阶段，它所呈现的蓬勃发展态势给人们描绘了广阔的应用前景。

一、工业领域

工业领域一直是我国发展的重点领域，把物联网技术应用到工业自动化中，可以大幅提升工业自动化水平，有效提高工业企业的生产能力，降低工业生产中的安全隐患，促进工业生产自动化和管理自动化的实现，减少生产制造过程中不必要的成本投入。例如，在实际工业作业中，不仅可以借助物联网在智能感知、全球定位和红外线感知方面的优势，收集设备的完整数据，进行支撑设备的安装，加快设备的运行速度，还能加强对产品质量的把控，及时发现不合格产品或存在的问题。

二、能源领域

发展可再生能源是全球应对气候变化的重要途径，近年来可再生能源的发展一直是被热议的话题。可再生能源的加入，对能源领域实现传统能源和可再生能源的互通与互补、能源资源的合理调度、能源利用率的提升形成了全新的挑战。而物联网正可以有效地解决这些难题：物联网技术和能源领域的有机融合，可以实现充分采集发电量、用电量、能源总量等对象信息，根据这些实时的状态信息的智能分析和计算，及时将能源流在众多用户节点之间进行调度和控制，最大化提高可再生能源的利用率，降低能源传输的损耗，有效整合传统能源和可再生能源系统。

三、交通领域

在交通领域充分利用物联网技术，可以汇集车辆、道路等各类交通信息数据，通过自动化和智能化管理和控制技术，根据交通流量和实时交通情况实现对车辆的实时调控和城市道路资源的合理规划，也可以根据公众的个性化需求制订最合理的出行方案；监控每辆车的运行状态，大大便利车辆管理工作，有助于在事发前防患于未然，减少交通事故发生概率，在事发后提高警员调控效率，提高事故处理能力。

四、金融领域

5G 和 Wi-Fi 技术可能将互联网带往万物互联网。在万物互联时代，连接扩大到人与物、物与物之后，连接方式和连接内容进一步多样化，连接场景更加接近甚至超越现实世界。对金融行业来说，新连接的重要意义在于通过拓宽与人、物的连接来构建创新的金融场景。金融与物的连接可能带来新的供应链金融服务模式；车联网、地铁联网、智能购物设备等的发展，使得金融企业可以发展车上金融、新消费金融等新的场景，创造更多的获客渠道和更广泛的服务模式；多维度的数据能够让金融企业对客户进行精准画像，使得金融产品和服务更加精准，为金融企业和客户双方带来更多收益。

（一）物联网与保险

通过物联网设备收集被保险人的实时数据，如车辆行驶数据、房屋环境数据、个人健康数据等，保险公司可以更精准地评估风险，为客户提供个性化的保险定价。

物联网设备可以实时上传事故现场数据和受损物品的状态信息，帮助保险公司快速、准确地进行定损和理赔。在财产保险中，当发生火灾、水灾等事故时，安装在建筑物内的物联网传感器可以及时将环境数据和损失情况传输给保险公司，减少现场勘查的时间和成本，提高理赔效率。

利用物联网技术对保险标的进行实时监控，可以及时发现潜在风险并采取措施进行预防。比如，在企业财产保险中，通过在工厂安装物联网传感器，实时监测设备运行状态、环境温度和湿度等参数，一旦发现异常情况，就可以及时通知企业和保险公司，降低事故发生的可能性。

（二）物联网与银行

在银行的营业网点、金库等场所安装物联网监控设备，如智能摄像头、传感器等，可以实现对银行环境的实时监控和异常情况的预警。通过物联网技术将监控设备连接成一个整体的安防系统，一旦发生入侵、火灾等紧急情况，系统可以自动报警并通知相关人员，提高银行的安全防范能力。

在供应链中，通过物联网设备对货物的运输、存储、销售等环节进行实时跟踪和监控，银行可以获取货物的真实状态和交易信息，为供应链金融提供更准确的风险评估依据。例如，通过在运输车辆上安装 GPS 定位设备和货物传感器，银行可以实时了解货物的运输位置、运输状态以及货物的质量等信息，确保供应链金融业务的安全性。

利用物联网技术可以为客户提供更加便捷的服务体验。例如，银行可以与智能可穿戴设备厂商合作，开发基于智能手表、手环等设备的银行应用，客户可以通过这些设备进行账户查询、转账汇款、支付等操作，无须再使用手机或银行卡。

（三）物联网与投资

物联网设备可以收集大量的市场数据和企业运营数据，为投资者提供更丰富、更准确的信息，帮助他们做出更明智的投资决策。例如，通过分析物联网设备收集的零售门店的客流量、销售额、库存等数据，投资者可以更好地了解企业的经营状况和市场前景，从而决定是否对该企业进行投资。

对于投资的固定资产，如房地产、基础设施等，利用物联网技术可以实现对资产的实时监控和管理。通过在资产上安装传感器和监控设备，投资者可以实时了解资产的使用情况、设备运行状态、维护需求等信息，及时进行资产维护和管理，提高资产的运营效率和价值。

物联网数据可以反映市场的实时动态和消费者行为变化，投资者可以利用这些数据进行市场趋势分析和预测。例如，通过分析物联网设备收集的消费者智能家居设备使用数据、智能电表数据等，可以了解消费者的能源消耗习惯和生活方式变化，预测相关行业的市场需求和发展趋势，为投资布局提供参考。

延伸阅读

工商银行在物联网金融领域的探索实践

本章小结

本章主要向读者介绍了物联网技术，包括物联网的起源、发展、定义、四层架构模型、主要特征、应用前景等，并从感知识别层、网络传输层、管理服务层三个层次出发，对物联网中涉及的主要技术，包括条形码技术、机器视觉识别技术、生物识别技术、传感器智能设备及智能终端、无线传感器网络、互联网、移动网络、数据融合技术、云计算、物联网中间件、物联网安全技术等核心技术进行了具体介绍。

关键术语

传输层、数据融合、云计算、物联网中间件

思考题

1. 什么是无线传感器网络？
2. 浅谈无线传感器网络的结构。
3. 谈谈互联网的发展趋势。
4. 如何将云计算与物联网结合？
5. 谈谈物联网面临哪些安全威胁以及如何解决。

第七章
互联网支付

教学目标

1. 掌握互联网支付的表现形式、主要渠道以及相关风险；
2. 熟悉互联网支付的背景、技术应用、监管体系；
3. 了解互联网支付的局限性和发展趋势。

引言

从传统的现金支付到银行卡支付、信用卡支付，再到电子支付、钱包支付，近几十年来我国的支付方式发生了翻天覆地的变化。支付方式的变革给人们的日常生活和工作带来了诸多变化。互联网支付的出现使得人们日常生活中对现金的使用越来越少，货币通过网络的流通越来越方便快捷、安全高效。

传统的金融机构在金融科技浪潮的冲击下不断变革、勇于创新，改进传统的营业模式和支付方式。比如，各大商业银行为了适应金融科技迅速发展的背景下互联网金融的模式，纷纷推出了自己的线上银行以及银行 App，利用金融科技来不断提升自己的业务能力，以更好地满足客户多样化以及个性化的需求。

在互联网支付迅速发展的这些年，相关的法律法规和规章制度等也在一步一步完善。相关法律法规和规章制度的出台，为互联网支付的发展逐渐构建起一个健康的法律环境和市场环境，一个健康的环境又可以有效促进互联网支付的健康发展，使得互联网支付可以更好地服务于广大人民群众。

第一节　互联网支付的发展概况

一、互联网支付的背景及概念

第三次科技革命导致了互联网的日益普及以及相关技术的不断进步，为互联网支付的产生和推广奠定了良好的技术基础。在第三次科技革命中，电子计算机被发明，成为互联网支付必需的设备。互联网更是通过电子计算机把许多个人连成了一个整体。世界经济的不断发展以及全球化进程的不断推进，为互联网支付奠定了经济基础。20 世纪 90 年代初，美苏“冷战”结束之后，世界经济进入了快速发展时期；中国自 1978 年改革开放以来，经济也飞速发展。这都为网络购物及互联网支付的兴起营造了良好的经济环境。

金融与科技的结合日趋紧密，金融科技浪潮推动着金融科技在支付领域的应用。科技被越来越多地应用到金融的各个方面，支付领域也在不断进行变革。金融科技与支付的结合创造出了新的支付方式，可以更好地服务于客户。

二、互联网支付的表现形式

互联网支付是指客户通过手机、电脑等电子设备，通过互联网这种渠道，实现资金从一个客户端到另一个客户端的转移。互联网支付的主要表现形式有网上银行支付、第三方支付和移动支付。

（一）网上银行支付

1. 网上银行的概念

网上银行（Online Banking Service），简称网银，是线下银行利用先进的科学技术，在互联网中构建的虚拟平台。比如，各大银行推出的银行 App 就是网上银行的表现形式，通过这一平台，客户可以办理以前只能在线下网点办理的各种业务，如转账、开户、销户、购买理财产品等。而且随着科学技术的不断进步，客户可以通过网上银行办理的业务范围逐渐扩大。这不仅极大地便利了居民以及企业的生产生活，也大大节省了银行的经营成本。

1998 年，巴塞尔银行监管委员会在《电子银行和电子货币交易的风险管理》这一报告中，将网上银行的功能定义为通过电子通道供应零售和小额金融产品和服务。上述产品和服务可以包括：存款、借贷、账户管理、提供财务咨询、电子账单支付、其他电子支付产品和服务（例如电子货币）的供应。2000 年，巴塞尔银行监管委员会又对这一定义进行了补充：“这种银行服务既包括零售业务，又包括批发业务和大额业务。”这进一步扩大了网络银行的功能的定义范围。

2. 网上银行的分类

按照服务的客户不同，网上银行可以分为个人网上银行和企业网上银行。个人网上银行是指专门为个人或家庭打造的网上银行，个人客户可以通过个人网上银行办理转账、查询、理财等各种业务。企业网上银行是为企业或一些机构打造的网上银行，更适合大批量的操作。

按照网点的不同，网上银行可以分为分支型网上银行和纯网上银行。分支型网上银行是指银行在有实体营业网点的基础上，在互联网上构造了另外的分支，即虚拟的银行分行。中国银行、中国建设银行、中国交通银行、中国农业银行等大型银行都有自己的网络银行。纯网上银行是指没有实体营业网点的银行，所有的业务均通过互联网、电话等形式办理，如网商银行。纯网上银行有一个致命的缺点，即没办法收付现金，这也是我国纯网上银行经营效果一般的主要原因。

3. 网上银行的特点

第一，不受时间和空间的限制。只要登录网上银行，进入互联网，随时随地可以办理网上业务，方便快捷；而传统的银行不仅有营业时间的限制，而且有空间的限制，需要客户去线下的营业网点进行办理。

第二，可以降低成本。建立一个传统的银行网点，需要支付人工、房租、水、电等各种费用，构建网络银行则不需要这些费用，因此大大降低了银行的经营成本。

第三，对技术要求较高。为了保障客户的利益，通过互联网对接的模式对网上银行的技术要求，尤其是对网上银行安全的技术要求比较高。

第四，可以为客户提供个性化服务。通过网上银行，银行可以分析客户数据，从而给不同的客户提供个性化服务，这在一定程度上提高了客户满意度，而传统银行则没办法提供详细又低成本的信息咨询服务。

4. 网上银行案例

下面以中国银行网上银行为例，详细介绍一下我国网上银行现阶段发展情况。

中国银行的网上银行主要有四大类：个人网上银行、企业网上银行、手机银行和电话银行。

个人网上银行提供账户查询、转账汇款、定期存款、自助缴费、结售汇、信用卡、电子支付、跨行现金管理、贷款管理、养老金查询以及投资服务。此外，还提供行业动态、专业分析报告等金融资讯服务。根据客户个人需求的不同，中国银行将个人网上银行分为查询版、理财版和贵宾版，以提供不同特色的服务。

企业网上银行提供账户管理、转账汇款、代收代付、汇票、跨行现金管理、贷款、国际结算、投资理财、电子商务、信用卡、现金管理、资产托管、养老金、供应链融资、票据池等服务。企业可通过两条渠道开通企业金融服务：第一条渠道是通过 Web 浏览器访问中国银行网站（www. boc. cn），登录网上银行；第二条渠道是企业将 ERP 或财务系统与中国银行网上银行系统无缝对接后，企业财务人员通过操作已熟练掌握的自身 ERP 或内部财务系统即可办理相关业务。

手机银行提供的服务有：账户管理、转账汇款、投资理财、信用卡、账单缴付、电子支付、贷款管理和手机取款。账单缴付是指可通过“中银掌上行”向中国银行的特约商户自助缴纳多种费用，诸如通信费、水费、电费、预付卡充值等。

电话银行提供的服务有：账户查询、转账汇款、临时挂失、投资理财、费用缴付、个人小额结售汇、电话漫游、积分服务、公司客户账户查询。

在现代社会，网上银行的功能和服务越来越完善，人们可以通过网上银行，足不出户就轻轻松松办理业务。

（二）第三方支付

1. 第三方支付概述

第三方支付（Third Party Payment）本质上是一种支付托管的行为。随着科学技术的发展，在经济发展的驱动下，为了有效解决商品或服务交易过程中的信用风险，第三方支付应运而生。

第三方支付充当的是一个中介，客户通过第三方支付平台将商品或服务的钱款打到第三方支付平台，由第三方支付平台通知商家准备货物、寄出货物，等客户收到货物并确认收货后，再由第三方平台将钱款打给商家（见图 7-1)。这样就有效避免了买卖双方的信用风险。因此，能够提供第三方支付服务的公司必须具有很高的信用、先进的技术以及强大的实力。

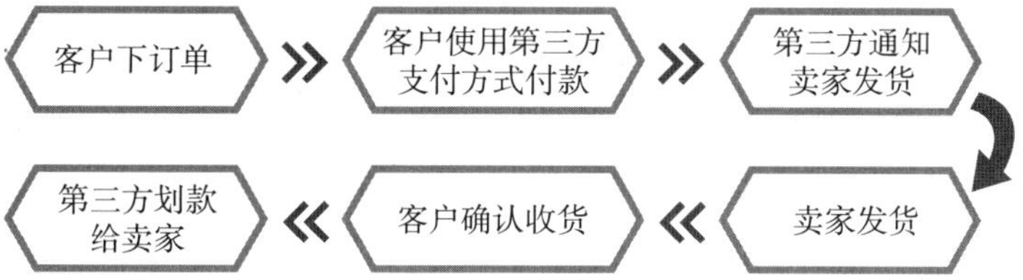

图 7-1 第三方支付的中介作用

国内主要的第三方支付工具有：支付宝（Alipay)、微信支付（WeChat Pay)、财付通（Tenpay)、银联、京东钱包、QQ 钱包等。国外主要的第三方支付产品有：PayPal、Stripe、Amazon Pay、Google Wallet、X-Payments、Braintree、Due、GoCardless、Secure Pay、Adyen、CyberSource 等。其中，PayPal 是全球使用最广泛的第三方支付工具。

2. 支付宝

2003 年，阿里巴巴集团创立了一个第三方支付平台——支付宝。支付宝创立之初是为了服务于淘宝网，主要是为了解决淘宝网商品买方和卖方之间的信用风险问题。这时，支付宝起的是一个担保中介的作用，替卖方代收，替买方代付，很好地解决了买卖双方互不信任的问题。

随着网络购物的发展，淘宝网的客户越来越多，这为支付宝带来了越来越多的客户流量。后来，阿里巴巴逐渐意识到，支付宝可以作为一个独立的平台，而不仅仅是淘宝网的附属品。2004 年，阿里巴巴将支付宝作为一个独立的交易平台开始发展。

支付宝已经成为我国民众现在主要使用的第三方支付工具之一。支付宝的特点有安全性高、速度快、操作简单、种类多。安全性高这一点体现在，支付宝采用 128 位 SSL 加密传输技术来确保交易的安全，而且每时每刻都在进行风险控制。速度快这一点体现为“秒到账”，资金周转速度非常迅速。操作简单是指界面清晰，操作简单，一目了然。种类多是指支付宝的转账和付款方式多种多样。例如，转账方式有 AA 收款、我要收款、找人代付、聊天框转账和收款、转账到支付宝账户、转账到银行卡；付款方式有快捷支付、余额宝支付、支付宝账户余额支付、网上银行支付、信用卡支付、话费充值卡支付、货到付款、支付宝卡支付、指纹支付、手表支付等。

随着时间的推移，支付宝逐渐成为人们的“虚拟钱包”，为客户提供的服务种类越来越多，包括转账、出租车、出行订票、酒店住宿、教育缴费、公共事业缴费、理财、基金、保险、众筹、外卖、电影院等。不管你是在家还是出门在外，只要打开支付宝，就几乎可以满足你的所有需求。与此同时，支付宝覆盖的范围也越来越广，除国内市场外，还覆盖东亚各国、东南亚各国、欧洲一些国家（英国、法国、德国、意大利、瑞士、奥地利、比利时、荷兰等）以及南非、美国、加拿大、澳大利亚、新西兰等国。

2013 年 6 月，支付宝推出余额宝，通过余额宝，用户不仅能够得到较高的收益，还能进行购物、转账、还款、缴费等，而且无任何手续费，方便又快捷。余额宝本质上是一种可随时购买随时转出的货币基金，是一种理财产品，因此余额宝是有投资风险的。如今，余额宝依然是中国用户数最多的货币基金。

余额宝能够取得如此大的成功，原因是多方面的。第一，随着支付宝使用范围的不断扩大，用户群体不断增多。用户可以在支付宝余额基础上直接购买货币基金，无须额外操作，非常便利，这为其打下了良好的客户基础。第二，余额宝定位于普惠金融产品，为广大普通民众提供了理财机会。其低门槛、高流动性的特点，使得普通民众也能享受理财带来的收益。这种市场定位策略使得余额宝在短时间内迅速占领了市场，成为广大用户理财的首选工具。第三，互联网的普及和相关技术的不断进步，为其提供了良好的技术支持。余额宝开创了电商平台直销基金的模式，打破了传统基金销售渠道的局限，使得更多用户能够接触到货币基金这一理财工具。

3. 微信支付

微信支付现在也已经成为人们日常生活中主要的支付方式之一。2013 年 8 月，腾讯集团推出微信支付这一第三方支付平台，为用户和企业提供安全、便捷、专业的在线支付服务。根据腾讯集团 2024 年第二季度财报，微信和 WeChat 的活跃用户数达 13.71 亿。用户可以使用微信支付来看病、购物、吃饭、旅游、交水电费等，微信支付逐渐深入人们生活的方方面面。

微信支付方式有 JSAPI 支付、App 支付、付款码支付、Native 支付等。

JSAPI 支付是指用户在微信中打开商户的 H5 页面，商户在 H5 页面通过调用微信支付提供的 JSAPI 接口调起微信支付模块来完成支付。这种支付方式在微信的公众号、朋友圈、聊天窗口等场景都可使用。

App 支付是指商户通过在移动端应用 App 中集成开放 SDK 调起微信支付模块来完成支付。比如，用户用美团 App 点外卖，在付款的时候选择微信支付，这采用的就是 App 支付的形式。

付款码支付是指用户展示微信钱包内的“付款码/二维码”给商户系统扫描后直接完成支付。这种方式非常简单，而且成本低，商家只需要将自己的二维码贴在收银台附近让顾客扫一扫即可，消费者去一些线下便利店购物时一般使用的就是这种支付方式。

Native 支付是指商户系统按微信支付协议生成支付二维码，用户再用微信“扫一扫”来完成支付。这是一种线上的支付方式，用户在电脑端网页购买产品或服务，选择微信支付，待出现二维码时使用微信扫一扫，确认金额无误后支付即可。

与支付宝支付不同，微信支付是在聊天软件的基础上发展起来的，并不是一个完全独立的支付平台，因此微信支付在极大程度上满足了人与人之间的支付需求，但是作为独立的第三方支付平台，它与支付宝还存在差距。

（三）移动支付

移动支付是指通过移动设备进行支付的一种方式，通俗来讲，就是用手机完成支付。移动支付是第三方支付的一种特殊形式，它便利了人们的生活。用手机进行二维码支付、手机钱包支付、人脸识别支付、语音支付、条形码支付等都是移动支付的方式。移动支付让互联网支付变得更加便捷，只需要一部智能手机即可完成。现在，移动支付还处在不断发展的过程中。

移动支付首先在亚洲和欧洲流行，之后变得更加普遍。早期，移动支付是通过短信发送的。后来，技术允许通过手机相机拍摄支票的图片并将其发送给付款接收者。再后来，人们开发了 PayPal 和 Apple Pay 之类的应用程序，通过将显示特殊条形码的智能手机屏幕放在商店的条形码扫描器下方来完成支付。

1. 移动支付的方式

移动支付的方式主要有：移动网络支付、二维码支付、以短信为基础的转账支付、移动账单支付和非接触型支付。

移动网络支付是指用户自己通过从网页或者应用商店下载额外的应用程序来进行支付的方式。这种支付方式是使用无线应用协议（Wireless Application Protocol，WAP）作为技术基础的。

二维码支付主要使用的是 QR 码（Quick Response Code，快速响应矩阵图码）支付技术，QR 码比普通的一维条码读取速度更快，存储的数据容量也更大。我国的支付宝支付和微信支付的移动付款技术运用的就是 QR 码支付技术，这使得 QR 码支付在中国的应用极为普遍，已经领先于其他已开发国家。

以短信为基础的转账支付是指用户通过短信发送支付请求，支付的款项从电信账单或电子钱包中扣除。支付的对象在收到支付成功的确认消息后提供商品或服务。采用这种支付方式的用户大多购买的是数字商品服务，接受支付的商家通过短信服务发送消费者购买的音乐、手机铃声、壁纸图片等。

移动账单支付是指将消费者要支付的款项计入消费者的移动服务账单中收取，这样就跳过了信用卡与银行卡，更加安全、便捷、快速。

非接触型支付这种方式经常在实体商店或交通工具中使用，比如将公交卡信息录入智能手机中，就能直接在公交车上刷手机，非常方便快捷。但要使用这种支付方式，消费者必须使用配备有智能卡的手机，目前并不是所有手机都支持 NFC 功能。

2. 移动支付的特点

移动支付的特点有：便携性、及时性、集合性。移动支付最突出的特点就是便携性，因为移动支付通过手机客户端完成，用户只需要随身携带一部手机，就可以完成支付。移动支付还有及时性的特点，通过手机，就可以随时随地完成支付转账，不受时间和空间的限制。移动支付的集合性是指，一部智能手机既可以当银行卡刷，也可以当公交卡、地铁卡等用，只需要将信息整合到手机上即可。

移动支付最明显的好处是避免了使用实物钱包。不提取现金不但可以节省时间，而且更安全，因为没有人可以看到钱包或钱包里面的东西。另一个好处是，当某个人与其他人在一起时，别人无法知晓他/她拥有的卡。因此，移动支付提供了更高级别的个人隐私保护。

移动支付非常方便快捷，非常适应当代社会快节奏的生活和工作方式。

3. 移动支付的分类

按照不同的标准，我们可以把移动支付划分成不同的种类。

按照支付金额的不同，我们可以把移动支付划分为小额支付和大额支付。小额支付是指金额较小的支付，比如支付停车费、打的费、零售店购物款。大额支付是指金额较大的支付。

按照所依托的技术的不同，我们可以把移动支付划分为远程支付和近场支付。远程支付（Remote Payment）是指通过移动终端（智能手机）让互联网接入移动支付后台系统，从而完成支付行为的支付方式。近场支付（Proximity Payment）是指通过移动终端（智能手机），利用近距离无线通信技术实现信息交互，从而完成支付的非接触型支付方式。在日常生活中，常见的近距离无线通信技术有蓝牙、红外线等。

按照支付模式的不同，我们可以把移动支付划分为及时支付和担保支付。及时支付是指买方直接将资金转到卖方账户中，中间不经过任何第三方平台。这种支付方式需要买卖双方相互信任，而且这种支付方式可以使卖方资金回笼得更快，因此及时支付有利于卖方而不利于买方。担保支付也是现在互联网支付中比较常见的支付方式，是指买方先将资金打到第三方支付平台，即担保平台，在确认无误后，再由第三方支付平台将资金打给卖方的支付方式。这种支付方式与及时支付相比，更加安全，发生信用风险的概率也更低，有利于买方而不利于卖方。

三、互联网支付的发展历程

1955—1993 年，我国处于票证经济时代，由于生产力水平的制约和计划经济体制的规定，人们购物必须凭票，有粮票、布票、肉票、鱼票、油票、豆腐票、副食本等。后来，随着生产力的发展和社会主义市场经济的成功推行，我国经济得到了快速发展，各种票证渐渐退出历史舞台，人们开始使用现金去购买商品。20 世纪 80 年代，随着电子计算机的发展和银行业的发展，银行卡被广泛使用。

进入 21 世纪后，信息技术迅猛发展。2003 年，支付宝横空出世。之后，国内相继出现了一系列类似的支付平台，如微信支付、云闪付等，使我国的第三方支付进入了一个稳定增长时期，这也侵蚀了银行等传统金融机构的利益，使得银行与第三方支付企业的竞争愈演愈烈。

之后，政府有关机构出台了一系列规范网络支付的政策措施。2014 年，银监会和中国人民银行联合发布了《关于加强商业银行与第三方支付机构合作业务管理的通知》；2015 年，中国人民银行发布了《非银行支付机构网络支付业务管理办法》；2016 年，中国人民银行发布了《非银行支付机构分类评级管理办法》；2017 年，中国人民银行发布了《条码支付业务规范（试行）》；2021 年，中国人民银行发布了《关于加强支付受理终端及相关业务管理的通知》。2023 年，为了规范非银行支付机构行为，保护当事人合法权益，防范化解风险，促进非银行支付行业健康发展，国务院通过了《非银行支付机构监督管理条例》。

一系列法律法规的出台，使得我国的互联网支付越来越规范，避免了恶性竞争的不良后果。现在，互联网支付的规模越来越大，互联网支付的业务领域逐渐扩大，人们的支付方式也在悄悄发生改变，网上银行支付、第三方支付等支付方式逐渐成为主流。

第二节　互联网支付的技术应用

一、大数据

（一）大数据的起源及分类

数据自结绳记事起就已经慢慢产生，但这时的数据零星散落在各处。随着计算机的产生和互联网的广泛应用，散落的数据被集合起来了，使数据呈爆炸式增长。2023 年，仅中国数据生产总量就达 32.85ZB。

我国是全球数据量最大、数据种类最丰富的国家之一。第 53 次《中国互联网络发展状况统计报告》显示，截至 2023 年 12 月，我国网民规模达 10.92 亿，较 2022 年 12 月新增网民 2 481 万人，互联网普及率达 77.5%（见图 7－2）。

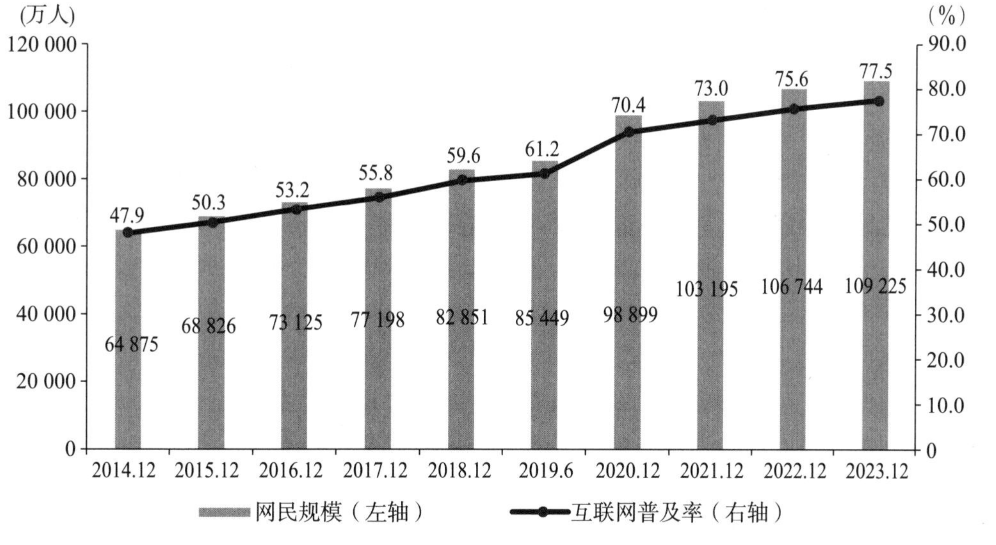

图 7－2　中国网民规模和互联网普及率

资料来源：中国互联网络信息中心发布的第 53 次《中国互联网络发展状况统计报告》。

随着数据处理量越来越大，一般的处理技术已经无法应付，于是新的数据处理技术应运而生了。大数据通常存储在计算机数据库中，并使用专门设计用于处理大型、复杂数据集的软件进行分析。常见的数据处理软件有 Excel、Power Query、SQL、Python、R、SPSS、SAS 等。

数据的来源多种多样，比如，通过微信、QQ、Facebook 等社交媒体产生的图片、音频、视频、文档、邮件等数据；企业网站、政府网站等网站提供的数据；一些交易数据，如 POS 机产生的数据、信用卡刷卡数据、企业交易数据以及人们手机产生的通信数据等。

大数据分为结构化数据、半结构化数据和非结构化数据。数据库里的数据就是典型的结构化数据。数字、日期以及被称为字符串的单词和数字组等都是结构化数据。结构化数据易于输入、存储、查询和分析，但占比最大的数据类型还是非结构化数据。非结构化数据是无法轻易将其进行分类的数据，比如照片、视频、网页、PDF 文件、PowerPoint 演示文稿、电子邮件等。半结构化数据则是介于结构化数据和非结构化数据之间的数据。

（二）大数据技术的应用

互联网支付中的大数据技术是一种利用海量数据收集、存储、分析和应用，以提升支付业务各环节效率、安全性和用户体验的技术手段。互联网时代，在支付环节，交易行为会产生大量实时的数据，传统的数据收集、存储和分析方式已无法有效地从数据中挖掘有效的价值信息。网络爬虫、日志采集工具等技术的运用，可以从支付平台的各个环节收集数据，最终确保数据的全面性和及时性。而采用分布式文件系统（如 HDFS）和分布式数据库（如 Cassandra）等技术，可以实现海量数据的高效存储和管理。

在互联网支付中，大数据技术有着广泛且重要的应用。在支付体验优化方面，大数据可以根据用户的消费偏好、支付习惯等数据，为用户推荐合适的支付方式、优惠活动等。例如，大数据分析发现某用户经常在特定电商平台购买电子产品，就会向其推送该平台针对电子产品的支付优惠活动，或者推荐适合该类消费的支付产品。在信用评估方面，大数据技术会基于用户多维度数据，如消费记录、还款历史、社交数据等，利用大数据算法评估用户的信用状况，为信用支付等业务提供决策依据。像蚂蚁金服的芝麻信用，就是通过分析海量数据为用户提供信用评分，决定用户是否有资格使用花呗、借呗等服务及相应的额度。在反洗钱监测方面，大数据技术能够对海量的互联网支付交易数据进行实时监测和分析，提取交易的关键特征和行为模式。例如，监测是否存在资金在短时间内频繁地在不同账户之间流转，且交易金额与正常业务不符等异常情况。

（三）大数据技术的优缺点

在互联网支付方面，大数据给人们的生产生活带来了很多益处和机遇，同时也带来了诸多挑战和难题。

通常情况下，拥有越多客户和潜在客户的数据，企业就可以进行越深入、越细致的分析，从而在设计产品和开展市场营销时越有针对性，最终使企业的综合竞争力越强，获利越多。但是，大数据也容易产生噪声数据，使得企业在处理大量数据的同时还要识别噪声，辨别出哪些数据是信号，哪些数据是噪声。

噪声数据（Noisy Data）是指在一系列数据中偏离预期的那些数据，也可以通俗地理解为没有价值的数据。一组数据中噪声数据过多，会严重影响数据分析结果的准确性，因此对噪声数据的识别、处理尤为重要。

此外，结构化数据比较易于处理，但非结构化数据在生产生活中占比更大，当遇到非结构化数据时，对分析处理的技术要求会更高，成本也会更高。

在这样一个大数据时代，我们所受到的监控越来越严密、监控成本也越来越低，只需要借助一部智能手机，就可以查到个人隐私信息。因此，信息泄露也是亟待解决的问题。根据第 45 次《中国互联网络发展状况统计报告》，截至 2020 年 3 月，在网民遭遇的各类网络安全问题中，个人信息泄露问题占比达 23.3%（见图 7-3）。因此，需要不断完善相关法律法规，加强对个人信息泄露以及个人信息非法交易的打击力度。

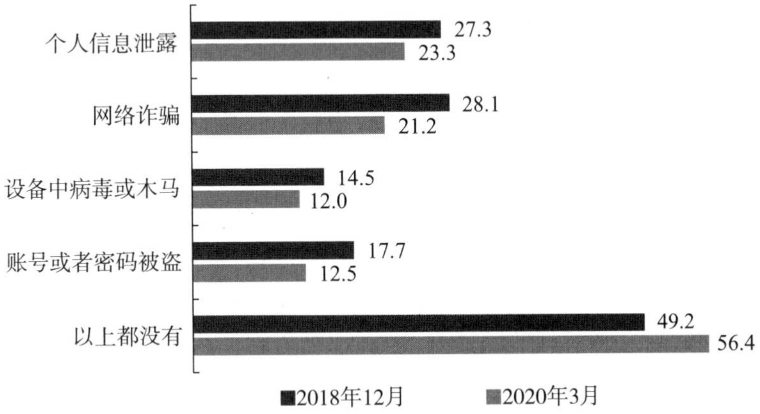

图 7-3　网民遭遇各类网络安全问题的比例（%）

资料来源：中国互联网络信息中心发布的第 45 次《中国互联网络发展状况统计报告》。

二、人工智能

人工智能所包含的范围非常广，其可以应用的领域也非常宽，这里介绍一下人工智能在互联网支付领域的应用。我国高度重视人工智能在科技革命和产业变革中的作用，把人工智能写入了“十四五”规划当中。习近平总书记指出，整合科技创新资源，引领发展战略性新兴产业和未来产业，加快形成新质生产力，人工智能是引领这一轮科技革命和产业变革的战略性技术，具有溢出带动性很强的“头雁”效应。人工智能中的图像识别技术以及互联网支付中的人脸识别技术、指纹识别技术、声纹识别技术、虹膜识别技术等生物识别技术就是人工智能应用于支付领域的表现。在我国比较常见的就是平时使用支付宝进行支付时所使用的人脸识别、指纹识别这些支付方式。

人脸识别技术，是根据人的面部特征信息对人的身份进行识别的一种生物识别技术。在对面部进行生物识别时，通过 2D 或 3D 传感器捕获面部信息，然后将捕获的图像与数据库中之前保存的图像进行比较，通过应用算法将其转换为数字数据。这些自动系统可以根据人的面部特征，如眼睛间距、鼻梁、嘴唇、耳朵、下巴的轮廓等在短短几秒钟内识别或检查个人身份。当我们将人脸识别应用到支付领域时，在支付时就不需要银行卡，甚至不需要手机了，只需要对着人脸识别器露出脸，人脸支付系统就会迅速完成身份确认、转账支付、交易确认等一站式支付环节，这为用户提供了越来越便捷的支付体验，使得支付行为脱离了终端设备。

人脸识别方便快捷，而且与指纹扫描仪和眼睛扫描仪相比，人脸识别这种生物识别形式的干扰最小。它还减少了许多麻烦和对健康的危害，比如可以在一定程度上规避传染病传播风险。但人脸识别也有一些需要破解的技术难点：第一，人脸可以有不同的表情变化；第二，在不同的角度、不同的光线下观察到的人脸是有差别的；第三，对人脸的识别还容易受到帽子、墨镜、胡子等遮蔽物的影响；第四，随着年龄等其他因素的变化，人脸会发生变化。

指纹识别技术是指通过对识别对象的指纹进行分析，从而对该对象的身份进行识别的一种生物识别技术。指纹识别技术是生物识别技术中运用最广泛的一种。20 世纪 60 年代，新型的电子计算机技术进入了指纹鉴定领域，为指纹鉴定自动化提供了新的方法。现在指纹识别技术已经被应用到智能手机上，用智能手机进行手机解锁、在线支付时都可以使用指纹识别。

指纹识别的优点主要有以下四个：第一，指纹识别高度准确，因为每个人的指纹都不一样，它是唯一的，两个人的指纹永远不可能相同；第二，指纹识别技术是最经济的技术，相较其他生物识别技术其成本更低；第三，指纹识别很容易使用，操作简单方便；第四，指纹识别只需要较小的存储空间。指纹识别的缺点是：如果各种人在公共场合不断使用同一台指纹扫描仪，容易导致流感、某些皮肤病等传染性疾病的传播。

第三节　互联网支付面临的风险与挑战

与传统的支付方式相比，互联网支付更加方便快捷，支付的时间、空间也更加灵活，但是互联网支付也存在一些风险，主要有安全技术风险、流动性风险、洗钱风险、线上欺诈交易的风险等。这对各类银行、监管机构以及相关的企业来说，既是一种挑战，又是一种机遇。

一、安全技术风险

安全技术风险包括互联网支付过程中的安全风险和技术风险。安全风险是指在互联网支付过程中由于安全漏洞、恶意诈骗而造成潜在的资金损失的可能性。技术风险则是在互联网支付过程中由于操作技术失误或技术不完善造成资金损失的可能性。

当居民和企业越来越多地使用互联网进行支付时，一些不法分子也在利用互联网支付的漏洞进行诈骗，因此互联网支付存在很多安全隐患。一旦出现问题，就会给资金账户带来巨大的损失，因此互联网支付过程中的安全问题非常重要。

比较常见的安全风险有钓鱼网站和钓鱼软件、黑客攻击、诈骗电话和诈骗短信、信息泄露等。一些不法分子会利用消费者心理，让消费者点击虚假链接或扫描虚假二维码，一旦消费者在这个网站输入了自己的账号和密码，这个账号的钱就可能会被不法分子转走。

为了防范这些风险，不仅需要技术人员的努力，而且需要互联网支付用户自己提高警惕。第一，在设置支付密码的时候尽量设置得复杂一点；第二，在使用手机的时候，养成良好的使用习惯，尽量不用生日、手机号做开机密码，也不将身份证、银行卡照片存在手机里，不用的旧手机不随意乱扔，而是放在家里或通过正规渠道回收；第三，在使用公共电脑或免费无线网的时候，尽量不使用支付工具，因为公共计算机很容易被植入病毒，人们在使用它的时候就很容易被侵入账户，而免费无线网的安全性很低，很容易造成隐私泄露；第四，不点击来历不明的网站、不扫描来历不明的二维码以及不下载安装来历不明的软件，因为这些网站、二维码和软件很可能都含有病毒，会窃取信息。

进行互联网支付，硬件设施和软件设施都很重要。硬件设施是指我们进行互联网支付时用到的电子设备，比如手机、电脑等。软件设施就涉及之前介绍的那些支付软件。如今各种高质量智能设备、电子设备层出不穷，硬件设施基本得到了保障，于是，为了不断构建更加良好的支付环境，软件设施的不断升级就显得尤为重要。

二、流动性风险

流动性风险是指在互联网支付过程中，资金没办法立刻变现所带来的损失。在现代各银行联系越来越紧密的情况下，转账的速度越来越快了，因而流动性增强了。互联网支付的普及，使得资金的转移都是在线上完成的，很多支付都是通过第三方支付平台从第三方钱包转移，在这种情况下，万一发生金融风险，可能会导致用户存放在第三方支付平台里的资金取不出来，从而造成巨大的流动性风险。比如，很多用户把钱存在余额宝里，一旦发生金融危机，可能会有大量用户集中赎回，最后造成流动性风险，虽然在这种情况下存在银行的钱也会面临流动性风险，但它的流动性风险会小一点，因为有存款保险制度，可以保障存款人一定额度内的资金安全。

三、洗钱风险

洗钱是一种将非法所得合法化的行为，即犯罪分子将其违法所得的钱财以及其产生的收益，通过各种手段掩饰、隐瞒其来源和性质，使其在形式上合法化。比如，犯罪分子开了一个饭店，每天在进行结算的时候，就把违法所得的钱财算进去，然后向税务局申报纳税，最后纳税后的收入就成功“洗白”了，变成了合法收入。

互联网支付中洗钱风险增大的原因如下：第一，在互联网支付越来越普及的情况下，传统的资金链条被打破，出现了越来越多的资金链，而且资金链越来越复杂，这使得对赃款的追踪越来越困难，洗钱风险越来越大。第二，在传统的支付模式中，商业银行要求客户提供真实的身份信息并联网核查验证，而在网络环境中客户可能存在身份信息被盗用或者借给他人使用的情况，因此加大了客户身份信息识别的难度。此外，网络交易使得商家对客户的感知度比较低。

四、线上欺诈交易的风险

线上欺诈交易的风险是指不法分子通过互联网，利用各种手段骗取钱财的行为。常见的线上欺诈交易行为有发布虚假信息、购物类诈骗、网络注册骗局、在家上班计划、信用卡申请等。

发布虚假信息这种线上欺诈行为通常出现在证券行业，不法分子会向潜在炒股人群发出某某股票会大涨的虚假信息，诱惑他们买入，等到有足够多的人买入，从而股价被抬高之后，他们就开始抛售股票，从中赚取利润，而没来得及抛售股票的股民则被套牢。现代社会，网上充斥着大量的信息，有真有假，网民一定要学会分辨真假消息，做到不信谣不传谣，不为了贪便宜而落入不法分子的圈套。此外，还有不法分子通过发布虚假爱心传递信息进行诈骗，将虚构的人物和困难事件发布在网上，博取广大网友的同情心，借此来诈骗。除了以上介绍的，通过网上发布虚假信息进行诈骗的方式还有很多，而且一种骗局被识破后，不法分子还会想出新的花样来进行诈骗，因此网民一定要擦亮眼睛。

购物类诈骗的方式多种多样。一种是消费者通过网络购物买到了和网上的描述不一样的商品，或者根本就收不到货物，等到消费者反应过来时为时已晚。所以消费者在进行网络购物的时候也要注意选择正规的渠道和平台，不要相信一些小道消息，不要轻易相信网上的打折信息，避免自己上当受骗。还有一种是一些不法分子冒充淘宝网或者卖家的客服，以打电话或者发短信的方式，借口给消费者退款，套出消费者的银行卡号、银行卡密码等信息，借此进行诈骗。所以，广大消费者不应轻信陌生电话或短信发来的消息，而应通过官方渠道或向客服询问，更不能轻易向陌生人透露自己的银行卡信息。

在网络注册骗局中，不法分子会以一定的利益（比如注册送钱、注册送礼物）诱惑网络用户注册不良网站，让他们填写自己的私人信息以及银行卡信息，并下载上网所需的软件，说是供他们上网使用，其实含有病毒。不法分子通过这种方式窃取用户银行卡里的信息，套取用户的钱财。

在在家上班计划这种骗局中，不法分子利用网民尤其是女性想找一份能在家上班的工作的心理，让他们提前交一些费用，承诺给他们介绍高薪职业，一旦他们交了钱，不法分子就杳无音信了。所以对于这种让提前预交费用的公司，一定要保持警惕，它们极有可能是骗子公司。

信用卡申请这种骗局主要是针对一些信用记录不好、很难申请到信用卡的人群。不法分子谎称只要其缴纳一定的申请费就可以为其办理信用卡，实际上是骗取钱财，等到受骗人把钱打给他之后，还是拿不到信用卡。

第四节　国内互联网支付监管体系的内容及存在的问题

互联网支付是近 10 年飞速发展的行业，而法律法规的制定以及相关监管机构的建立是需要一定的时间的，这就造成了在互联网支付飞速发展的过程中监管机构的缺失和相关法律法规不健全的问题。良好的监管体系是互联网支付良性发展的必要条件，一个良好的监管体系不仅可以规范互联网支付的发展，而且可以避免恶性竞争，给互联网支付的发展构建一个良好的网络环境。

我国自 2010 年 6 月出台《非金融机构支付服务管理办法》，规范了第三方支付平台之后，也在不断出台其他法律法规。2014 年 3 月，为了防止二维码支付等支付方式中蕴含的风险的扩大，央行紧急发布《中国人民银行支付结算司关于暂停支付宝公司线下条码（二维码）支付等业务意见的函》。随后，为了促进移动支付和互联网支付的健康发展，防范互联网支付的风险，中国人民银行颁布了《关于手机支付业务发展的指导意见》和《非银行支付机构网络支付业务管理办法》，对移动支付以及互联网支付的边界进行界定，加强中央银行对通过互联网支付的流动资金的监管，防止洗钱，并且对互联网转账的金额进行限制。2015 年 7 月，为了促进互联网金融的健康发展，中国人民银行等十部门出台了《关于促进互联网金融健康发展的指导意见》。2016 年 4 月，为了防范互联网金融风险，促进互联网支付的健康发展，中国人民银行联合中央宣传部、中央维稳办等多部门出台了《非银行支付机构风险专项整治工作实施方案》，对相关的支付机构进行了整治。2023 年 11 月，国务院通过了《非银行支付机构监督管理条例》，以规范非银行支付机构行为，促进非银行支付行业健康发展。

以上是相关部门针对互联网金融以及互联网支付出台的一系列政策，由此可以看出，我国互联网支付监管的相关法律法规正在不断完善过程中，要想给互联网支付构造一个完善的监管体系，还需要相关部门不断努力。

此外，信用评级对互联网支付的发展尤为重要，一个好的信用评价体系可以有效促进互联网支付的发展，而互联网支付的发展也可以促进信用评价体系的建立。

第五节　全球支付市场发展新趋势

第一，发展中国家移动支付的增长速度快于发达国家移动支付的增长速度。发达国家金融市场的发展时间比发展中国家长，相关的金融体系、法律法规都比较健全，金融市场的发展也趋于稳定。而发展中国家的金融市场近几年飞速发展，这也是发展中国家移动支付增长速度较快的主要原因，但发展中国家金融市场体系以及支付体系仍需要进行构建，相关的法律法规还需要进一步完善。

第二，移动支付的用户数量逐渐上升，电脑端的用户数量逐渐下降。出现这种趋势的主要原因如下：(1) 比起使用电脑端支付，使用移动端支付更加方便快捷，只需要随身携带一部手机即可；（2）随着相关技术的发展，各种电子支付钱包和支付应用越来越多；（3）金融科技的助力，例如指纹识别等生物识别方式的出现使得移动支付的安全技术水平越来越高，为移动支付的普及提供了技术安全保障；（4）用户的体验感好，这也吸引了越来越多的用户参与移动支付；（5）智能手机的普及，为移动支付用户数量的增加提供了设备基础。

第三，非现金支付交易规模逐渐增大，其中发展中国家非现金支付交易规模的增长速度较快。根据 Worldpay 发布的《2024 年全球支付报告》，2023 年，数字钱包消费额占全球电子商务消费额的 50%，占全球销售点（POS）消费额的 30%。预计到 2027 年，数字钱包交易额在全球交易额中的占比将达到 49%。2023 年，现金交易额占全球交易额的 16%，预计到 2027 年将以 -6%的复合年均增长率继续下降。2023 年，亚太地区消费者的线上数字钱包交易量继续引领全球，数字钱包消费额占 2023 年电商交易额的 70%。预计到 2027 年，数字钱包消费额将占亚太地区销售点消费额近三分之二（66%）。

第四，我国的移动支付在全球处于领先地位。据中国人民银行的统计数据，2014—2018 年中国移动支付市场规模复合增长率约为 87.18%，2018 年后高增长态势结束，2019—2021 年市场规模稳定增长，2022 年市场规模略有下降，此后又恢复到增长态势。根据中国人民银行发布的《2023 年第一季度支付体系运行总体情况》和《2023 年第二季度支付体系运行总体情况》，截至 2023 年 6 月，移动支付业务达 873.26 亿笔，金额达 283.56 万亿元，同比分别增长 19.34%和 12.01%。移动支付能够在我国获得如此迅猛的发展，主要原因如下：（1）相关政策规章的不断出台，为移动支付的快速发展提供了良好的法律环境，避免了不同支付平台恶性竞争导致的资源浪费或者其他不利于移动支付的行为。（2）不同第三方支付平台之间相互竞争，有效促进了移动支付的推广，也促进了移动支付技术、支付安全技术等相关技术的不断改善和进步。（3）移动支付的便捷性和快速性可以很好地培养客户的依赖性。传统的现金支付尤其是大额现金支付面临一些风险，而且大额现金不易携带，而现在的移动支付只需要携带一部手机即可。指纹识别技术和人脸识别技术等生物识别技术的推广，使得移动支付的速度越来越快，甚至不需要手机就可以完成支付。（4）移动支付的支付环境逐渐净化，通过互联网支付进行诈骗的行为随着打击力度的增大逐渐减少，这有利于移动支付的健康发展。（5）监管的方式也越来越适应互联网金融的发展，移动支付从诞生到现在经历了不断发展的过程，在这一过程中，监管机构也逐渐摸索出一套合适的监管方式来促进移动支付的发展。

第五，支付方式的科技属性越来越明显，支付方式与金融科技结合得越来越紧密。智能手机逐渐成为互联网支付的主要支付终端，NFC、生物识别技术等先进的技术不断被应用于支付领域，通过面部识别技术，甚至可以让支付者脱离智能手机进行支付。将金融科技运用到支付领域，也使得支付方式越来越便捷、支付速度越来越快。金融科技正在通过支付方式或者其他方式不断深入人们生活的方方面面。

第六，支付体系越来越复杂。以前只有传统的支付体系，随着支付方式的大变革，新的支付平台不断出现，传统的金融机构（比如商业银行）也在不断进行支付方式的变革，传统的支付体系尚存，新的支付体系正在慢慢形成。除此之外，传统金融机构通过与新的支付平台之间的合作，也在努力适应金融科技的浪潮。在新旧交替，新技术不断运用于现实支付场景的情况下，支付体系越来越复杂。支付方式的多样化更加便利了人们的日常生活以及企业的日常工作，但与此同时，错综复杂的支付体系也蕴含着一些风险，例如对资金的追踪更加困难，洗钱风险增大，监管难度增大，进而监管成本上升。

第七，货币的数字化属性越来越明显。这里的数字化不仅仅是指数字货币，而且是指交易中越来越依赖电子终端通过互联网来进行货币的转移，对现金的使用越来越少。随着投资者和金融服务用户的需求变得越来越复杂，越来越需要通过有效的工具来简化最终用户执行的流程和交易。鉴于自动化服务的使用增加，金融机构将不得不增加数字化服务和产品的数量。随着客户寻求传统金融服务的低成本替代方案，金融行业进行技术变革是生存的必要条件。金融科技企业通过将最终客户的交易生态系统数字化，引领了金融领域的变革。数字支付是未来。在未来，我们将看到付款方式从实物现金过渡到数字付款方式。

第八，生物识别技术的运用逐渐普及，并且会越来越广泛。随着智能手机可以通过人脸识别和指纹识别进行解锁，生物识别技术也深深地影响了我们的生活。无论是为了遵守法律法规还是为了防止网上欺诈，生物识别技术都将成为极为重要的工具。借助生物识别技术进行支付是一种独特且重要的支付方式，因为它同时提供了准确性、效率和安全性。

第九，银行与金融科技合作的趋势明显。银行与金融科技企业之间的合作关系将因为变革性尖端技术而得到显著改善。这种合作关系对双方都有好处：银行具有健全的基础设施、扎实的行业知识、较大的品牌知名度和广泛的客户基础，但是它们缺乏灵活性，风险承受能力低，而金融科技企业是颠覆性数字技术的创新者，两者可以很好地互补，实现合作共赢。

延伸阅读

从淘宝网到支付宝——利用金融科技，悄然串出“数字丝路”

本章小结

随着互联网和智能手机的普及，第三方支付逐渐被人们接受。常见的第三方支付形式有网上银行支付、移动支付等。第三方支付的普及大大便利了人们的生产生活，但与此同时，使用互联网进行支付时，也存在安全技术风险、流动性风险、洗钱风险、线上欺诈交易的风险等风险。

关键术语

互联网支付、第三方支付、移动支付、互联网支付风险

思考题

1. 互联网支付的主要方式有哪些？
2. 第三方支付有哪些利弊？
3. 互联网支付面临哪些挑战？
4. 谈谈对第三方支付的监管面临哪些困境。

第八章
金融科技与保险

教学目标

1. 了解互联网保险出现的原因和发展的过程；
2. 掌握保险科技的现状和特征；
3. 关注保险科技所面临的困境和未来的发展方向。

引言

随着互联网从诞生到走进千家万户的日常生活，数字技术不再局限于信息产业的范畴，而是逐步成为支撑和驱动各个行业持续发展的基础。对于保险行业而言，亦是如此。在时代转型变迁的宏大背景下，保险市场特征、竞争格局以及保险商业模式等均将被数字技术驱动的金融科技重新定义，保险行业不断对未来技术前景进行分析与预测，架构出适应数字经济时代发展、基于全局观的保险行业发展理念。

第一节　科技发展推动新保险萌芽

一、互联网保险的产生与发展

（一）互联网时代的保险业变化

互联网自 1969 年诞生以来不断发展，不仅带来了用户与设备的迅速扩张，而且得益于通信技术的升级，人们的上网方式不断发生变化。1997 年，大多数用户使用拨号上网方式，这种方式所存在的网速慢、费用高等问题严重影响了互联网的使用效率。到了 2003 年，宽带上网开始逐步兴起，越来越多的用户同时选择在家中也接入互联网，以便在工作之外的业余时间也可以使用网络，这一改变为后期针对客户端的个人服务的兴起奠定了基础。

就在网络由企业和学校逐渐走入千家万户的时候，快速上升的用户规模和不断完善的网络基础设施带来了新的商机。1998 年，早期互联网企业新浪、搜狐成立，如今的互联网巨头如阿里巴巴、腾讯、百度、京东也几乎在同一时期成立。

保险业作为最早接触互联网的行业之一，早在1997年就推出了我国第一个保险网站——中国保险信息网。1997年11月28日，中国保险信息网在北京举行了开网仪式，时任中国人民银行副行长、主管保险的陈元，时任中国人民保险集团副总经理的吴小平到会并致辞祝贺，国内许多保险公司和近40家外国同业驻华机构的代表参加了开网仪式。随后，各大保险公司纷纷开始建立自己的网站。1998年，中国保险信息网已承建了太平洋保险、泰康人寿、中宏人寿、新华人寿等多家国内保险公司的网站。

信息化程度的提升推动了保险从信息网络化向业务网络化的转型。在这一过程中保险公司主要以使用IT系统模仿主要业务流程和使用IT系统代替手工操作为目标，进行分阶段、渐进式的系统建设，为后期业务互联网化打下基础。2000年7月，经过3个月的筹备，中国保险信息网更名为中国保险网，同时推出三大寿险导购系统。同年，泰康人寿的网站泰康在线上线，旨在利用互联网实现保单设计、投保、核保、缴费、后续服务的全过程网络化，希望为客户在产品、渠道和服务上提供更多选择。随后，平安保险开通的“PA18新概念”是国内第一个综合性的金融互联网平台；友邦保险上海分公司、太平洋保险集团等也纷纷开通网络保险咨询、销售或售后业务。不难看出，保险公司对互联网寄予了厚望，但鉴于网速、费用等原因，虽然用户数量在2003年已增长到7 950万，但是平均每周上网时长并未随之上升，同时，支持保险业务线上全流程的各类技术的应用也仍在发展与完善中，保险业还需等待。

（二）网络销售安全机制的建立带来红利

电商时代的来临，意味着越来越多的交易行为将在网上发生。在网络交易中，人们通过计算机网络以数据传递交易信息，并采用电子签名技术作为保证网上交易安全的重要手段。为了规范电子签名行为，确立电子签名规则以及电子签名的法律效力，我国在2004年8月通过了《中华人民共和国电子签名法》，明确了电子签名与传统手写签名和盖章具有同等法律效力，充分保护了参与网络交易的各方的合法权益。

就保险业务而言，该法律的正式实施，解决了保险电子保单电子签名的法律效力问题，进一步推动了保险业务在线化的发展。在电子签名技术法律不认可的情况下，网络保险只能线上提交投保单，随后进行线下核保、支付及出单，完成整个投保流程。如果在网络保险业务流程中可以启用电子签名，保险公司就可以为投保人提供并发放电子化的保险合同，从而实现业务流程的线上化。2005年4月1日，在《中华人民共和国电子签名法》正式实施的当天，我国第一张电子保单产生了。中国人民财产保险股份有限公司旗下的人保电子商务网站采用电子签章技术，使得投保、在线支付、发送电子保单等流程全部可以在网络上完成。客户在线选购产品、支付保费之后，系统自动制作合同与签名，向用户发放电子保单。2012年，太平洋寿险推出了手写电子签名的技术应用，可把手写的电子签名影像化，再跟保单合同要素捆绑起来，交付给第三方认证机构实时进行数字化的加密和认证，形成一份唯一的、不可篡改的文件，并加盖时间戳、颁发加密证书。此份加密文件将同时保存在第三方数字认证机构和保险公司的系统内。手写电子签名技术在寿险领域的应用，使得手工纸质单证工作实现了电子化流转，效率大大提高。投保、保单回执的电子签收均可实现实时操作，也为实现实时电话回访奠定了基础。

在保险业务流程的互联网化中，移动应用技术的发展使得电子签名发挥了更大的作用。通过将电子签名逐步贯穿承保、签约、保全、查勘、理赔、给付等所有需要客户授权确认并签署的重要环节，保险业务的线上线下全流程变革逐步走向深入。

此外，通信技术的升级实现了宽带应用的快速普及，使网速不断加快，同时资费不断降低，越来越多的用户选择宽带上网。工信部数据显示，截至 2023 年底，我国三家基础电信企业的固定互联网宽带接入用户总数达 6.36 亿户。其中，100Mbps 及以上接入速率的固定互联网宽带接入用户达 6.01 亿户；1 000Mbps 及以上接入速率的固定互联网宽带接入用户达 1.63 亿户。在更高速的宽带支持下，用户可以更方便地浏览图片和网页，更高速地下载音频、视频，以及获得更多元化的服务。网络购物、网上支付和网络旅行预订等服务逐渐被越来越多的用户接受。

除了宽带网络的普及，移动互联网技术也在这一时期悄然兴起，为下一阶段移动互联网市场的爆发做足了准备。2008 年政府开始对三大运营商进行重组并分配 3G 牌照，我国正式向 3G 时代过渡。在 3G 时代，无线通信与互联网更高效地结合了起来，可以处理图像、音乐、视频流等各类媒体形式，提供网页浏览、电话会议、电子商务等多种信息服务。

（三）移动互联网时代到来，互联网保险市场更加活跃

2013 年 9 月，蚂蚁金服、中国平安、腾讯等知名企业联合发起成立的众安在线财产保险股份有限公司（简称众安在线）获得了保监会的开业批复，成为国内首家专业互联网保险公司，这是国内第一张也是全球第一张互联网保险牌照。根据保监会的要求，其业务范围为互联网相关的财产保险业务等，不设分支机构。公司业务流程全程在线，完全通过互联网进行承保和理赔服务，创新了传统保险公司的经营模式。同年 12 月，中国人寿集团设立子公司——中国人寿电子商务有限公司。次年 2 月，中国人寿天猫旗舰店上线。为推动天猫旗舰店尽快上线，中国人寿成立了专项项目组，电商、财险、寿险及集团公司共同参与项目组，对业务相关的工作机制、业务模式、财务管理进行创新整合。自此，互联网保险行业进入了高速发展期。随着市场规模的不断扩大，保监会于 2015 年分别批复了另外三张互联网保险牌照：易安财产保险股份有限公司、安心财产保险有限责任公司和泰康在线财产保险股份有限公司。这些公司与众安在线一样，依托互联网平台开展业务，不设具有经营性质的分支机构。截至 2023 年底，70 余家传统财险公司、57 家寿险公司及 4 家互联网保险公司均开展了互联网保险业务。

随后，4G、5G 时代的开启为移动互联网的发展奠定了基石，随着手机、平板电脑等各类移动终端设备的普及以及 Wi-Fi 的广泛铺设，移动互联网呈现井喷式发展，移动网民规模快速增长。截至 2024 年 12 月，我国移动网民规模达 11.05 亿，手机成为接入互联网的第一大终端，移动互联网的发展真正进入全民时代。在这一时期，互联网保险也进入了快速发展期，其中，互联网保险保费收入于 2023 年增长至 4 949 亿元。此外，伴随着市场规模的扩张，经营互联网业务的保险主体也快速增加，从 2011 年的 28 家增至 2023 年的 130 余家，除了 4 家专业互联网保险公司外，大部分传统保险公司也通过自建网站、与第三方平台合作等模式实现了保险业务与互联网的结合。随着互联网巨头及

各路资本的纷纷涉足，互联网保险行业的前景更加可期。

移动互联网进一步拓展了网络连接的范畴，做到了随时随地连接。同时，移动互联网相关的软件及应用具有更好的传播和互动属性，一方面让用户行为和虚拟场景实现了更好的结合，另一方面也开始大量产生移动数据并慢慢展现其价值。

在这些新技术、新应用的推动下，保险业的前端也出现了新的变化，精准营销、O2O 模式和社交传播逐渐成为保险业熟知的行业新词语。各类保险应用、微信公众号、小程序的大量出现，成为行业创新的亮点，为保险营销开辟出一片新天地。在此期间，互联网保险行业融资越来越活跃。早期的创业融资主要集中在技术驱动的新型保险销售平台，随着技术应用在保险行业的不断深入，专业的互联网保险公司以及利用技术和数据参与产品设计的互联网中介平台成为融资的热点项目。近年来，科技逐渐成长为驱动互联网保险发展的核心动力之一，在融资方面也呈现出新的局面，车联网技术、中介展业工具平台等创业项目因为其更丰富的科技应用获得投资市场的关注。

二、互联网保险的模式演进

（一）主体多元化、产业布局不断调整

根据银保监会 2020 年印发的《互联网保险业务监管办法》的规定，互联网保险业务的参与主体指的是保险机构及其自营网络平台，保险机构是指保险公司（含相互保险组织和互联网保险公司）和保险中介机构，自营网络平台是指保险机构为经营互联网保险业务，依法设立的独立运营、享有完整数据权限的网络平台。

目前市场上互联网保险业务的参与主体主要分为五类：传统保险公司、专业互联网保险公司、跨界平台型互联网公司以及保险中介机构。

1. 传统保险公司

中国保险行业协会数据显示，截至 2023 年，我国共有约 130 家传统保险公司经营互联网保险业务，较 2011 年大幅增加。这意味着我国保险业已有 77%的保险公司通过自建网站、与第三方平台合作等不同方式开展互联网保险业务。

2. 专业互联网保险公司

自 2013 年起，保监会开始有序推进专业互联网保险公司试点。同年 9 月，由阿里巴巴、腾讯、平安等国内知名企业发起的首家互联网保险公司众安在线成立，它是国内第一家不设线下机构、业务流程完全线上化的财产保险公司。

3. 跨界平台型互联网公司

随着新经济的快速发展，市场上产生了百度、阿里巴巴、腾讯、京东等多家平台型互联网公司，这些公司基于资本、用户、数据等方面的诸多优势，将业务延伸至包含保险在内的诸多行业。平台型互联网公司可通过参与保险产品营销环节、投资互联网保险机构、提供保险科技服务等多种方式直接或间接参与互联网保险业务。

4. 保险中介机构

在“互联网＋”的浪潮下，传统保险中介纷纷转型升级，尝试通过互联网与移动端

展业。同时，作为牌照持有者，保险中介的价值得到了跨界和垂直互联网公司的广泛认可，用于承载业务，保障业务合规性。

经营主体的不断涌现、市场体系的逐步健全和主体间的不断竞合极大地激发了保险行业的发展活力。当前保险公司与互联网平台的合作关系主要集中在营销展业和场景深度开发等方面。一方面，大型平台如淘宝、支付宝、腾讯等作为保险机构的互联网销售渠道，为保险公司带来了大量流量。另一方面，互联网平台提供多种场景，为保险业务创新提供了基础，例如，淘宝电商平台上的退货运费险、携程平台上的航班延误险等。同时，平台型互联网公司凭借技术优势，通过提供系统、工具等手段，提升保险机构的技术应用能力，以技术赋能保险机构。

除了业务合作之外，互联网保险参与的各类主体之间还通过股权投资锁定长期合作关系，形成合力。随着互联网保险的渗透发展，互联网公司力求尽可能发挥其流量和场景优势，纷纷进入保险市场。据统计，腾讯入股众安在线与和泰人寿，并取得互联网保险代理牌照，百度和京东也通过收购、入股的方式成功布局保险领域。与此同时，大型保险公司同样通过投资互联网平台寻求更深度的发展。2016 年 1 月，中国太平保险集团参与京东金融 A 轮融资；同年 6 月，中国人寿战略投资滴滴；2018 年 4 月，泰康集团战略投资百度金融。

（二）互联网保险的商业模式演变

1. 保险互联网化

一直以来，保险公司的产品销售主要依靠传统渠道，通过物理网点的铺设，扩大自身业务规模。传统渠道主要包括直接销售渠道（即公司直销），以及间接销售渠道（如个人代理、专业代理、经纪、兼业代理等）。

尽管在保费贡献上，传统渠道还是占主要地位，但在越发激烈的市场竞争环境下，传统渠道正面临许多困难。一方面，保险公司建设线下营销体系存在时间长、成本高、短期内难以见效的问题，依靠保险中介又会推高经营成本，加之中介对客户资源端拥有较大的控制力和话语权，保险公司获得的客户信息有限，对后续客户管理形成了极大障碍。另一方面，随着人力成本的持续上升，保险公司的个人营销队伍出现了“增员难、留存难”的问题。

互联网保险的出现，开辟了保险销售的新模式。相较传统销售渠道，互联网保险销售渠道优势明显：一是可以为保险公司和客户搭建直接交流平台，建立多层次的客户触达体系；二是可以弱化保险公司对第三方渠道的依赖，降低运营成本；三是可以打破空间和时间限制，让客户能够随时随地购买保险产品；四是透明度高、产品条款简单，可以减少信息不对称。互联网保险的种种优势，使得其逐渐成为各家保险公司重点布局的领域之一。

作为技术催生的新模式，互联网保险将保险销售由线下迁移至线上。虽然实现了业务元素的简单互联网化，但多数互联网保险业务还是简单的产品线上化，主要是销售渠道的延伸，技术的利用主要集中在销售渠道方面，在产品创新、流程体验方面仍有待提升。

2. 互联网保险场景化

消费场景的多元化为互联网保险提供了场景化可能。随着电子商务和新零售的发展，消费场景日益分散和多元，购物终端也越发多样化。消费场景的扩增为保险公司提供了新的业务标的，使得保险公司不再局限于单纯的渠道引流，布局场景化保险成为突围方向。通过与互联网平台合作，场景化保险将保险产品融入用户常规交易流程中，契合大众的互联网消费习惯，覆盖了特定场景下客户的风险需求。以退货运费险发轫，场景化保险在电商、航旅、共享经济等众多领域得到了广泛应用。其优势主要体现在：①需求精准。保险产品与交易场景紧密结合，深度挖掘场景中客户需求，精准化解用户痛点。②降低用户决策成本。场景化保险多为碎片化简单产品，用户理解门槛低、金额小，同时通过将保险购买流程无缝融入常规交易流程，大大降低了用户决策成本，简化了保险购买流程，提高了销售转化率。③场景流量的转化更自然。通过场景化，保险产品与场景共同成长，从低频需求转化为高频需求，融入用户日常互联网交易活动中。同时，场景本身的大流量，使得这种模式更易规模化。

场景化的应用为产品同质化的保险市场注入了新鲜血液，给保险业的发展创造了更多机遇。通过与流量平台合作，保险公司可以深入用户日常互联网生活的各个环节，沉淀丰富的用户数据，并建立长久的、黏性的用户关系。同时，融合场景方数据，可以将用户的保险购买需求映射至真实交易，减少逆向选择与道德风险。此外，通过与日常交易结合，可以培养用户的风险防范意识，帮助用户体验到保险产品的真正价值。

3. 模式进一步平台化

互联网的高效连接催生了平台经济，平台化商业模式最初从产品端切入，借助技术手段实现同类资源对接的匹配，随着技术革新及资源的不断融合共享，发展成为多边参与的产业跨界融合形态，最终实现生态创新。基于其技术效应、去中介效应、集聚效应等价值主张，平台经济给保险业务的经营提供了全新的模式。当前在保险业已有的业务实践主要有以下两类：一是互联网保险销售环节的平台化。在相对独立的保险销售环节，一批互联网保险专业销售平台已初具规模并逐步平台化。此外，以平台化销售为基础，通过数据化、精细化运营，平台得以更多地了解用户需求，并针对用户保险消费习惯和心理，升级业务模式，在销售环节提供更多服务。二是平台化输出保险产品解决方案。随着服务类型和场景越来越多，互联网保险公司逐渐沉淀了标准化平台能力，通过以产品能力为核心，构建服务平台，赋能合作伙伴。平台将在对接各类场景过程中不断积累的技术、产品、精算、商户服务等多种能力整合在一起，针对不同领域企业与特定场景，进行险种设计和技术支持，形成标准化解决方案。后期对同类场景快速复制，将解决方案输出至合作伙伴。正因产品标准化可复制，开放平台在开发速度和运营成本上更具优势。平台针对各类企业提供工具，帮助其连接适用的保险服务，将保险嵌入场景，保障风险。

4. 产业体系生态化

商业生态系统是指在商业模式不断演进的过程中，形成的以各类参与方相互作用为基础的经济联合体。生态系统中的各参与方各司其职，相互依赖，通过合作和协调，共同维持联合体的延续和发展。目前得到广泛关注的商业生态主要分为闭环生态与跨界生态两大类。在闭环生态中，以交易环节为核心，围绕单一产品或服务，产业链上下游各参与方深度合作，形成产业闭环，共同创造价值，并促进价值链条的正常运转。在跨界生态中，生态主导方围绕某一核心生态，打破产业链间的界限，展开生态体系的搭建，并与核心生态融合、再造，最终升级了自己的生态体系。

在互联网时代，连接的广度、深度与维度均呈指数级增长，整个世界更加相互依赖，构建保险生态系统既是历史的必然选择，也是保险机构自身成长的需要。在这个系统中，互联网技术驱动保险公司、用户、合作伙伴等实体凝结成一体，利用彼此的优势，不断适应并满足新的客户需求。保险公司扮演的角色不再是保险产品的生产者，而是连接者、整合者、协调者和管理者，同时也不再仅仅为消费者提供对风险的财务补偿，而是提供防范、解决和化解风险的服务，从而在生态系统中居于中枢位置，为生态系统中所有成员创造价值。保险公司的竞争力来源于生态系统的整体价值，而不只是自身的单一力量。

互联网保险生态圈建设整体仍处于起步阶段。当前已有很多公司开始探索构建互联网保险生态圈。不同的公司由于发展战略及保险业务发展水平的差异，采取了不同的发展模式及与之相匹配的经营策略，或建设成为突破传统保险业务向产业链延伸的新平台，或打造成为跨界融合创新的新业态。总体来看，整个行业生态圈的建设才刚刚起步。一些行业领军企业已经凭借强大的科技实力、先进的经营理念、前沿的战略布局，在生态建设中迈出了重要的一步，未来生态圈初现雏形。

第二节　保险科技

一、保险科技概况

保险科技的核心是科技，即在整个保险流程中，应用人工智能、机器学习、物联网装置和区块链等新技术，使客户更方便地选购保险产品、投保及理赔，使公司提高运营分销能力，更准确地进行风险评估并定价。

保险的标的链接到多个行业，随着保险科技在保险业应用的增加和科技与保险融合趋势的深化，技术驱动的保险业生态扩容成为一种历史必然。这种生态级的扩容带来的变化是方方面面的，从商业模式到运行方式，从组织结构到人员配置等。宏观上更直观的变化体现为保险生态下各类行业主体的变化和扩容。

目前，在保险科技驱动的保险业生态中，行业主体类型已远不止传统保险公司及经纪代理中介平台，还包括与金融科技深度融合的互联网保险公司、深入保险市场的互联网公司以及服务于保险生态的各类科技公司等。各类主体的相容共生，共同推动着整个保险业的科技转型，孕育着面向未来的新保险。

（一）保险公司

保险公司在保险科技发展领域始终扮演着“主力军”的角色，不仅有传统保险公司，而且有新晋的互联网保险公司。传统保险公司不断加大投入，尤其是在新渠道和新技术领域，同时大力推进健全IT治理机制；保险行业近90%的保险机构设立了信息化工作委员会，信息化治理组织机制不断完善；保险行业不断加大信息化投入，信息化投入年均增长率保持在5%以上，自主研发与创新能力快速提升；60%以上的保险公司自建信息中心，部分保险公司自建大数据应用平台和云平台，逐步建立信息化应用体系，探索应用互联网大数据、人工智能、区块链等创新技术，驱动保险科技应用创新。专业互联网保险公司生于科技土壤，在数据技术的支撑下，积极打造轻资产、重科技的运营架构，充分发挥保险科技在营销、运营、风控等领域的优势作用，全力助推互联网保险业务发展。与此同时，专业互联网保险公司也面临发展模式与盈利模式的双重压力。一方面，众安在线、安心保险和泰康在线等保险公司纷纷亏损；另一方面，互联网保险公司成为消费者投诉的重点。此外，值得关注的是，越来越多的保险公司投资设立专门的科技公司，例如，太保科技、人保科技、泰康科技等。

（二）保险中介

保险的专业性、非标性、服务性和低频次四大特性决定了保险对中介的高度依赖。保险中介直达客户，对接保险供需两端，有效改善了客户体验，提升了客户黏性，在异常激烈的同业市场竞争中求生。保险中介进行科技创新的决心和力度巨大，是我国现阶段保险行业中最为活跃的保险科技应用群体，约有30%的保险科技初创公司集中于保险分销创新领域，在具体创新上，主要集中在前、后两端，即保险销售与保险理赔的客户体验改善。从保险中介的股东背景看，主要包括互联网公司系保险中介、传统保险专业中介系保险中介、实业公司系保险中介、保险公司系保险中介。基于股东的科技基因与优良资源，互联网公司系保险中介在创新应用方面独具优势。传统保险专业中介系保险中介求新求变的动力强大，在保险科技应用方面积极布局，并积累了不少创新实践经验。实业公司系保险中介和保险公司系保险中介也充分利用股东在客户、科技、渠道等方面的有效资源，大力创新，探索出科技创新应用的新路径。

（三）保险科技创新机构

保险科技创新机构的核心职能和竞争力在于通过科技创新对保险行业进行深度赋能。在具体类别方面，一类是以百度、阿里巴巴、腾讯、京东为代表的互联网金融科技公司，它们凭借自身的巨大流量和基础设施资源，以及强大的数据处理和分析能力，有效结合自身的势能与优势，深度参与保险领域的业务与模式创新，具备一定的整合和完善保险生态系统的强大动能；另一类是专注于大数据、区块链、人工智能等技术的专业科技公司，对保险行业进行保险科技产品输出，从数据仓储、数据分析处理工具到软件开发管理工具等不一而足，或与保险公司直接进行系统对接，合作开发建设创新保险渠道、业务模式等。一个明显的发展趋势是，保险科技创新机构正由单纯的单一科技产品供应和输出逐步向深度参与保险行业变革、共同推动构建保险行业新生态转变，深度赋能并融合保险，与保险行业彼此之间的依存度大幅提高，形成互动互赢、共生共荣的良好格局。

（四）基础资源服务机构

在保险科技的助势下，以中国银保信、中国保险行业协会、上海保交所、中国保险资产管理业协会和中国保险保障基金为代表的保险行业基础服务平台不断强化信息科技建设与创新应用，加大行业资源整合与共享力度，推动资源合理配置与高效运用，为保险行业的共建共享奠定了坚实的基础。例如，中国保险资产管理业协会全面实施保险行业基础设施"大三通"战略，即"网络通、系统通、数据通"，大力推动保险行业业务系统互联互通，打破行业共享壁垒，全力打造包含十大保险业基础设施在内的庞大系统矩阵，在有效提升保险行业资金运营效率、降低技术成本、防控业务风险、提升精细化服务水平方面发挥了重要的助推作用。

（五）保险业监管机构

2023 年 3 月，中共中央、国务院印发《党和国家机构改革方案》，决定在中国银行保险监督管理委员会基础上组建国家金融监督管理总局，形成"一委一行一局一会"的金融监管新体制，金融监管由纵向监管模式向横向监管模式转变，更加注重功能监管和行为监管，金融监管的有效性和穿透性进一步提升。在新的监管架构下，国家金融监督管理总局更加注重穿透监管与持续监管，充分发挥保险行业基础设施作用，稳步推进监管科技发展。

二、保险科技开启全方位科技赋能

保险科技作为促进保险业发展的中坚力量，对行业的影响逐渐深入，不仅在价值链全流程的各个环节得到了更深入的应用，而且由于其逐渐向线下应用延伸，开始影响传统险种。可以说，保险科技开启了科技赋能全流程、多渠道和多险种之路。

（一）全流程

保险科技的应用对保险业务全流程产生了广泛影响。

1. 产品设计

通过云计算、大数据、人工智能以及区块链等技术的应用，保险公司在数据的收集、客户画像、需求分析和策略设计等方面都获得了更进一步的能力提升。例如，借助大数据的数据归集和管理技术，保险公司可以将来自不同终端，包括手机、个人电脑、可穿戴设备以及医疗设备等的数据进行归集整合，再通过机器学习等方法，从中进行数据的挖掘和分析，确定客户画像，进而确定产品设计的策略等，以支持相关保险产品和服务的开发。而在数据的传输过程中，依托区块链加密技术，确保了用户数据的安全性，降低了数据造假和信息泄露的风险等。

大数定律是保险公司对保险产品定价的基础。在定价方面，技术应用对定价因子确定、风险筛选和定价模型的开发都有着重要意义。在大数据环境下，产品的开发和定价都依赖于全量数据的分析，而非传统的抽样分析。数据的完整性确保了对客户需求理解的准确性和风险评估的全面性。而借助机器学习的算法，也提高了建模效率和准确性，满足了互联网环境下实时高频的风险定价需要。

2. 保险营销

保险营销是保险业发展的核心需求之一，保险科技的应用对保险营销的改善效果也十分显著。借助创新的保险科技，保险公司得以实现对客户和市场的更深入理解和把握，从而进行更准确的营销评估，进而在营销策略制定、产品和渠道适配、客户运营以及营销资源投放等方面采取更加精准的方案，提升整体营销效果，实现更加精细化的市场经营。

保险科技对承保环节的作业改善重点关注效率的提升和风险的可控性。依托保险科技，智能化的投保服务对保险公司和客户的成本节约效果显著。而在承保管理环节，有效帮助客户实现保单管理，优化客户的保险体验，提升保险感知，这些对保险公司的业务运营和客户管理都意义重大。

3. 核赔定损

核赔和定损是保险公司接到报案后需要给出是否赔付以及赔付多少的业务。对于人身险来说，赔付金额通常容易确定，保险公司主要确定是否属于保险责任。例如人寿保险通常是定额的，而健康险中的医疗保险则是实际发生的费用，有据可查。而对于财产险来说，保险公司除了确定是否属于保险责任外，还需要根据标的的损失情况做出评估。

在核赔时，保险科技可以对报案人提供的票据进行自动解读和判断，一些正在研究的保险合同图谱可以对相关报案给出“是否属于保险责任”的建议。而在定损时，深度学习技术与计算机视觉的组合应用可以让计算机对保险标的的损失进行精确的评估，而虚拟现实等技术则可以让查勘变得更加简单和高效。

核赔中的“反欺诈”也是保险科技的应用场景。通过运用保险科技，保险公司在接到报案时就可以进行甄别，通过对关联数据、历史记录、行为特征、音视频的综合判断，从而降低“不必要”的赔付支出。

（二）多渠道

互联网等信息技术的出现，为保险开辟了全新的线上渠道。诞生于互联网生态场景的互联网保险，因与互联网经济密切关联，自诞生时起便聚焦线上业务，为保险业的发展提供了新的模式。由于线上和线下保险业务区隔显著，也引发了对两种模式的争论，线上和线下渠道一度难以产生协同效应。随着新技术的发展、创新经济场景的出现，线上和线下不断趋于融合，带动了新一轮线上和线下资源整合和用户需求的重新配置，从而实现了价值的连接。

一方面，保险科技带来了全新的技术手段，能够帮助保险公司实现线上和线下资源的重组和打通，如服务于中介人的各类平台应用，不仅有助于实现多渠道协同，提升营销效率和效果，而且能强化客户运营和服务能力。另一方面，创新的线上线下融合场景的出现，也对保险公司提出了全新的线上和线下融合的产品需求，将进一步推动保险产品的创新发展。

随着科技的进步以及线上和线下场景边界的逐渐模糊，保险公司将进一步融入大众生活，覆盖更多的风险场景，为用户提供零距离的更加人性化的保险服务。

(三) 多险种

在互联网保险诞生之初，保险科技对保险产品的影响主要集中在对应互联网生态内特定场景的保险产品上，如服务于电商场景的退货运费险、服务于线上旅行场景的航空旅行相关保险等。随着科技的不断发展及其在保险业的应用，保险科技对保险产品和服务的影响也更加深入，呈现出从单一场景险种逐渐向多险种扩散，从互联网保险产品向传统保险产品扩散的趋势。例如，在传统的农业保险领域，采用传统的定损方式具有人力成本高、理赔时效差、操作风险较大等劣势。而借助卫星遥感和机器学习，通过对受灾区域卫星图片进行分析，即可以实现快速的受灾定损。同样，借助卫星遥感技术，通过应用机器学习等对气象数据进行分析，能提高灾情预报的准确性，从而帮助被保险人提前进行相应的防灾干预和灾害管理，在控制风险的同时，也对推动保险从事后补偿向事前预防的转变起到积极的作用。

随着保险科技应用的逐渐深入，可以预见，未来物联网以及生物医疗等领域的更多新兴技术都将持续为保险业产品和服务的优化改进提供更多支持，为保险业科技转型带来更有想象空间的改变。

第三节　保险科技的风险与监管

一、保险科技面临的风险和挑战

(一) 跨行业、跨领域风险传导

当前产业融合势不可挡，保险科技有效提升了融合的速度与程度；打破了行业壁垒，使产业边界越发模糊；加快了信息、资源共享与平台共建，给产业创新发展带来了巨大机遇。同时，跨行业、跨领域的风险传导也给保险行业的发展带来了新的挑战。尤其是在创新科技的助推下，金融与科技实现深度跨产业交融，市场交易主体更加丰富，交易结构越发复杂，系统运作逻辑更加多维，无论是从行业间横向看，还是从行业内纵向看，风险层级和结构都日趋复杂。在开放共享的发展格局下，不同市场和主体的个性化风险不断外延传导，输入式风险亦可能引发系统性风险，后果不堪设想。例如，我国市场份额超过 40%的第一大公有云供应商阿里云于 2019 年 3 月 3 日发生大规模故障，导致华北区域使用阿里云服务的多家互联网公司的 App 和网站陷入瘫痪，用户无法登录或使用。故障持续了约 3 个小时，在此期间，受影响企业的 App 和网页端运营几乎停滞，遭受了巨大的经济损失。

(二) 消费者权益维护困难重重

在高度信息互联时代，数据是所有行业和机构赖以生存的最有价值的资产，尤其是用户的相关数据信息成为各大机构竞相争夺的优质资产。作为个人数据信息的拥有者，用户并无能力有效维护自己对数据的合法所有权。其原因有以下几点：一是很多平台或机构在用户不知情的情况下将其个人数据信息用于商业领域；二是互联网平台开放的信息技术难以有效保障用户的个人数据信息安全，确保信息不被盗用、滥用；三是互联网的虚拟性、跨地域性以及信息不对称性使个人消费者难以进行有效维权。因此，无论是从我国相关法制体系看，还是从消费者维权的实际路径看，消费者要想合理维护自身的数据信息权利都面临很大的客观挑战。

（三）基础服务设施相对落后

近年来，在监管机构的有力推动和保险机构的共同努力下，我国保险行业基础服务设施建设取得了很大进步，在服务范围和服务内容方面都为行业的快速发展提供了有力支持。然而，相较保险科技的快速发展，我国的保险行业基础服务设施建设仍有很长的路要走。一是在基础数据方面，我国保险行业当前的基础数据标准化程度较低，开放共享程度有限，即便实施共享，也只是通过物理整合集中方式实现，费时耗力，尤其是对于事关保险行业经营的风险数据，各家机构更是严防外流，行业基础性数据连接、整合、共享和应用不足，仍有较大的优化空间。二是在信息化治理机制方面，保险行业信息化治理水平参差不齐，很多机构仅仅将保险科技作为一个实现工具，并未从战略上使科技创新思维根植于未来的转型发展中，行业在塑造科学、高效的信息化治理机制方面还存在一定差距。三是在保险科技的行业标准和应用规范方面，尚未制定出针对保险科技研发与应用的相关标准和规范，以指导和规范保险科技行业的健康、持续发展。

（四）监管面临巨大挑战

不同于传统的保险创新，保险科技的创新应用涉及的场景、模式、逻辑等更加复杂、多元，给现有的保险监管带来了巨大压力。一是在协调监管方面，保险科技的创新应用既涉及信息互联网领域，又涉及金融保险领域，无论是在法制规范上还是在实践监管上，都需要相关部门协调，使节奏保持一致，以确保有效监管；二是在行业风险监测与处置上，在没有针对创新领域完善立法的情况下，存在创新者与监管者进行博弈、不断对外拓展创新边界、测试监管底线的现象，因此对监管者的风险敏锐度以及风险监测、风险预警和风险处置能力提出了更高的要求；三是在保护行业实质性创新方面，如何在有效防控风险的基础上激发保险科技创新的活力和积极性，以及如何实现行业创新与风险控制之间的微妙平衡，始终是保险监管者需要面对和解决的难题。

二、我国对保险科技的监管情况

科技与保险的结合为保险监管带来了新的课题。事实上，早在2009年，保监会就针对保险公司信息化出台了明确指引，旨在通过规范相关工作，推进保险公司及保险行业信息化的发展。随着互联网保险对新技术应用的不断深入和市场规模的快速发展，监管机构也逐步出台了针对这个细分领域的政策法规，监管内容不断拓宽，监管理念也逐步成熟。

技术对保险行业最早的影响主要体现在宣传及销售环节，当时保监会曾就互联网保险业务征求意见。《互联网保险业务监管规定（征求意见稿）》（2011 年）对当时互联网保险业务的定义为："保险公司、保险专业中介机构通过符合本规定的自办网站或者非自办网站，开展保险产品销售或者提供相关保险中介服务等经营活动。"到了 2020 年，技术的应用逐步实现部分险种的全流程线上操作，经过一系列的准备工作，《互联网保险业务监管办法》最终出台，坚持发展与规范并重，支持和鼓励互联网保险创新，开展适度监管，进一步明确了互联网保险业务是保险机构依托互联网和移动通信等技术，通过自营网络平台及第三方网络平台等订立保险合同、提供保险服务的业务。监管内容也包括了更多针对互联网业务各环节的更为明确、具体的要求，为互联网保险行业的健康发展营造了良好的政策环境。

在积极鼓励互联网保险创新发展的同时，保险监管机构也非常重视互联网保险经营行为的规范和相关风险的防控，陆续出台了多项措施来严格规范互联网保险业务行为，加强互联网保险的风险防控。2016 年，为贯彻落实党中央、国务院关于互联网金融风险专项整治的部署要求，保监会等 15 个部门制定下发了《互联网保险风险专项整治工作实施方案》（以下简称《方案》），并牵头做好方案公布和新闻宣传引导工作，创造了良好的外部环境。《方案》对互联网保险风险专项整治工作进行了全面部署，专项整治围绕规范经营模式、优化市场环境、完善监管规则、实现创新与防范风险并重、促进互联网保险健康可持续发展的目标，坚持突出重点、积极稳妥，分类施策、标本兼治，明确责任、加强协作的原则。2017 年保监会出台的《信用保证保险业务监管暂行办法》则明确了保险公司开展网贷平台信用保证保险业务的禁止性行为、网贷平台资质准入条件和信息披露等内容，防范交叉传递风险。

近年来互联网保险业务蓬勃发展，在给保险消费者带来便利的同时，也出现了一些风险隐患。银保监会数次通过下发《关于在互联网平台购买保险的风险提示》《关于互联网保险的风险提示》《关于互联网渠道短期健康保险续保问题的消费提示》的方式，提醒广大消费者在互联网平台购买保险时谨防误导宣传等风险，更好地维护自身合法权益。

在技术应用方面，监管机构也根据不同时期行业实际应用情况，对其做出了相应的规范要求，使技术规范逐步细化。2011 年出台的《保险代理、经纪公司互联网保险业务监管办法（试行）》（现已废止）除了要求开展互联网保险业务的机构需要有与互联网保险业务相适应的电子商务系统外，还对信息的实时对接做出了相应规定，要求机构能实现投保人全部投保信息与保险公司核心业务系统的实时对接。

随着技术与保险业务的融合逐渐深入，技术的应用已深入保险行业价值链的各个环节。在 2013 年出台的《关于专业网络保险公司开业验收有关问题的通知》中，保监会对于专业网络保险公司提出了更为具体的技术应用要求，规定机构必须具有支持投保、报价、承保、支付、理赔、客户服务等保险业务全流程的电子商务系统和核心业务系统等应用系统，同时对在线业务的数据安全和风险管控也提出了相应的技术要求，例如对当时在保险行业尚属新兴事物的云计算的应用提出了确保数据安全和业务连续性的要求。在风险管理方面，监管则聚焦于通过建立技术隔离机制，避免风险的传递和蔓延。

2015 年出台的《互联网保险业务监管暂行办法》不仅区分了自营网络平台和第三方网络平台从事保险业务所需达到的条件，而且要求保险机构的自营网络能实现与保险机构核心业务系统的无缝实时对接，具有完善的防火墙、入侵检测、数据加密以及灾难恢复等互联网信息安全管理体系。

此外，我国监管部门还鼓励保险行业技术创新。一是主体创新。作为金融领域内率先试点互联网持牌法人机构监管的行业，保险业的监管一直注重创新与规范并重。2013年，在保监会的批准下，中国第一家互联网保险公司成立，互联网保险进入快速发展期。2015 年，保监会又相继发放了三张互联网保险牌照，为互联网保险行业的发展不断纳入新的主体。二是业务创新。在有效控制风险的前提下，监管机构支持行业运用互联网技术创新产品、服务和模式。在理赔方面，2015 年颁布的《保险小额理赔服务指引（试行)》鼓励行业利用新技术，完善线上理赔各环节功能，加强线上和线下协同，加快推进理赔智能化建设，提高保险小额理赔自动化处理比例，提升处理效率。在渠道创新方面，在《中国保监会关于深化保险中介市场改革的意见》中，监管机构也鼓励保险中介利用互联网技术，积极发展"互联网＋中介"模式，借助互联网开发新的业务平台，推进保险销售多元化发展。三是监管创新。在 2015 年发布的《中国保监会关于深化保险中介市场改革的意见》中，保监会提出，监管也应该利用科技提升监管手段，运用大数据、云计算等技术手段，开发运用新型监管信息平台，希望形成监管部门与行业机构、从业人员的有效对接，并通过平台实现机构人员统一、交易实时清晰、监管及时有效、服务公开透明的目的。

随着互联网及相关技术在行业中的广泛应用、互联网保险行业的快速发展和参与主体的不断增多，各类问题也逐渐出现。监管机构坚持线上和线下监管一致的原则，重点关注与用户密切相关的各类服务规范、信息披露以及互联网风险端的管理问题。在信息披露方面，针对互联网上出现的信息不实问题，监管机构严格要求保险机构在开展互联网保险业务时不得进行误导性宣传，并对其公司信息、合同订立形式、业务流程各环节进行明确要求，同时对网上销售的保险产品进行了严格的明文规定。在主体规范方面，为了全面管理和防范互联网保险业务的风险，监管机构不仅针对保险机构，而且针对销售保险的第三方网络平台进行了明确规范，对从参与互联网保险业务相关机构的职责定位、产品管理、保费收取、交易记录、客户服务、信息安全、异常处理、反洗钱以及相关费用结算与支付等方面的具体经营规则到保险机构和第三方网络平台的禁止性行为及退出管理要求，都进行了具体规定。在风险防范方面，针对互联网信息安全风险，监管机构要求保险机构通过加强信息安全管理，确保网络交易数据信息安全。同时，监管机构要求保险机构重视互联网保险的风险，尤其要针对互联网对于风险聚集和扩散的可能性，采取严防风险的措施。在消费者保护方面，针对互联网保险风险隐蔽的问题，监管机构陆续发布了互联网保险风险提示文件，如《关于防范互联网伪保险产品的风险提示》，加大对消费者的保护力度，提醒广大保险消费者更好地维护自身合法权益。

三、对保险科技未来发展的展望

随着各种新兴技术的快速迭代和发展，保险科技领域也发生了深刻的变化，不断呈现一些新特征、新趋势。一是保险科技不断向生活化领域深度渗透，基于使用量和特定行为的个性化微型保险需求日益旺盛；二是保险销售主导的时代终结，基于科技驱动的客户体验时代来临，自主消费成为大势；三是基于科技和智能技术的自动化整体保险顾问和自助式服务工具将深刻改变保险服务新模式，且更加经济、简便、高效、透明；四是在实时数据捕捉和监控、粒级风险量化等技术的有效支撑下，保险精算将逐步跨入针对不同个体精准定价的新阶段。总体来看，保险科技在保险领域的应用深度、广度以及取得的成效远远超出了行业内外的预期，科技创新将给保险行业带来新的期待、新的格局、新的挑战。

（1）推进行业平台建设，强化发展底层支撑。保险科技在保险行业具有成效的落地实践基本属于融合性创新，是技术创新、行业推动、企业探索的共同结果。从这个层面来看，保险科技未来良好发展前景的实现，离不开保险行业平台和基础服务设施的同步提升。一是加快推进行业系统平台建设工作，打破数据壁垒，促进行业数据与信息融合共享，降低基础风险数据的获取成本，提升行业数据的使用效能和价值；二是加强行业风险资源整合，夯实行业风险防控基础，建立行业风险联防机制，加强数据、平台与资源共享，推动行业整体风控能力提升，有效防范输入式风险与职业性保险欺诈，严防系统性风险的发生；三是加强与外部行业和机构的融合协作，突破行业边界，加强跨行业、跨领域的沟通协作，增强合作共识，互融互促，共创保险产业新生态；四是充分发挥行业内部协同效应，培育良好的行业创新文化，整合资源，引导和鼓励实质性创新，防止盲目跟风和重复建设，避免资源浪费，有效提升行业资源的使用效率，切实推动保险行业向高质量发展转型。

（2）加强安全风险防范，切实推动消费者权益保护。在以客户为主导的移动互联时代，围绕用户需求与用户信息价值的挖掘被提升至前所未有的高度。同时，用户的个人信息安全和隐私也受到前所未有的威胁，对此行业及有关部门需要充分重视并制定有针对性的具体措施。一是要加快个人信息安全隐私方面的立法，确立个人在自身相关信息数据方面的合法权利，对相关机构与平台将用户相关数据和信息用于商业领域的行为进行立法规范，合理维护广大消费者的“数权”和个人隐私不受侵犯，使个人的数据安全不受威胁；二是完善信息披露机制，对保险创新业务中关于消费者相关信息数据的使用状况及需要告知消费者的相关事项进行明示和披露，有效弱化或消除信息不对称，改变科技平台与消费者个体之间的不平衡地位，给予消费者更多自主选择的权利和空间；三是加强行业信息安全管控，建立信息安全巡查和预警机制，对于平台运营、信息传输等过程中可能出现的风险隐患及时进行排查和整改，严防用户信息泄露或被盗，切实维护广大消费者的信息安全；四是建立消费者关于个人信息安全争议的处理机制，打通消费者的信息安全维权通道，确保消费者权益得到有效保障。

（3）创新监管机制，提升监管水平。保险科技的良性发展离不开有效监管，监管机构需要在鼓励创新与防范风险之间保持动态平衡。一是坚持功能性监管与统一性监管原则，将是否发挥保险核心功能作为保险科技的监管边界，同时，与传统保险的严格准入监管保持一致，防止形成技术套利与监管盲区；二是推动完善保险科技监管规则和体系，研究制定保险科技监管框架，明确监管目标、原则和风险防范指引，建章立制，有效指引保险科技发展，确保保险创新回归本源，守住不发生系统性风险的底线；三是善用监管科技，细化监管颗粒度，提升监管工作的有效性，创新监管工作机制，有效借鉴“创新加速器”“监管沙盒”等监管措施，推动监管工作与时俱进，不断提升监管效能，规范和引导市场实现良性、持续发展。

延伸阅读

我国第一家获得互联网保险牌照的保险公司——众安在线财产保险股份有限公司

本章小结

保险业作为最早与互联网接触的行业之一，在科技创新驱动的不断作用下，迅速衍生出保险科技，改变了保险行业传统上以销售为主导的模式，进入以客户体验为中心的新时代，通过全流程、多渠道、多险种的科技渗透，不断提升保险服务于客户的专业性和便捷性。随之产生的新的客户需求的满足和问题的解决，也是保险科技需要不断努力的方向。本章主要介绍了互联网保险的萌芽和发展过程，以及保险科技所面临的现状，探讨了互联网保险及保险科技未来的发展方向。

关键术语

互联网保险、保险科技、客户体验、风险与监管

思考题

1. 从传统保险业到保险科技的发展历程是怎样的？
2. 科技与保险业结合的创新点有哪些？
3. 保险科技目前面临的问题是什么？
4. 如何进一步完善对保险科技的监管？

第九章
大数据征信

教学目标

1. 了解国内外征信行业概况；
2. 掌握大数据征信所需的技术支持；
3. 了解大数据征信的发展趋势。

引言

征信一词取自《左传·昭公八年》中的“君子之言，信而有征”，现在是指专业化的、独立的第三方机构为个人或企业建立信用档案，依法采集、加工、整理、保存其信用信息，并依法对外提供信用信息服务的一种活动。如今，征信业已成为企业、个人与金融机构进行借贷沟通的桥梁，能够有效缓解借贷双方之间的信息不对称问题，降低不良贷款率。

在大数据时代，征信行业正式迈入全面量化分析阶段，征信数据呈现高维度、非结构化特征，征信模型更加复杂多样，有助于更加真实地反映用户的信用状况，控制信用风险，完善社会征信体系。金融科技的兴起使大数据征信逐渐深化，私营征信机构通过对海量的、分散的、多样化的数据进行快速搜集、分析和挖掘，运用多种机器学习、深度学习算法预测信用主体的还款意愿和还款能力，形成多种多样的征信产品，使征信行业发生了巨大而深远的变革。

第一节　大数据征信概述

一、大数据征信的概念

从本质上说，征信是根据企业和个人的行为记录，通过模型去预测其未来的信用情况，征信机构作为征信体系中的重要组成部分，在信用社会中发挥着至关重要的作用。过去，征信机构对于企业和个人信息的搜集比较困难，搜集到的信息也比较有限。近几年，以中国人民银行为代表的征信机构也在研究征信机构的含义，并根据国情探讨适合我国经济发展的征信机构组织形式，同时借鉴国外征信机构的发展经验，寻求适合我国征信体系发展的新模式。

大数据征信是指通过对海量的、多样化的、实时的、有价值的数据进行采集、整理、分析和挖掘，并运用大数据技术重新设计征信评价模型算法，多维度刻画信用主体的“画像”，向信息使用者呈现信用主体的违约率和信用状况。随着信息技术的发展，尤其是随着互联网和大数据的普及，数据积累的数量和质量都有了飞跃。大数据技术推动数据统计模型不断完善，深层次挖掘征信数据，未来还能通过数据分析和模型进行风险评估，依据评估分数，预测还款人的还款能力、还款意愿以及欺诈风险，更加科学地反映用户的信用状况。

二、大数据征信的主要特征

从表面上看，大数据征信和传统征信似乎只是数据的获取渠道不同，前者的数据主要来自互联网渠道，后者的数据主要来自传统线下渠道，但是二者存在较大的差异。大数据征信创新主要表现在覆盖人群广泛、信息维度多元、应用场景丰富及信用评估全面四个方面，它也因此降低了征信成本，提高了征信效率。

（一）覆盖人群广泛

传统征信主要覆盖在持牌金融机构有信用记录的人群。大数据征信通过大数据技术捕获传统征信没有覆盖的人群，利用互联网留痕协助判断信用，满足 P2P 网络借贷、第三方支付及互联网保险等互联网金融新业态身份识别、反欺诈、信用评估等多方面的征信需求。

（二）信息维度多元

在互联网时代，大数据征信的信息数据来源更广泛，种类更多样。大数据征信数据不再局限于金融机构、政府机构以及电信提供的个人基本信息、账单信息、信贷记录、逾期记录等，还引入互联网行为轨迹记录、社交和客户评价等数据。例如，借款人的房租缴纳记录、网购记录、水电费缴纳记录甚至住址搬迁记录都可以作为大数据征信的数据来源。这些数据在一定程度上可以反映信息主体的行为习惯、消费偏好以及社会关系，有利于全面评估信息主体的信用风险。

（三）应用场景丰富

传统征信主要采集贷款数据、信用卡数据等历史记录，通过数据整合分析得出征信报告，仅能覆盖与银行发生过信贷关系的群体。但是，大数据征信采用新的信用评估体系，数据主要来源于互联网，也就是说，大数据征信将不再单纯地用于经济金融活动，还可将应用场景从经济金融领域扩大到日常生活的方方面面，如租房、租车、预订酒店、签证、婚恋、求职就业、保险办理等各种需要信用履约的生活场景，在市场营销支持、反欺诈、贷后风险监测与预警和账款催收等方面具有良好的应用表现。

（四）信用评估全面

大数据征信的信用评估模型不仅关注信用主体历史信息的深度挖掘，更看重信用主体实时、动态、交互的信息，以信用主体行为轨迹的研究为基础，在一定程度上可以精准预测其履约意愿、履约能力和履约稳定性。此外，大数据征信运用大数据技术，在综合传统建模技术的基础上采用机器学习建模技术，从多个评估维度评价信用主体的信用状况。

三、大数据征信的程序与技术应用

（一）大数据征信的程序

1. 制订数据采集计划

征信机构从客户的实际需求出发，确定所需采集的数据种类。例如，一家银行在决定是否对某企业发放短期贷款时，会重点关注该企业的历史信贷记录、资金周转情况，按需采集企业基本概况、历史信贷记录、财务状况等信息。

2. 采集数据

数据一般来源于已公开信息、征信机构内部存档资料、授信机构等专业机构提供的信息、被征信人主动提供的信息、征信机构正面或侧面了解到的信息。出于采集数据真实性和全面性的考虑，征信机构可通过多种途径采集信息，但要兼顾数据的可用性和规模，在适度的范围内采集合适的数据。

3. 数据分析

数据查证保证了征信产品的真实性：一是查数据的真实性；二是查数据来源的可信度；三是查缺失的数据。信用评分运用先进的数据挖掘技术和统计分析方法，通过对个人的基本概况、信用历史记录、行为记录、交易记录等大量数据进行系统的分析，挖掘数据中蕴含的行为模式和信用特征，以信用评分的形式对个人未来的某种信用表现做出综合评估。

信用评分模型有各种类型，能够预测未来不同的信用表现；在对征信数据进行分析时，还可以借助统计分析方法对征信数据进行全方位分析，并将分析获得的综合信息用于不同的目的，使用的统计方法主要有关联分析、分类分析、预测分析、时间序列分析、神经网络分析等。

4. 形成信用报告

征信机构完成数据采集后，根据收集到的数据和分析结果加以综合整理，最终形成信用报告，报告要遵守客观性、全面性、隐私和商业秘密保护等原则。

（二）大数据征信的技术实现

传统的个人征信技术是建立在丰富的信贷记录基础上的，因此传统的个人征信技术目前无法解决大多数中国人的个人征信问题。

大数据征信的兴起离不开技术的支持。大数据和云计算技术的进步为大数据征信的发展提供了支持和便利，人工智能算法模型为全面刻画用户违约概率和信用状况提供了有力补充。一方面，随着“互联网＋”的发展，老百姓的衣食住行、社会交往与互联网趋于紧密结合，互联网上产生、沉淀了大量与个人征信相关的数据。借助大数据抓取和挖掘技术、云计算技术，这些数据的采集、记录、储存和分析变得更加容易。另一方面，以机器学习为代表的人工智能技术相继被采用，不仅可以分析、归纳和汇总各种渠道获取的结构化数据和非结构化数据，还可以设计多种预测模型（欺诈模型、身份验证模型、还款意愿模型和稳定性模型等）来预测信用主体的履约意愿和履约能力，减少违约风险和坏账率。

征信大数据链的相关方包括上游的数据生产者、中游的征信机构及下游的征信信息使用者。大数据征信是基于大量网络行为数据，以此刻画个人信用画像，运用大数据、人工智能等技术建立金融风控模型，有效甄别高风险交易，智能感知异常交易，实现风险早识别、早预警、早处置，提升金融风险技防能力，很好地弥补了个人信用记录缺乏的问题，是“金融＋科技”成果的显著体现。

1. 上游的征信大数据生产者

大数据征信的数据来源比传统征信数据更加广泛，除了来自金融机构和政府部门的数据外，还有基于互联网的交易和社交信息等。目前与征信相关的大数据来源可以分为四大类。

（1）信用交易数据生产者。

我国金融服务机构大体可以分为三类：金融机构、类金融机构和互联网金融机构。这三类机构构成了我国的金融服务体系。信用交易数据来源于征信对象通过金融服务机构从事金融活动时所产生的数据。

（2）商品和服务交易数据以及行为数据生产者。

电商、金融、娱乐、旅游等行业的一些企业，以及水、电、气、通信、教育、医疗等公用服务机构，利用自有的工作机制和网络平台，收集客户买卖商品和服务过程中的基本信息、交易信息和社交行为信息，并对这些数据进行有序加工整理，形成数据库。

由于不同企业和服务机构处于竞争状态，彼此力争形成自己所谓的“闭环”，将信息与他人分享的内在动力不足，所以这类信息也主要是企业和服务机构自身的客户信息。

（3）政府公开信息和公共服务信息的数据生产者。

政府公开信息主要是企业工商注册的信息，包括行政司法机关掌握的企业和个人在接受行政管理、履行法定义务过程中形成的信息。公共服务信息主要包含工会服务信息、社区服务信息以及各类信用信息平台的公开信息等。

（4）通过技术手段爬取或通过非常渠道获得的其他各种领域的数据。

对于很多企业来说，自身数据积累相对有限，因此会通过技术手段，如网络爬虫技术从互联网渠道爬取数据。同时，科技企业还通过客户活动积累了大量数据，此类数据的种类多样，包含各种行业的数据以及企业和个人的信息。

综上，可以发现征信数据的来源渠道多样，而且数据种类和数据结构也非常复杂。

从征信数据的数据种类来说，既有金融交易数据、市场交易数据，也有不少社交行为数据；从征信数据的渠道来源来说，既有来自政府的公开信息，也有从市场采集的信息；从征信数据的数据结构来说，既有以银行信用数据为主的结构化数据，也有以图像、文本、视频为主的非结构化数据。

2. 中游征信机构的数据加工

积累了一定的征信数据之后即可对信息进行检索过滤，即将积累的数据进行分类检索和过滤筛选，使之变成有价值的信息；然后，再对信息进行深度挖掘，从数据中挖掘出价值大、代表性强、预测能力强的信息；最后，根据大数据挖掘出的重要信息进行智慧决策，即对未来的事件进行风险预测，从而采取相应的措施来防范风险。由此可见，征信大数据应用实施的演变过程就是把大量没有关联关系的数据通过一些技术手段转变成有用的信息，最终形成决策，从而有效防范风险。

不过，由于与征信相关的信息的数据采集渠道广泛、数据来源不可追溯、数据结构复杂，所以针对不同数据的不同特点，也要选取不同的处理方法。征信大数据分析技术包括离线数据处理、实时数据处理和数据分析技术等。

（1）离线数据处理引擎——Hadoop。

Hadoop 是一个由 Apache 基金会开发的分布式系统基础架构。Hadoop 的并行计算框架 MapReduce 可以对离线数据进行简单的并行计算处理。Hadoop 适合处理几百 TB 这个级别的数据量，并且适用于一次写入、多次读取的场景，也就是数据复制进去之后，长时间对这些数据进行分析，从而实现了对离线数据进行长时间处理的功能。目前 Hadoop 主要可以用于用户行为分析、广告效果分析、产品设计分析、商业智能分析、报表统计等。

（2）实时数据处理引擎——Spark。

Spark 是专为大规模数据处理而设计的快速通用的计算引擎，虽然它有与 Hadoop 相似的开源集群计算环境，但是它在某些工作负载方面表现得更加优越，不仅优化了迭代工作负载，而且内存计算速度比 Hadoop 快 100 倍。构建在 Spark 上的用于处理实时数据的 Stream 的框架，其基本的原理是将实时数据分成小的时间片段（几秒），以批量处理的方式来处理这一小部分数据，从而实现了实时计算与处理数据流的功能。

（3）数据分析技术——Python。

Python 是一种跨平台的计算机程序设计语言，是一个高层次的结合了解释性、编译性、互动性和面向对象的脚本语言。它最初被设计用于编写自动化脚本（Shell），随着版本的不断更新和语言新功能的添加，越来越多地被用于独立的大型项目的开发。征信大数据应用 Python 软件强大的数据分析技术，通过多种机器学习和深度学习方法，除了可以用于预测信息主体的信用状况外，还可以用于输出模型重要性特征排序，为模型预测与优化提供重要参考依据。

当然，用于数据挖掘与分析的软件还有很多，这里不再一一介绍。对于不同软件的选取与使用原则，一是要考虑数据挖掘与分析项目的需求与要实现的功能，二是要结合数据分析师的分析理念和日常习惯。

3. 下游的征信信息使用者对数据征信产品的使用

在金融领域，常用的数据征信产品有银行评级及其他评级报告、专项评价报告、信用咨询类服务、企业征信服务、金融机构服务等。该领域的产品主要是为从事金融活动的相关方提供的，例如担保机构、小贷公司、保理公司、融资租赁公司等，旨在帮助金融活动的相关方收集被调查对象的真实、有效的数据信息，经过征信机构判断、评价、分析后，甄别与防范在从事金融活动的过程中可能发生的各种风险。

在政府领域，常用的数据征信产品有评级或评价报告、筹建咨询报告、征信调查服务、信用体系建设咨询等。该领域的产品主要服务于政府部门、行业协会等，不同产品对应政府相关部门的不同需求。例如，社会信用体系建设咨询产品是征信机构结合信息化的技术手段为地方或行业社会信用体系主管部门提供规划编制、平台建设、体系设计等服务。

在商业或商务领域，常用的数据征信产品有评级或评价报告、投融资咨询报告、征信评价报告、供应链管理服务、系统开发等。该类产品是针对商业发展或商务合作开展的大数据征信服务。

公共领域常用的数据征信产品有：PPP（政府和社会资本合作）咨询、社会信用产品应用咨询、社会责任报告、大数据排名等。该类产品应用于针对社会公众所提供的大数据征信服务。

在个人领域，常用的数据征信产品有个人征信、个人贷款风险预测等。该类产品应用于针对个人所提供的大数据征信服务。

四、大数据征信的主要模式及范例

（一）汉得信息的供应链金融业务

汉得信息通过云的形式为小微企业提供低成本的信息化服务，获得小微企业的流水数据，包括采购、销售、存货、总账、报表等各项数据，掌握企业的经营信息和征信情况，为企业贷款提供数据验证，有针对性地开拓小微企业金融业务。2015 年 6 月 29 日，汉得信息与平安银行就供应链金融签署战略合作协议，汉得信息主要负责甄别企业经营数据的准确性，平安银行的保理云平台将与汉得信息的供应链金融平台进行对接，涵盖从申请到还款的全流程，平安银行的橙 e 网为融资企业提供支付结算、财富投资、增值保障等其他金融服务。

（二）京东的供应链金融服务

2012 年 11 月，京东商城正式发布供应链金融服务平台，针对数以万计的供应商提供包括应收账款融资、订单融资、委托贷款融资、协同投资、信托计划等在内的金融服务。同时，京东与中国银行北京市分行签署战略合作协议，后者为其提供贷款融资额度。供应商提出融资申请后，京东供应链金融平台将结合商城供应商的评价系统、结算系统、票据处理系统、网上银行及银企互联等电子渠道的数据分析供应商的信用情况，核准后递交银行，再由银行给予放款。京东的供应链金融服务可以显著提高供应商的资金运营效率。

(三) 中国-东盟跨境征信服务平台

我国与东盟贸易往来日益深入，截至 2024 年，东盟已连续 5 年蝉联中国最大贸易伙伴。伴随跨境企业合作不断增加，企业对跨境伙伴的信用信息需求日渐增长。但同时，市场上沉淀的大量企业信用数据资源尚待开发利用，金融机构难以了解企业信用全貌。面对困境，广西出台系列政策，支持引导广西联合征信有限公司建设运营中国-东盟跨境征信服务平台，以场景为依托、大数据为基础、人工智能为手段解决征信服务供给与金融投放、企业经营信息需求不匹配的难题。

一是重视数据价值挖掘。平台通过合规数据采集技术和数据生态合作，合法地归集、整合、治理、分析境内多元涉企信用数据，构建企业发票、零售商户、电力、“三农”、航运等企业特色信用模型，对现有数据进行整理利用，将散落的数据资源转化为信用资产。

二是开发全生命周期产品体系。平台与金融机构共创发票贷、商户贷、电力贷等多个数字金融标杆产品；开发贷前准入核查、贷中大数据风控、贷后信用风险追踪的金融业务全生命周期风控产品。

三是打造个性定制产品供给。平台对企业数据进行深度挖掘和对行业数据进行纵向对比分析，打造 360 度企业全息画像，在为用户提供客群特征分析、存客挖潜及增量拓新的精细化数字营销服务的同时，打造云化信用风险预警平台，帮助用户快速建立本地化、自定义风控模型及动态化风控体系，实现对交易风险的高效预警和精准识别。

平台持续与国际资深信用集团及东盟国家本土信用机构开展跨境征信常态化合作，支持全球 230 多个国家和地区超过 2 亿家企业（含东盟 10 国 787 万家企业）信用报告的在线查询，便利海外信息“流进来”，为 11 家境内银行派出机构、5 家外资银行境内机构及崇左、防城港、百色等沿边城市的企业服务。截至 2024 年 9 月中旬，平台已服务全国 78 家头部金融机构、类金融机构和科技公司，信用报告累计申请查询次数超过 1.027 亿次，辐射全国小微企业客户超过 765 万户。同时，平台在国际征信市场积极尝试在数据标准和征信体系建设标准方面输出中国方案。2024 年 8 月，首个以我国技术路线作为主要架构的海外国家级信用信息平台——老挝企业信用信息平台老挝万象正式上线发布，实现老挝本土 5.85 万家企业的报告查询及中国境内企业报告的在线验真。

第二节　国内外征信业发展概况

一、我国征信体系发展历程

从历史发展的角度来看，从 1932 年第一家征信机构中华征信所诞生算起，我国征信业已经有了 90 多年的历史。不过其真正意义上的发展，还得从改革开放之后算起。

改革开放 40 多年来，我国征信业逐步走向规范化，并已初具规模。特别是加入世贸组织后，国内外企业之间的经济交往愈来愈频繁。为了规避外贸风险，了解交易对象的信用状况，我国必须根据以往对外经贸往来中的交易记录来判断交易的可行性，规避系统性风险，这也加速了我国早期征信机构的产生。与此同时，国际知名征信机构进入我国市场，为我国征信业的发展提供了宝贵的经验和先进的技术，进一步推动了本土征信机构与外资征信服务机构的交流与合作。

20 世纪 80 年代后期，为适应企业债券的发行和管理，中国人民银行批准成立了第一家信用评级公司远东资信评估有限公司。同时，为满足涉外商贸往来中的企业征信信息需求，对外经济贸易部计算中心和国际企业征信机构邓白氏（Dun & Bradstreet）公司合作，相互提供中国和外国企业的信用报告。1993 年，专门从事企业征信业务的新华信国际信息咨询有限公司开始正式对外提供服务。此后，一批专业信用调查中介机构相继出现，征信业的雏形初步显现。

20 世纪 90 年代，四家国有银行开始从专业银行转变为商业银行，经营以市场为导向的业务，客户群体日益多样化。同时，国内相继成立了几家地方性银行与股份制银行，加剧了金融市场的竞争。2003 年以来，国家陆续实现国有商业银行的股份制改造，提高了银行的经营管理水平与风控能力，维护了金融稳定，并最大限度地发挥了金融在经济中的核心作用。金融体制改革催生了金融领域征信的产生。

2003 年，国务院赋予中国人民银行管理信贷征信业务、推动建立社会信用体系的职责，批准设立征信管理局。同年，上海、北京、广东等地率先启动区域社会征信业发展试点，一批地方性征信机构设立并得到迅速发展，部分信用评级机构开始开拓银行间债券市场信用评级等新的信用服务领域，国际知名信用评级机构先后进入中国市场。2004 年，中国人民银行建成全国集中统一的个人信用信息基础数据库；2005 年，银行信贷登记咨询系统升级为全国集中统一的企业信用信息基础数据库；2008 年，国务院将中国人民银行征信管理职责调整为管理征信业并牵头社会信用体系建设部际联席会议；2011 年，牵头单位中增加了国家发展和改革委员会；2013 年 3 月，《征信业管理条例》正式实施，明确了中国人民银行为征信业监督管理部门，征信业步入了有法可依的轨道。

2014 年 6 月，《社会信用体系建设规划纲要（2014—2020 年）》公布，政务诚信、商务诚信、社会诚信和司法诚信成为重点建设领域。经济快速发展和全社会信用意识增强带来了巨大的征信需求，我国征信业进入快速发展期。

现阶段，我国运用大数据从事征信活动的机构仅限于民营征信机构，主要从事个人征信业务。2015 年 1 月，央行授予芝麻信用等 8 家机构征信资格。芝麻信用是蚂蚁金服集团旗下的子公司，依托阿里巴巴集团旗下的电商数据、政府公共部门的数据、合作企业的数据等对用户的信用进行全面评估，并给出每名用户的相应芝麻分，分数越高，表明用户的信用越好。目前，基于芝麻信用的产品或服务主要有信用住、免押金出行、借物等。

2018 年 3 月 19 日，由中国互联网金融协会牵头，与上述 8 家征信机构联合设立的百行征信有限公司在深圳成立。百行征信是中国人民银行批准的唯一有个人征信业务牌照的市场化个人征信机构，专业从事个人信用信息搜集、整理、保存和对外提供信用报告、信用评分、反欺诈等各类征信服务。它的成立体现了“政府＋市场”双轮驱动的新型征信模式，是中国人民银行征信的有力补充，对我国普惠金融的实施和社会信用体系的建设影响深远。

2021年《征信业务管理办法》和2022年《中国银保监会关于加强商业银行互联网贷款业务管理提升金融服务质效的通知》陆续出台，明确规定金融机构不得与未取得合法征信业务资质的市场机构开展商业合作获取征信服务，征信业务的“断直连”由此展开。

2022年1月《征信业务管理办法》正式实施，这让金融机构、平台公司、助贷公司、数据服务商在业务流程和行业角色上面临巨变。2022年12月初，涉及13家从事金融业务的网络平台公司的个人信息“断直连”试点工作进入冲刺阶段。拥有数据源和充沛流量的互联网平台、助贷机构、传统第三方数据类服务商等的市场格局受到冲击，各方利益洗牌，市场地位重构。如一些互联网平台此前给银行输出数据类产品的征信业务受限，传统第三方数据公司因业务模式与征信机构交集多、定位相似度高，面临重新定位的挑战。

二、美国征信业概况

（一）发展历程

美国征信业经历了快速发展期、法律完善期、行业整合期及成熟拓展期四个阶段，从野蛮生长走向理性整合，形成了个人征信市场 Experian、Equifax、TransUnion 三足鼎立及企业征信市场邓白氏公司一家独大的局面。其中，消费需求的爆发是根本驱动力，应用场景的拓展、技术的进步和法律法规的完善则起到了关键性的推动作用。

快速发展期发端于20世纪20年代。在此阶段，信用卡的诞生以及居民消费支出的不断增加使得信贷需求日益膨胀，同时，受经济大萧条的影响，个人违约率不断上升，驱动征信市场快速发展。法律完善期始于20世纪60年代。在这个阶段，法律体系不断完善，美国政府陆续出台了《公平信用报告法》《公平债务催收作业法》《平等信用机会法》《诚实租借法》等十几部法律，为征信业的发展注入了强大动力。行业整合期始于20世纪80年代，在这一阶段，银行开始大规模整合和全国化进程，加上技术作用的推动，征信业步入整合期，机构数量由2 000家减至500家。2000年至今，美国征信市场逐步进入成熟拓展期。这一阶段的特点是专业化和全球化，各大征信机构开始积极进行海外布局，扩大市场，并致力于开发更多的征信应用。

（二）发展模式

美国作为一个高度市场化的国家，其征信业主要采取市场主导型征信模式。市场主导型征信模式是指由独立于政府的私营企业组成的征信机构，通过对个人、企业的信用信息进行收集、加工，然后提供给信息使用者，来获得报酬的征信模式。在市场主导型征信模式下，信息来源相对广泛，并为法律允许范围内的所有市场主体提供信用调查服务。政府会通过设立信用管理局来管理信用行业实务，制定相关法律并监督法律执行，但在市场主导型征信模式下政府不会直接参与征信活动。

从业务模式方面来看，美国的征信机构可分为三类——资本市场信用评估机构、商业市场评估机构和个人消费市场评估机构。资本市场信用评估机构的评估对象为股票、债券和大型基建项目；商业市场评估机构，也称企业征信服务公司，其评估对象为各类大中小企业；个人消费市场评估机构的评估对象为消费者个人。

在美国，征信机构均独立于政府和美联储，按照纯市场化的方式运作，并以营利为目的向市场提供信用信息产品和服务，政府和美联储仅扮演监管者的角色。除美国外，英国、加拿大等也采用市场主导型征信模式。

三、欧洲征信业概况

区别于美国的市场主导型征信模式，欧洲大部分国家的征信业则是采取政府主导型征信模式。这种模式一般是以中央银行建立的银行信贷登记系统为主体，征信机构多是由各国的中央银行或银行监管机构开设，一般由政府出资来建立中央信贷登记系统和全国数据库，并且不以营利为目的。中央银行征信体系主要收集企业信贷信息和个人信贷信息，央行可利用这些信息进行金融监管及执行货币政策，商业银行可利用这些信息防范贷款风险。

法国、德国、比利时、意大利、奥地利、葡萄牙、西班牙等国采用的都是典型的政府主导型征信模式。以德国为例，德国的征信体系以公共征信体系为主，以行业协会内部征信体系和私营征信体系两部分为辅，三者构成德国强有力的社会信用体系。其中公共征信体系主要对数据信息进行基本的收集、整理、保存、加工，是德国征信体系的重要数据来源，包括德意志联邦银行信贷登记中心系统和行政司法系统，前者供银行与金融机构内部使用，后者主要对外提供工商登记信息、地方法院债务人名、法院破产记录等信息查询服务。

在政府主导型征信模式下，信用数据由中央银行及其下属部门掌控，这有利于保护金融系统的信息安全，从而较大程度地保护个人隐私。只有被授权的央行职员或金融机构职员才能通过公共征信体系查询相关信息，其他任何人均不能在未得到授权的情况下通过该体系直接查询企业和个人信用状况。不过，与市场主导型征信模式相比，政府主导型模式下的信息范围要窄许多。例如，欧洲各国公共征信体系的数据主要包括企业和个人的借贷信息，但不包括诸如企业地址、业务范围、所有者名称等信息。

四、欧美征信业发展对我国征信业的启示

目前，我国的征信体系形成了以央行体系为主、民营体系为辅的格局。其中，央行体系是基础数据库，是国内征信体系的核心环节；民营体系则可以弥补央行体系的不足和缺陷，为征信市场的完善和活跃注入新动力。相比欧美征信业，目前我国征信业还存在以下“短板”：

第一，缺乏充分有效的数据基础。央行的征信数据主要是以银行信用数据为主的结构化数据，银行之间甚至政府部门内部呈现“信息孤岛”现象，导致数据来源少、准确

率低，在此基础上，难以通过合理建模形成全面、有效的征信评价体系。

第二，征信体系的覆盖广度和深度有限。由于征信机构获取数据的来源被看作征信机构的核心资源，所以各家机构把持各自的信息数据，使信息采集场景分裂，征信市场形成“信息孤岛”，数据来源十分混乱。同时，个人用户的信用评估相对简单，真实性很难考证，也正因为如此，我国的征信市场依然停留在数据资源抢夺战时期，而欧美国家征信机构已经开始利用数据建模评级、评分。

第三，信用管理不完善，相关的法律体系缺失。健全的信用体系需要完备的信用管理立法框架支撑。在我国，由于缺乏有效的征信体系，金融机构无法真正识别企业和个人的征信情况，无法为其提供全面的金融服务，这一点在个人用户和小微企业用户上体现得尤为明显。

借鉴欧美征信业的实践经验，我国征信业还应在以下几个方面做出改进：

1. 政府层面应当加强对征信业的管理

从国际经验看，政府对征信业的管理方式与该国信用管理法律体系的状况密切相关。法律法规完善，政府的直接管理职能就相对弱化，征信业的发展也比较规范；法律法规不健全，政府或央行的直接管理职能就更为重要，征信业的发展状况就更容易受政府行为的影响。我国征信业的发展历史较短，因此，还需要政府对该行业进行相应的监管。当前，需要确立央行是该行业的监管主体，改变长期以来我国征信业多头监管与无人监管并存的状况，以促进征信业的健康发展。

2. 征信机构应当着力实现与主要客户的信息共享

很多国家在征信业发展初期都遇到过信息采集方面的难题，我国征信机构目前同样面临着“信息孤岛”的局面。我们可以借鉴英国的信息采集模式，成立一个由征信机构和银行、保险公司、租赁公司、电信公司等主要信息提供者组成的理事会，以互利原则为基础，在法律允许的范围内，共同确定信息共享的方式、范围。在征信业发展初期，想获得所有信息提供者的支持是不现实的，不过可以先从最重要的信息提供者入手打通信息共享的渠道，再通过征信市场规模的较快扩张吸引更多的信息提供者加入。

3. 在法律和程序方面应当加强对消费者的保护

发达国家具有完善的征信法律制度保障，比如在系统建设、数据采集、数据使用等方面，美国和欧洲一些国家都有明确的征信法律制度，这些征信法律制度的建立保障了它们的信用管理体系的正常运转。一是有直接的征信管理法律规定。例如，美国有《公平征信法》《公平信用报告法》《公平贷款记录法》，英国有《数据保护法》，瑞典有《个人数据保护法》，法国有《消费法》等相应法规，意大利有《信贷委员会条例》《意大利私营机构处理消费者信用信息的行为准则》《信用信息系统与利益平衡的规定》等法律规定。二是有直接保护个人数据的法律。例如，为规范个人信用信息采集、加工和使用，保护个人隐私，英国、意大利先后出台了关于数据保护的法规，对信息的采集、使用等做出了明确规定。法国也出台了关于保护个人隐私的法律制度——1978 年的《信息、档案与自由法》。欧盟成员国立法受到 1998 年 10 月生效的《欧盟隐私保护指导意见》的影响，该部法律的立法宗旨和基本原则是在保护个人权利和开放数据之间取得平衡，统一和强化了欧盟成员国的隐私保护。

目前，我国的征信业正处于起步阶段，而国外的征信体系、征信机构都已经发展得较为成熟和健全。我们只有充分了解国外的征信机构建设模式，并结合我国自己的情况，才能建立适合的、高效的征信机构。通过借鉴美国、英国和欧洲国家的成功经验，我们认为，在指导建设征信机构的时候，应该以商业建设为主，并允许正面的数据采集，从法律和程序等客观条件方面加强对消费者的保护。只有这样，我们才能充分借鉴他人的成功经验，有效推动我国征信业快速发展。

第三节　大数据征信面临的机遇和挑战

一、大数据时代我国个人征信发展面临的机遇

（一）征信数据的来源广泛

与传统征信模式相比，大数据时代个人征信数据的来源广泛而多样。在大数据时代，利用互联网平台能够有效扩大征信对象的范围，横向增加征信数据，这是对目前央行征信体系很好的补充。就征信数据的内容而言，大数据征信采集的数据除传统个人征信依赖的信贷信息和部分公共信息外，还包括征信对象的消费、社交及网络行为等信息，其获取的数据具有海量性、实时性、结构复杂等特征，通过对数据进行深入挖掘，可以从多个维度对主体的信用状况进行综合评价，纵向提高征信数据的广泛性。

（二）征信市场的发展多元化

央行的个人征信系统基本覆盖全国的传统信贷市场，是我国个人征信体系的基础。但随着经济社会的发展，央行征信系统提供的产品与服务已不能满足某些企业的定制化产品需求，大数据时代的个人征信市场除了公共征信机构外，还要有民营的市场第三方征信机构作为有力补充。2015 年 8 家开展个人征信业务准备工作的机构名单的公布标志着我国个人征信市场打破了政府主导的局面，开始进入多元化的发展阶段。市场第三方征信机构重点服务于中下游市场。在这 8 家入选个人征信试点的机构中，既有以互联网企业为背景的，也有以金融机构和传统征信机构为背景的，各家机构依据各自的优势充分发挥自身特长。

我国征信行业目前形成“一人两行多机构”的竞争格局，由于无牌照的征信数据提供方被限制，个人征信信息供给远小于需求。随着“断直连”等政策的推动，未来预计还会有一定的数量的持牌征信公司获批。“一人两行”基于其先发优势将持续占据个人征信行业垄断地位，市场化个人征信机构的进入有望利用其大数据匹配、连接、处理以及整合方面的技术优势，提供各类场景化、多元化、深度化的增值服务。

2020 年 1 月 19 日，央行完成了二代征信系统的切换，面向社会公众和金融机构提供二代格式信用报告查询服务，新版报告采集信息将更细化、更全面、更精准，将展示更

多的个人信用记录。我国征信系统立足全国范围内个人和企业信贷信息全面共享应用，已成为世界上规模最大、覆盖人口最多、收集信贷信息种类最全的征信系统。

2020—2022 年，我国个人征信市场规模实现连续增长。据中国人民银行公布的数据，截至 2022 年 8 月末，个人征信系统共接入金融机构 4 081 家，收录自然人信息 11.5 亿人，我国个人征信业务日均提供查询 1 084.4 万次；企业征信业务日均提供查询服务 27.3 万次，个人征信业务日均查询量是企业的将近 40 倍。截至 2022 年底，个人征信业务新增接入机构就有 162 家、个人征信业务查询量达到 41.7 亿次，日均查询量 1 143.2 万次。

截至 2022 年末，我国当前广义个人征信业务市场规模约为 270 亿元，远期我国个人征信业务总市场空间约为 347 亿元。未来，随着行业的进一步开放，更多的机构会进入个人征信业，个人征信市场将会呈现更加多元化的发展。

（三）征信产品的应用场景多样化

与传统征信产品的种类和应用相比，大数据时代个人征信机构将会提供满足不同需求的多样化征信产品和服务，如各种评分、信用报告、反欺诈服务及其他增值服务等。随着信审效率的提高和用户体验的改善、征信业务执行方及授信模式的变化，征信产品的应用场景将会不断拓展。除金融领域外，个人征信产品还可用于租房、快速安检等多个生活场景。此外，还可以通过征信产品对客户进行行为研究、精准营销、画像等拓展性应用。以芝麻信用为例，其将客户的信用历史、行为偏好、履约能力、身份特质及人脉关系信息进行加工、整理、计算后得出信用评分，即芝麻分，分数越高代表信用越好，可应用的场景越丰富。目前芝麻分已经能够在购物、金融、出行、住宿等多个场景中应用。

二、大数据时代我国个人征信发展面临的挑战

（一）“信息孤岛”现象难以消除

据统计，我国的各级政府部门掌握着全社会 80%的信息资源，政府掌握的政务信息在最大范围内的开放与共享是信用制度发展的关键所在。征信机构能够快速、真实、完整、连续、合法、公开地获得用于完成企业信用调查报告和个人信用调查报告的数据，是保障信用体系健康发展的基础，但长期以来，掌握社会信息资源的各部门系统间呈现出部门控制、条块分割、相互封锁的状况，不同职能部门间因利益关系缺乏有效的共享机制，形成了严重的“信息孤岛”现象，阻碍了信用信息的互联互通。

（二）专业技术人才匮乏

征信专业技术人才严重不足造成了征信业发展供血不足。征信业是知识和技术含量很高的行业，例如，信用评级涉及不同的业务品种、行业背景和法律环境，需要大量熟悉不同行业的高素质人才。而我国征信从业人员总体偏少，理解大数据并能够利用大数据进行创新的征信业高级专业技术人才更为稀缺，人才培养的长期机制尚未建立，大数

据征信的信用理念也仅处于萌芽状态。此外，大部分征信机构处于亏损状态，经营十分艰难，难以吸引到大量的优秀人才。

（三）信息安全面临考验

随着数据量的剧增和数据的云端集中，数据的安全性面临巨大挑战，制约着征信业的发展，尤其是在目前技术尚未成熟的时期。新技术的发展使信息的获取更加方便、存储的时间更久，同时数据搜索也更容易，在云端长久储存并汇集的数据都可能成为被攻击的目标，配置或者软件的错误都有可能意外地被其他用户访问，数据的分布式处理也加大了数据泄露的风险。用户在不同场合不同情形下发布或留下的部分个人信息，存在因黑客攻击、网络病毒而导致信息被非法访问、盗取和篡改的风险。同时，如果将数据库防护网托付给技术不成熟的云计算服务商，那么数据丢失、病毒入侵等问题就更加严峻。征信业务本身就要求对征信信息进行严密的防护，大数据同样需要攻克数据安全难题，云端基础设施共享需要更高水平的安全机制保障，因此，保障数据安全需要在核心技术层面付出努力，大数据时代的征信业务发展需要在保护数据和高效利用技术之间找到平衡点。

（四）法律保障力度不足

目前，我国与征信相关的保护企业商业秘密和公民个人隐私的法律法规体系尚不完善。尽管已出台《征信业管理条例》，解决了征信业发展过程中无法可依的窘境，但其向上缺少更高层次的法律支撑，向下缺少具体配套的规章制度，对于征信机构和征信业务也缺乏必要的监管手段，使得征信机构在业务开展过程中步履维艰。尤其是在大数据与互联网时代，一些新出现的征信活动还缺乏具有针对性的法规约束，使得征信机构在保护商业秘密和个人隐私以及产品研发之间面临两难选择。而且，当企业的商业秘密或个人的隐私受到侵害时，由于缺乏相应的司法救济，企业和个人的合法权益得不到有力保障。未来，中国人民银行未来或将出台《个人金融信息保护暂行办法》，对信用服务行业、大数据市场的信息使用规范提出更为明确的要求，加强个人信息在金融经济活动中依法合规使用的规范力度。

第四节　大数据征信的发展趋势

一、多样化的信息采集主体

除目前的征信机构外，互联网企业和金融机构也将进军征信业，建立新型的征信机构。一种是电商企业组建的征信机构。例如，百行征信建成了涵盖数十万家企业的信用信息数据库，通过大数据分析开展了网络联保贷款、小额贷款等多项增值业务，具备成立专业征信机构的基础和实力。另一种是金融机构成立的征信机构。例如，中国平安集团通过采集 P2P 借款信息、银行信贷记录以及车险违章等信用信息，成为专门挖掘金融数据的征信机构。此外，随着互联网金融的兴起，一些成熟的第三方网络借贷平台将转型成为行业征信主体，利用大数据技术提供征信服务。

二、全局性的信息采集内容

在大数据时代，信用信息征集范围将不断扩大，既有从电子商务等平台采集的非银行信用信息，也有从政府部门和事业单位采集的社会公共信息。传统的社会征信机构将利用互联网技术扩大信息征集范围，除了企业和个人的基本信息外，更加注重对非银行信息的采集。同时，阿里巴巴、腾讯等互联网企业依托电子商务、社交网络和搜索引擎等技术工具，利用大数据技术分析海量的网络信用数据，形成能够真实反映企业和个人信用状况的数据档案。各级政府部门也将以电子政务工程为基础，将分散在各部门的社会公共信息加以整合，依托互联网实现各级政府及其主要职能部门所掌握的信用信息的互联互通。

三、深层次的信息加工

随着对大数据与云计算技术的应用，基于大数据拓展应用服务的企业逐渐崭露头角。它们对各种结构性与非结构性的海量数据应用集成技术进行信息集成，实现不同业务系统之间和异构数据库之间的互联互通。利用大数据技术从大量信用信息数据库中提取用于信用评价的关键性数据，此谓数据的一次挖掘。在此基础上，将这些关键性的数据信息与征信专业知识相结合，用于开发新的征信产品与服务，实现对数据的二次挖掘。这些信息成为信用评价的重要参考依据。

四、广泛的信息应用范围

云计算和数据挖掘等技术的进步，将推动传统征信服务升级并扩大信用信息的应用范围：一方面，可以拓展到金融领域的其他授信公司、担保公司、保险公司、房地产公司等；另一方面，诸如信用风险管理类、营销类以及反欺诈类等高端的征信产品和服务也将被逐步开发并应用。例如，民生银行利用逻辑回归与决策树分类技术构建客户流失预测模型以预测客户流失的可能性。广东发展银行通过对个人或企业的行为、消费模式和还款数据进行跟踪和监控，建立相应的数据挖掘模型并根据模型结果调整信用评价。

延伸阅读

中银金科数据智能化风控平台

本章小结

本章首先介绍了大数据征信的概念和主要特征；接下来详细介绍了大数据征信所需要的理论基础与技术实现；然后梳理了国内外征信业的发展历程，并总结了国外征信体系的经验；最后客观评价了我国发展大数据征信所面临的机遇和挑战，并展望了我国大数据征信未来的发展趋势。

关键术语

大数据、征信机构、数据挖掘

思考题

1. 金融科技企业如何控制不良资产率？
2. 数据挖掘技术可以完全替代传统征信模式对客户进行信用评估吗？为什么？
3. 在大数据征信中，数据的加工过程是怎样的？
4. 在大数据信用评估过程中，对丢失数据如何处理？为什么要这样处理？
5. 在信用评估过程中，应当从哪些维度来评判一个模型是否优于其他模型？

第十章
智能投顾

教学目标

1. 了解智能投顾兴起的背景；
2. 掌握智能投顾的定义、理论基础、收益原理和主要模式；
3. 了解智能投顾的发展状况；
4. 熟悉智能投顾的优势和劣势；
5. 了解智能投顾的发展趋势；
6. 分析案例，了解智能投顾公司的运营模式。

引言

近年来，随着科技的发展，传统的金融服务模式也逐渐发生了变化。一些非金融机构利用其科技优势，采用创新的服务模式，开始逐渐取代传统金融机构的业务，诸如支付、融资、投资管理等。在2008年国际金融危机爆发后，各国政府纷纷加大了对金融机构的监管力度。但是，非金融业的科技公司因不受相关法律规则限制，反而得以专注于消费者的需求，创新金融服务。这些科技公司可以为消费者提供费用更低、效率更高的服务，给传统的金融服务机构甚至整个金融业带来了挑战。其中，传统的投资顾问领域，也因科技的发展走向智能化。对于客户原本的理财需求，其服务流程被重新拆解并实现自动化，过去必须由人工提供的投资顾问服务，如今可以通过先进的算法来完成。智能投顾的出现使投资建议及财富管理的门槛降低，因此进入智能投顾市场的公司越来越多。当投资顾问与人工智能结合时，会产生什么化学反应呢?本章将详细介绍智能投顾的前世今生、运行模式，并对国内外智能投顾市场进行分析。相信学习完本章，读者会对智能投顾有一个较为全面的认识。

第一节　智能投顾的起源和定义

一、智能投顾兴起的背景

智能投顾，顾名思义就是智能＋投顾。智能投顾是在传统的投顾基础上发展起来的。

随着互联网时代的到来和以人工智能、大数据为代表的科技的迅速发展，原有的投顾模式已不能满足人民日益增长的需要，智能投顾在这种背景下应运而生。

（一）互联网思维的形成

在过去的几十年，中国互联网从无到有、由弱到强，深刻改变着人们的生活。在习近平新时代中国特色社会主义思想特别是网络强国重要思想的指引下，我国的互联网事业取得了历史性成就。根据中国互联网络信息中心发布的数据，中国的网民数量从2009年6月的3.38亿增长至2024年6月的近11亿，互联网普及率高达78%。智能手机的出现，更是推动了移动互联网的发展。现在，越来越多的人通过手机上网。2012年6月，有3.88亿网民通过手机上网，占全部网民的72%。截至2024年6月，我国手机网民规模为10.96亿，使用手机上网的比例为99.7%。随着我国4G网络的覆盖与5G网络的推广，人们平均的上网时间越来越长。截至2024年6月，我国网民的人均每周上网时长为29.0个小时。互联网正在悄悄地改变人们的生活习惯，人们也逐步形成了互联网思维。社交软件改变了大众的通信习惯；移动支付改变了大众的现金支付习惯；打车软件、共享单车改变了人们的出行习惯；网购改变了人们的购物习惯；在线理财、借贷改变了人们的储蓄等金融行为。随着在互联网飞速发展背景下成长起来的人步入社会并成为社会的主要消费人群，智能投顾这种便捷、时髦并且与互联网深度融合的理财方式具有越来越广阔的前景。

（二）大数据时代的来临

在大数据时代，我们的每一次搜索、每一次点击、每一次浏览都在创造数据，所以每一刻都有无数的用户创造着海量的数据。手机应用日新月异，它不仅给人们的生活带来了方便，而且记录与抓取着人们的数据。在互联网技术不断发展的今天，各类应用层出不穷且关联度越来越高，这使得数据的来源实现了多元化，数据的获取成本变得很低。阿里巴巴前首席技术官（CTO）王坚说过："在未来，数据就是生产资料。"如今，大数据技术已日趋成熟，通过对大量数据的处理与分析，可以获取很多有用的信息，帮助企业决策，从而提高效率与收益。在金融领域，形式多样、内容丰富的数据可以用来为客户进行画像。通过大数据技术，自动化系统在考虑投资目标、风险偏好、信用状况等一些关键因素后，可迅速给出最符合客户需求的资产配置组合以及投资建议，极大地提升了用户体验。

（三）人工智能的快速发展

在大数据时代，数据具有规模大、种类多且来源多元化的特点，这对数据的分析处理提出了较高要求。近年来，随着人们的不断努力，科技不断进步，人工智能技术也取得了一定突破。人工智能赋能财富管理行业，为其带来了新的发展机遇。大数据技术尤其是人工智能技术在财富管理领域的运用，重新赋予了投资分析整个链条新的动力，也为风险管理、量化分析提供了客观依据。新技术通过对市场的实时监测、交易的自动执行、资产组合的自动平衡等手段，寻找最佳的投资机会，为客户带来更高的收益。

（四）互联网思维与证券市场的深度融合

“互联网+”正在改变金融行业格局。一方面，互联网技术的运用加剧了金融行业的竞争，迫使金融行业不得不做出相应改变，积极拥抱变化来留住与吸引客户，这是互联网带来的“挑战”。另一方面，人工智能与大数据的运用，也给金融行业带来了有利的影响：先进的算法与模型提升了客户的体验，同时由于将繁复的工作交给了计算机，金融行业得以腾出更多的人力来满足客户的个性化需求，这为金融行业的进一步发展开拓了市场空间，这是互联网带来的“机遇”。

在互联网快速发展的大背景下，传统的金融机构和一些互联网企业都在积极尝试新事物，智能投顾便是一个很好的选择。对于传统的金融机构来说，可以充分发挥自身的优势，同时利用互联网技术来提高效率，改善客户体验，以此来吸引更多客户。同时，这些金融机构可以积极利用智能投顾开发新的产品，让客户有更多的选择，这对于其扩大业务有很大的帮助。对于互联网企业来说，其在技术方面具有领先优势，且善于直面客户“痛点”与挖掘客户需求，因此能给金融领域注入符合时代潮流的互联网思维，在智能投顾领域取得突破。当前，互联网企业可以通过收购或申请券商牌照或与券商合作来进入证券行业。对传统的金融机构来说，互联网企业是新人，也是搅局者，它们的到来加剧了竞争，但对整个金融行业来说，互联网企业的加入无疑是利好整个行业的。在新的时代，只有积极拥抱变化，方能立于不败之地！

（五）中低净值人群理财需求增加

长久以来，提到投资顾问，大多数人第一时间想到的是高净值人群。投资顾问昂贵的服务费用，使很多人对投顾服务望而却步。但是，随着越来越多的人有理财需求，且其中大多数是中低净值客户，高费用、高门槛的传统投资顾问显然已经不再适合。而将目标客户定为中低净值客户的智能投顾，反而因其低费率、低门槛、稳收益的特质吸引了这批客户。智能投顾因此迎来了快速发展的机遇。

（六）客户更加注重压缩投资成本

智能投顾的兴起还有一个很重要的背景，那就是客户更加注重压缩投资成本。例如，近几年，美国劳工部对独立财务顾问推出了一项新政策，要求他们以客户利益为中心，控制交易成本，将包括投资顾问费在内的总成本限定在养老金账户资产规模的1%以内。高费率的产品并不符合客户的利益，这也是传统投资顾问的一大弊端。

二、智能投顾的定义

投顾，即投资顾问，指专门通过提供投资建议获得薪酬的人士。广义的投资顾问指就金融投资、房地产投资、商品投资等各类投资领域提供专业建议的人士；狭义的投资顾问特指在证券行业为投资者提供专业证券咨询服务的人员。投资顾问的主要作用是根据客户的理财目标、风险偏好、可配置资产，为客户提供符合其风险偏好和理财目标的资产配置建议。投资顾问的服务链主要包括以下几个环节：客户分析、资产配置、投资组合选择、交易执行、投资组合再平衡。

智能投顾，指主要利用云计算、大数据、机器学习等数字技术和人工智能技术，结合现代投资组合理论，通过算法搭建数学模型，根据客户的资产情况，在深度分析和识别客户的理财需求、风险承受能力、风险偏好等因素的基础上，在互联网平台上为客户提供个性化、智能化的投资理财组合建议。智能投顾把投资顾问中需要金融知识和经验判断的工作交给了大数据、算法和模型，旨在为客户提供与风险偏好相匹配的投资组合建议。

三、智能投顾的理论基础

智能投顾的一个显著特点在于其追求的是“最优化组合”而非“高收益”。现代投资组合理论（Modern Portfolio Theory，MPT）、资本资产定价模型（Capital Asset Pricing Model，CAPM）和 Black-Litterman 模型为智能投顾提供了理论支撑。

MPT 是 1952 年由马科维茨（Markowitz）提出的，该理论定义了资产配置的有效边界（Efficient Frontier），即在确定的风险水平下使收益最大化或者在确定的收益水平下使风险最小化的资产组合集。也就是说，在用户的风险承受范围内给出资产配置的最优解，借助量化投资工具帮助投资者进行组合优化及风险管理。所谓“最优解”，就是对风险和收益的平衡，而不是单纯追求“高收益”。MPT 为智能投顾平台提供了选择大类资产来分散风险，从而获得市场平均收益的方法。当大类资产间的相关度低，甚至存在负相关关系时，就可以通过调整投资配比来获得比较稳定的收益，从而分散非系统性风险。

但是，MPT 构建的投资组合存在对输入的参数过于敏感以及估计误差被放大等缺点，因此，一些平台使用 Black-Litterman 模型代替 MPT 来确定大类资产的投资组合。Black-Litterman 模型利用概率统计方法，将投资者对大类资产的观点与市场均衡回报相结合，从而对每类资产形成一个科学的预期回报。直观上看，一种资产的期望收益等于市场均衡收益和投资者主观期望收益的加权平均。平台使用 Black-Litterman 模型修正 MPT 结果，同时加入对投资者预期的考量，这使得资产配置结果更加符合需求。CAPM 是由夏普（Sharpe）等人于 1964 年在 MPT 的基础上发展起来的，主要研究的是预期收益率与风险之间的关系以及如何确定资产的均衡价格。CAPM 认为，组合分散化程度越高，组合风险越低，同时人们在长期投资中只能获得和系统性风险相匹配的收益。智能投顾平台利用 CAPM 确定每种资产的预期收益。智能投顾企业以上述理论为支撑，在实际中取得了不错的效果。

四、智能投顾的收益原理：被动投资，舍 α 就 β

常见的投资策略分为被动投资策略与主动投资策略两种。被动投资策略一般采取复制某些指数（如标普 500 指数、罗素 3 000 指数等）的方式进行投资，目的是最小化与标的指数之间的跟踪误差，获得承担相应风险的收益 β（β 收益是指通过承担系统性风险获得的被动收益)。被动投资策略通常需要的研究投入较少、成本较低。而主动投资策略则会主动选择投资标的来构建投资组合，目的是战胜指数，除获得 β 收益外，还获得超过市场收益率的超额收益 α（α 收益是指通过证券选择和时机选择获得的主动收益)。与被动投资策略相比，主动投资策略需要更多的研究投入，管理费用也大大增加，因此，其成本费用相对较高，这显然不太适合以低费率来吸引客户的智能投顾。

除了投资组合构建方式、成本费用外，被动投资策略与主动投资策略还在其他诸多方面存在区别。一是市场的适用性方面。在越成熟、越有效的市场，投资者越难战胜指数获得超额收益率，因而越适合采取被动投资策略。二是风险分散化方面。被动投资策略跟踪的指数包含较多投资标的，较好地实现了风险分散，而主动投资策略则因为投资标的相对集中，投资风险也更加集中。

前文提到，智能投顾的理论基础之一便是 CAPM。CAPM 认为，组合分散化程度越高，组合风险越低，同时人们在长期投资中只能获得和系统性风险匹配的收益。因此，CAPM 也为被动投资策略提供了理论支撑。

基于被动投资策略的多种优势，目前发展得较好的智能投顾企业大多遵循了被动投资、分散投资的原则。例如，Wealthfront 的投资标的包括多种 ETF 基金，涵盖了美国股票、美国债券、新兴市场股票、房地产、自然资源等；Betterment 的投资标的包括多种股票型 ETF 和债券型 ETF。使用 ETF 作为投资标的，可以有效分散风险，同时，采取被动投资策略也可以降低交易成本，提高投资的透明度。

总的来说，智能投顾的收益原理就是：被动投资，舍 α 就 β，赚取市场的平均收益。

第二节 智能投顾的主要模式

一、机器导向模式

机器导向模式是指整个资产管理过程全由智能投顾进行操作的模式。一旦投资者建好资产配置组合，智能投顾就会对该组合进行追踪，随时改变资产配置组合，并进行红利再投资以及税收损失收割（Tax-Loss Harvesting)。这些操作全都由智能投顾完成，投资者不需要进行管理。美国最大的智能投顾平台之一 Wealthfront 便是采用这种模式，读者可以通过本章末的延伸阅读具体了解。

二、人机结合模式

人机结合模式是指在平台上既有智能投顾为投资者提供投资服务，又有传统投顾为投资者提供资产配置组合建议。

著名的投顾平台 Personal Capital 采用人机结合模式。Personal Capital 由路易斯 • 加斯帕里尼（Louis Gasparini)、罗布 • 伏瑞格（Rob Foregger）和比尔 • 哈里斯（Bill Harris）于 2009 年在加利福尼亚州圣卡洛斯成立，目前全球有 200 万人在使用。

Personal Capital 的宣传口号是：你的下一代理财顾问。它更倾向于个人财富管理，利用分析工具确保用户的长期财务健康。它的业务包括两个部分：一部分是网站形式的投资分析工具；另一部分是专职财务管理顾问（通过电话和 E-mail 进行服务）。前者免费，后者则只收取较为低廉的年费。Personal Capital 利用算法和分析工具帮助用户管理财富以保证长期财务健康。它的基本服务完全免费，是使用系统分析工具提供自动咨询服务。收费服务则是由专业的理财顾问为用户定制理财规划，用户必须至少存入 100 000 美元，并且支付 0.89%的年费，理财顾问除了帮助建立个人证券投资组合外，也会给予避税方面的建议。

三、社交平台模式

社交平台模式是指资产配置组合由投资者创建，而智能投顾提供组合创建的工具以及分享的平台。

Motif Investing 是社交平台模式的代表。Motif Investing 创立于 2010 年，位于美国硅谷，是一家在美国证券交易委员会注册的网络证券中介机构，并且是证券投资者保护公司（SIPC）的成员之一。该公司根据不同主题提供不同类型的投资组合供用户选择购买，该投资组合就被称为 Motif，用户可以自己调整甚至创建 Motif，也可以在其提供的在线社交平台上分享该 Motif。Motif Investing 也因该社交化选股投资平台而成名。Motif Investing 为用户提供在线投资机会和证券交易，但不同于其他证券公司或者互联网证券交易平台，Motif Investing 为用户提供投资组合服务，并提供社交化平台以方便用户交流分享投资组合。简单来说，Motif Investing 像是“Facebook＋网络券商 e-Trade＋个人金融平台”的组合体。

用户可在平台上搜索不同主题（如云计算、移动互联网、3D 打印）的投资组合，这些投资组合被称为 Motif，一个 Motif 可包含最多 30 只不同类型的股票、ETF 等证券。此外，用户还可以根据自己的投资理念，从平台上选择已有的 Motif 免费直接使用。目前平台提供两类 Motif：一类为平台围绕工业部门、创收水平、交易理念、全球市场、价值投资和资产配置 6 种投资策略提供的专业 Motif，目前有超过 150 种；另一类为社区成员自己创建并公开分享的 Motif，目前有超过 1.2 万种（社区投资者们共创建了超过 18 万种 Motif 投资组合）。不仅如此，用户还可以将平台提供的 Motif 进行修改（包括调整其中包含的股票/基金组成和比重）后使用，或者创建自己的全新 Motif，并选择分享到 Motif Investing 的社交平台上。选择调整到合适的 Motif 后，用户可以一键下单买入该 Motif，十分方便快捷。Motif 的社交网络是类似微信的双向网络，得发起好友申请，通过后才能看见朋友对不同股票或投资组合的讨论。同时 Motif 也有类似 Google-Circle 的圈子概念，用户可分享自己创建的投资组合到特定的圈子。

Motif Investing 的独特之处在于：（1）提供了强大的自助式投资组合设计工具，用户可以非常方便、直观地修改、创建、评估 Motif，只需要几分钟便可拥有个性化的投资组合；（2）引入了社交机制，用户可以把自己的 Motif 分享给好友或者选定的圈子，大家共同对 Motif 进行讨论和优化。其实质是应用先进的技术手段和社交机制，帮助每个用户成为自己的基金经理。

Motif Investing 的收费策略非常独特，用户注册账户时无最低资金要求（但至少需要 300 美元进行 Motif 投资；如果设立保证金交易账户，则账户余额不得低于 2 000 美元）。无论用户在某个 Motif 上的总体投资额是多少（最低不能低于 250 美元），也无论该 Motif 由平台提供还是由用户定制，用户每按照该 Motif 购买或出售一次股票/基金组合，平台都会收取 9.95 美元。如果只是交易其中的一只证券（无论是股票还是 ETF），则每次收取 4.95 美元。

除此之外，Motif Investing 还与摩根大通等公司合作提供 IPO 产品供投资者购买，投资者在该平台上购买 IPO 产品时不需要支付手续费，只需要在出售该股票时支付 4.95 美元佣金。

四、小结

智能投顾的三种模式都是将互联网作为主要的服务渠道，采用分散化的投资策略来为投资者降低风险，同时注重个性化和定制化。但是，这三种模式也各有特点，表 10－1 比较了三种模式的差异，让读者有一个直观的了解。

表 10－1　智能投顾模式差异

比较项目	模式		
	机器导向模式	人机结合模式	社交平台模式
人为参与程度	人为参与程度低	人机结合	人为参与程度高
主要特色	程序分析，提供便捷的理财服务	免费的理财工具和收费的传统投资顾问	社交平台，投资者互相交流投资组合
收费模式	超过一定金额，费率为 0.25%～0.50%	免费服务，0；收费服务，费率约为 1%，并且费率随资产规模增大而下降	交易一个组合收取 9.95 美元，交易一只证券收取 4.95 美元
代表公司	Wealthfront	Personal Capital	Motif Investing

第三节　国内外智能投顾产业发展概况

一、美国智能投顾产业发展概况

国际金融危机后美国主管机构加强了对传统金融机构的管控，法律法规比以往更加严格，但同时金融科技浪潮也渐渐从硅谷蔓延，陆续有传统金融业从业人员投入金融科技这片蓝海。非金融业的新创公司不受金融法规的限制，更注重客户的需求，因而发展出创新的金融服务。美国的智能投顾公司就诞生于此大背景。

Betterment 和 Wealthfront 是全球最早成立的两家智能投顾公司，它们于 2008 年在美国硅谷成立。这两家金融科技公司主要面向中产以及长尾客户。Wealthfront 的目标客户群主要是 20～40 岁从事科技行业的、具有一定经济实力的中产阶级。Betterment 的目标客户年收入在 20 万美元以上，核心客户大部分是拥有高学历的美国职场人士。当前，美国智能投顾行业依托低成本、自动化、个性化和高透明度等优势得到了快速发展，Personal Capital、Future Advisor、SigFig、Motif Investing 等一批新兴公司正逐步发展壮大。

从 2015 年开始，陆续有传统金融机构加入智能投顾行业，推出智能投顾产品或者收购相关业务平台。2015 年 3 月，嘉信理财（Charles Schwab）推出了其智能投顾产品 Schwab Intelligent Portfolios；5 月，先锋领航（Vanguard）开始开展个人顾问服务；8 月，全球最大的资产管理公司贝莱德（BlackRock）宣布收购理财服务公司 Future Advisor。2016 年，高盛收购线上退休账户理财平台 Honest Dollar，加入竞争；同年，景顺（Invesco）收购了一家以顾问业务为中心的数字解决方案提供商 Jemstep，两年后又收购了位于英国的同类机构 Intelliflo。2017 年 3 月，美林证券推出了智能投顾平台 Merrill Edge Guided Investing。美国智能投顾市场由此形成了创业公司与传统金融机构并存的局面。

（一）传统金融机构已在美国智能投顾市场上占据主导地位

与新兴的创新平台相比，传统金融机构依靠多年积累的资金、客户、产品、销售渠道及品牌等优势，更容易通过转型在竞争中抢夺领地，迅速崛起。以先锋领航为例，先锋领航自身拥有全行业最优质且低费率的指数基金，全球股票 ETF 的费率仅为 0.17%，股票市场 ETF 仅为 0.05%，优质且低成本的 ETF 资源使得先锋领航开展智能投顾业务时有了绝佳的底层资产。

根据 Robo-Advisor Pros 数据，2021 年智能投顾行业管理规模排名前五位的是先锋领航、嘉信理财、Betterment、Wealthfront 与 Personal Capital。先锋领航、嘉信理财依托已有渠道、客户迅速抢占市场，占据了主要份额。在 2022 年 1 月瑞银宣布收购 Wealthfront 后，Betterment 为管理规模排名前五中仅存的独立公司。

（二）美国智能投顾平台结构

据 Credio 统计，美国的智能投顾公司中，靠完全自动交易平台的占 50%，自执行交易的占 20%，在交易前需要人工顾问检查的占 30%。采取完全自动交易平台的多为创业科技公司，这类公司注重算法和纯机器投顾模型的开发，旨在为用户提供全新、便捷、高效的投资模式。知名的平台 Wealthfront、Betterment 和 SigFig 等公司均采用的是纯机器执行的投顾平台。而传统基金公司，如先锋领航、嘉信理财、富达（Fidelity）在开展智能投顾业务时，通常采用混合模式，即人机结合模式。以先锋领航为例，投资者使用个人顾问服务之前，会有专业的投资顾问进行先期沟通，在确定了诸如退休计划、财务管理或大学储蓄等明确目标之后，再把该方案的投资组合交由机器人处理。而对于投资超过 50 万美元的投资者，先锋领航还会为他们安排专属的财务顾问。贝莱德旗下的 Future Advisor 则采取了不同的方法：投资者可以直接使用 Future Advisor 链接到自己的 401K 账户，在综合分析投资者账户之后，Future Advisor 会根据每个人的年龄和账户金额提供个性化的投资建议，并定期提醒自动再平衡。由此可见，智能投顾已经不再是简单地利用科技手段来为投资者提供资产配置建议，大型金融机构将自身的强大优势注入之后，智能投顾的金融服务综合化的特征正在逐渐体现。

二、中美资本市场的不同特征

智能投顾产业的发展离不开金融资本市场的发展。接下来，我们比较一下中美资本市场的不同特征。

中国的资本市场起步较晚，尚处于不断完善的阶段，而美国资本市场则起步较早，相对已比较成熟。资本市场的核心三要素是：规则、产品以及市场参与者。下面就围绕这三个要素来比较一下中美资本市场的不同特征。

其一，中美资本市场在规则上尚存在差异。从整体来看，美国的直接融资市场已经很成熟且强大，中国的资本市场则正从以间接融资为主逐步转向以直接融资为主。而具体到市场规则，两者在市场机制、账户体系、交易结算及托管规则等方面都存在一定的差异。此外，中美两国的资本市场所依赖的法律框架也有所不同。美国有关资本市场的法律已经较为成熟、完善，而中国随着金融改革的不断深化，一直在对相关法律进行修订及补充，例如，2019 年 12 月对《中华人民共和国证券法》进行了全面修订。修订后的《中华人民共和国证券法》重在健全资本市场制度及保护投资人利益，有利于夯实资本市场基础。随着科创板及注册制的推出、市场规则的不断完善，以及金融领域的进一步对外开放，中国资本市场已经进入发展壮大直接融资市场的历史新阶段。2024 年以来，中国资本市场以支持优质创新企业为重点，出台一系列政策举措，增强制度包容性、适应性。证监会先后发布《资本市场服务科技企业高水平发展的十六项措施》《关于深化科创板改革 服务科技创新和新质生产力发展的八条措施》《关于深化上市公司并购重组市场改革的意见》，完善资本市场支持科技创新的政策框架。

其二，从产品维度来说，美国金融市场有相当丰富的场内金融产品。这些标准化的金融产品为持不同观点或有不同需求的参与者提供了规范而便宜的交易工具，大大提高了市场效率。中国的场内金融产品日渐丰富，但在广度和深度上还有较大的发展空间。值得强调的是，场内金融产品是一个完善的资本市场的基础构件，对金融市场的稳定及价格发现都非常重要。因此，在未来，中国资本市场会开发更多的场内金融产品，与此相对应，场内金融产品的交易机制也会进一步完善。

其三，美国市场参与者更多样化。由于不同的市场参与者基于各自的目的进行交易，投资人可以套利也可以投机，可以做多也可以做空，所以市场各方充分博弈后形成的市场价格更优。资本市场的定价机制是决定资本和资源配置的基础，不当的定价机制会对市场形成扭曲，造成资本和资源的浪费。而市场参与者的多样化与资本市场的产品和交易机制又有密切关系。

三、中国智能投顾市场的发展概况

中国智能投顾起步于 2015 年，最初只有 5 家初创企业且均尝试复制美国智能投顾商业模式。截至 2022 年 7 月，提供智能投顾服务或者正在研发智能投顾产品的互联网理财平台有约 60 家。互联网公司积极拓展金融服务市场，出现了百度金融、京东金融等平台，同时传统金融机构也开始进行布局，如嘉实基金、中国平安、民生银行、招商银行等先后推出了多款智能投顾产品和业务。此外，市场还涌现出了一批智能投顾初创企业，如弥财、璇玑、投米 RA 等。整体来看，我国智能投顾行业处于初期阶段，行业整体市场规模相对有限，且该行业目前处于混战时期，没有一个产品能占据较大市场份额。我国智能投顾平台的业务模式可以分为以下三类：

（1）第一类：美国模式。

这类平台完全模仿 Wealthfront、Betterment 等美国主流创业公司的业务模式，对接海外证券公司后直接投资美国市场 ETF，以投米 RA、蓝海智投和弥财为典型代表。受到国内对全权委托的政策限制，它们通过对接海外证券公司规避监管，根据投资者的风险偏好和投资目标，直接在全世界范围内筛选合适的投资标的，尽最大可能实现风险的分散化，向客户提供多区域、跨类别、综合性的最佳资产组合投资路径，并根据与客户的约定实现对投资组合的后续调仓，达成资本配置的目的。这种模式可能产生海外证券公司经营证券的合法性问题，中国证监会 2016 年 7 月曾发布风险警示：境内投资者通过境内互联网公司平台网站或移动端参与境外证券市场交易，没有法律保障。

（2）第二类：提供资产配置建议模式。

这类平台仅为投资者提供配置建议和“一键购买”按钮，投资者购入资产后，平台不再对平台账户进行操作，如平安一账通、京东智投、招商银行摩羯智投等。投资标的涉及国内公募基金、QDII 基金、保险、母公司理财产品等。这类投顾更像“金融超市”和导流工具。

（3）第三类：“类智投”模式。

受限于国内政策，投资于国内资产的投顾公司不能对账户进行后续操作，仅担任基金销售角色。大多数智能投顾平台选择与获得销售牌照的基金公司合作，或者基金公司或证券公司直接开通智能投顾业务，平台监测并向用户发出调仓提醒。这类平台也是国内智能投顾采用的主流模式，以璇玑、金贝塔为代表。例如，某基金推出的“某牛二八轮动”选取代表 A 股大盘股的沪深 300ETF、代表 A 股中小盘股的中证 500ETF 和国债 ETF 作为投资标的，并可根据事先与投资者在协议中约定的规则在这三只基金中切换，实现“在持续上涨中持有股票基金获得预期年化收益，在持续下跌中持有债券基金控制回撤”的效果。尽管该模式下可以通过简单、透明的方式采用机器操作以规避人工的方式代客理财，从实际运行情况来看基本也达到了策略目标，不失为一种好的尝试，但由于其可选标的资产匮乏，仅能通过事先预设简单情形实现自动化调仓，智能性比较有限，未能得到推广。

第四节　智能投顾的优势及劣势

一、智能投顾的优势

作为一项新的技术，智能投顾相较传统的投资顾问具有四大优势：成本小、门槛低、效率高、规避情绪化交易。

（一）成本小

传统投资顾问的管理费用普遍高于1%，然而智能投顾的管理费用普遍在0.15%左右，且不需要实体经营场所和线下理财顾问团队，边际成本随着客户量的增多而下降。根据美国智能投顾公司Wealthfront进行的测算，如果使用管理费为0.25%的Wealthfront平台，10万美元的投资金额仅仅收取225美元的年费（10 000美元以内，费率为0；超出10 000美元的部分，费率为0.25%），同等条件下传统投资顾问则要收取高达3 000美元的年费，其中包括咨询费与其他费用。

（二）门槛低

传统投资顾问面临“50万美元”困局。富裕人群普遍拥有财富顾问，而家庭收入为10万～50万美元的人群却无法得到个性化的咨询服务。智能投顾对客户的最低投资额度要求低，有利于实现财富管理从少量高净值客户向大量中产阶级人群的下沉，能够扩大C端客户的数量。

（三）效率高

近年来，互联网平台已经存储了海量的数据。随着大数据、云计算、人工智能等技术的不断发展应用，智能投顾平台得以快速识别客户的风险偏好、风险容忍度，分析客户的理财需求，这种方式不仅高效而且相对比较客观。人的风险偏好不是一成不变的，市场涨跌、收入水平等因素的变化都会影响人的风险偏好。传统理财顾问由于各种条件限制，无法即时对客户风险偏好的改变做出调整，但智能投顾通过金融科技的应用能够实现对客户风险偏好的实时动态计算。同时，智能投顾是基于自动算法的线上服务，这突破了传统的“一对一”模式，实现了“一对多”。规模化效应带来成本下降，使智能投顾能面向更多中低净值的客户群体，因此，其受众更广。

（四）规避情绪化交易

贪婪与恐惧是人性的弱点，容易造成止损与保盈的不及时。在传统证券投资中，投资者的投资决策易受心理因素影响，羊群效应和锚定效应等心理误区造成的失败案例层出不穷。智能投顾往往能够在用户情绪低落时及时干预，帮助用户做出更理性的投资理财决策，依据大数据的巨量信息监控各种信号，克服人性的弱点，比较准确地做出买入、抛出等多种投资决策。

二、智能投顾的劣势

智能投顾虽然有优势，但是也隐藏着不少风险，主要有算法风险、“逆淘汰”风险和政策风险。

（一）算法风险

智能投顾用算法来取代投资分析人员的研究与工作。算法和模型是智能投顾产品的核心竞争力，但是算法也存在风险：一是算法模型本身设计存在缺陷；二是算法的专业性和隐蔽性会带来道德风险。

（1）算法模型本身设计存在缺陷，会使投资者承担更多风险。智能投顾平台通过对数据库的海量数据进行搜寻，从而快速且准确地找到与用户基本信息（包括风险承受水平、收益目标以及风格偏好等）相匹配的部分，利用机器学习、自然语言处理和知识图谱等技术进行信息处理，然后基于各种内嵌的金融模型和相关假设予以分析，预测出符合该用户预期的最优结果，形成“私人定制”的投资建议，这也是最能体现智能投顾的“智能”的部分。大数据、人工智能等计算机科技的应用大幅提升了智能投顾对于投资者服务的精度、深度和准度。但是，缺乏监管的金融科技容易自我形成高深的技术壁垒，虚拟性使得市场风险更加隐蔽。由于智能投顾的整个算法运作体系以一系列经济假设为依托，如果该假设是错误的，或至少不适用于特定个体，那么由此得出的运算结果将不利于投资者。即使该假设是正确的，也难以完全抵挡市场的系统性风险，比如“黑天鹅”事件带来的巨大市场风险。

（2）算法的专业性和隐蔽性会带来道德风险。由于技术壁垒高，一般投资者很难了解智能投顾产品的算法结构，因此智能投顾平台程序设计者可能会为了自己的利益人为地植入不应考量的参数，故意预设不合理的假设前提或者其他操纵算法的操作。例如，智能投顾平台设计者可以在程序中设定对不同类型的投资者均推荐相同的有价证券，来达到自己的目的。但智能投顾平台程序设计者的这种行为会影响、扰乱证券市场秩序，间接达到人为操纵的目的。

（二）“逆淘汰”风险

“逆淘汰”风险，也就是我们常说的劣币驱逐良币：市场上到处充斥着不好的智能投顾产品，使得好的智能投顾产品反而没有生存空间。智能投顾是技术驱动型的行业，涉及云计算、大数据，以及一系列基于人工智能的资产配置、数据处理、交易优化的算法，这对智能投顾平台的计算机技术提出了较高的要求。许多采用智能投顾概念的理财平台在宣传上都强调其先进的技术理念，一些平台甚至还以“高收益率”来诱惑投资者，但实际上各智能投顾平台在金融产品种类、大数据运用上实力相差较大。一些技术实力很弱的理财平台，采用一些简单而又没有经过历史数据检验的模型，仅对用户进行简单的风险偏好测试后就推荐一些理财产品，这种做法更多地属于分散化投资，并未实现用先进的数据算法来优化投资模型，最终可能使用户权益受损。此外，还有一些平台打着"智能投顾"的名号，实际上仅仅以"智能投顾"吸引投资者，其最终目的是销售自家金融产品，这会给投资者带来不小的风险。

（三）政策风险

在我国，大多数智能投顾平台的合规程度较低，与传统投顾平台仍然存在较大差距。在金融科技行业中"跟风"的众多智能投顾第三方公司与创业公司中，大多数都没有牌照。这也给投资者带来了政策风险，一旦投资者投资的平台因不合规被关停，投资者的权益就很可能会受损。

三、智能投顾对传统金融业的意义及影响

（一）智能投顾有望解决传统金融机构的痛点

传统金融机构存在成本高企，难以触达客户、提高服务质量和效率，以及有效、快速、低成本地控制风险的痛点。传统金融机构的扩张非常依赖线下网点的布局和人工服务，这使得：一方面，金融机构的服务受时间和空间限制，扩张能力不足；另一方面，金融机构需要承担更高的人力和运营成本，限制了经营效益的提升。另外，传统金融机构和客户的接触主要通过在网点进行面对面的互动，显然不适应目前客户触网时间较长、访问金融网点频次快速下降的趋势。

此外，金融机构内部会产生大量的实名行为数据，以及来自合作伙伴和公开渠道的数据，但传统金融机构很难对海量非结构化数据进行有效利用。智能投顾的出现改变了这一现状。金融机构运用以人工智能为代表的新一代信息技术来提高对信息数据的理解和处理能力，以此来提高服务效率和服务质量，从而不断拓展金融业务的广度和深度。信息革命以来，金融中的销售渠道、客户画像、产品支付、风险控制等各环节都享受了巨大的数字化红利，不管是客户的资产特征、需求状况、风险偏好，还是金融机构触达客户、销售产品的方式，都通过线上实时、便捷地实现了数字化。以人工智能技术为代表的信息数据处理大大提高了对这些数据的利用效率，使得金融机构能够更充分地挖掘数据的内涵，理解客户的特征，从而不断提高金融产品与客户需求的匹配程度，为客户创造更多的金融价值，提高经营效益。

（二）智能投顾使更多传统金融机构"入局"

在智能投顾快速发展的背景下，传统金融机构纷纷探索智能投顾。

对于传统大型金融机构而言，在智能投顾快速发展的背景下，产品费率不断下降，客户对传统大型机构的黏度下降，客户选择机构的标准不仅包括传统的品牌形象，而且涉及费率、服务等方面。传统大型机构为保持竞争力，积极探索智能投顾，以此来进一步发挥自身在投研、产品设计等专业领域的优势。

对于中小型金融机构而言，智能投顾为其提供了弯道超车的机会。与依靠营业部扩

大规模的传统方式不同，通过建立互联网用户渠道低成本获取海量客户资源成为其发展的主要战略。为弥补自身在品牌、实力方面的“短板”，中小型金融机构将更积极地发展智能投顾等各类特色服务，提升客户吸引力。中小型金融机构将成为最积极地拥抱互联网证券、创新动力最足的证券公司。2016 年 12 月 6 日，招商银行推出摩羯智投，这是国内商业银行首次推出智能投顾服务。此举可以帮助银行积极参与互联网理财市场，以应对存款向余额宝类互联网理财平台转移的趋势，同时撬动长尾财富管理市场。选择投资期限和风险收益后，摩羯智投会根据客户自主选择的“目标-收益”要求构建基金组合，同时实时监测全球市场并根据最新市场状况为客户动态调整基金组合。

传统金融机构拥抱互联网，其后续发展如何，让我们拭目以待。

第五节 智能投顾的未来发展趋势

一、我国智能投顾市场面临的挑战和机遇

智能投顾在我国拥有巨大的发展空间。改革开放 40 多年来，我国经济高速发展，居民总财富与可投资资产总额迅速增长。自 2000 年以来，中国家庭用了 20 年的时间，实现了相当于美国家庭 85 年的财富增长。

除却庞大的财富管理市场体量，同时随着“房住不炒”政策的出台使得实物资产趋向饱和，我国居民对金融资产配置的需求也正逐步快速提升。长期以来，我国居民总资产以实物资产为主，金融资产为辅，房地产和银行存款分别在这两类资产中占据主流，是国内财务管理的主要方式。近年来，伴随着我国经济的快速发展，居民财富规模持续增大，中产阶级规模逐步扩大，从而产生了巨大的理财需求。与美国相比，中国居民的金融资产占比明显偏低，中国的资产配置仍存在优化空间。这意味着未来财富管理市场拥有广阔的发展前景，智能投顾仍存在着巨大的成长空间。

此外，我国居民投资者的风险意识快速增强。伴随着 2018 年 P2P 风险集中爆发、信托项目违约事件频频发生，我国居民对金融风险的防范意识有了明显提高，对正规金融产品的需求也迎来了新的高峰。居民财富的快速积累、可投资资产的增加以及互联网普及下居民理财意识和风险意识的快速提升，使得原先单一的财富管理目标向个性化、多元化的方向发展，催生出对专业性投资顾问的需求。

然而，专业性投资顾问很难满足当前我国大部分投资市场的整体需求。一方面，我国投资顾问市场本就鱼龙混杂、发展混乱，大部分投资者几乎不可能获得满意甚至是合格的投顾服务；另一方面，银行业、券商等提供的专业化理财服务具有较高的资金门槛，只能服务于资产净值较高的人群。在这种背景下，使用门槛低、相对规范的智能投顾，凭借其低成本的优势有效填补了新兴中产阶级、中低收入人群等长尾客户的财富管理需求，服务一经走入广大投资者的视野，便迅速获得了他们的青睐。

此外，见证互联网技术腾飞的 80 后、90 后近年来正逐渐成为投资主力军，他们在投资理财服务上对科技驱动型工具的信任度更高。同时，我国资本市场上以个人投资者

为主的投资者结构，相比于美国以机构投资者为主的股票市场，也更利于以零售客户为服务对象的智能投顾业务的发展。

当前，智能投顾正在迎来一个“最好的时代”。假设 2025 年中国的智能投顾渗透率提升至美国当前 20%的水平，中国智能投顾市场空间有望达到 215 亿元人民币。埃森哲（Accenture）将智能投顾这一财富管理模式视为“余额宝”之后的下一个“爆款”，并认为巨大的潜在客户市场规模将使得智能投顾成为未来理财市场的主流工具。伴随着基金投顾试点工作的展开，以银行及公募基金为代表的传统金融机构凭借强大的客户资源和产品资源优势占据先机；互联网巨头企业则利用自身流量优势及技术优势吸引个体投资者，获得试点资格的投资咨询机构纷纷上线智能投顾产品，智能投顾行业的发展进入了第二个快速增长周期。

（一）挑战

我国的智能投顾处于起步阶段，面临着诸多挑战。

第一，市场投资者专业化程度低，投资理念落后。国内资本市场投资者以散户为主，更加关注短期收益，大多偏向短期投机、追涨杀跌。智能投顾所秉持的资产配置、长期价值投资、被动投资等投资理念尚未深入人心。智能投顾的核心投资理念是建立在资产组合配置上的一种追求风险-收益平衡的长期投资策略。只有让客户接受长期持有的正确投资理念，才能真正保障用户在平台的留存及后续的价值变现，否则，一旦客户使用后无法达到其预期的高收益，就极有可能放弃该类平台。在美国，智能投顾除了追求大类资产收益、稳健增值以外，也能解决养老金无法提现、税务优化等刚需问题。在中国，大部分投资者只盯着收益。当前有部分客户把智能投顾与组合产品画上等号。智能投顾作为新兴事物，客户对其建立认知和产生信任都需要时间。资产配置、稳健投资的优势只有经过长时间的积累才能体现。

第二，智能投顾不智能。我国的智能投顾还存在智能化程度较低的问题。用户画像简单化、静态化，造成场景过于单一，智能化程度低。大多数智能投顾的风险评测简单，主要覆盖年龄、收入、婚姻状况、投资经验等，并未考虑客户具体的家庭资产负债比率，如每个月的房贷、车贷支出，即将支出的首付、子女教育等费用，以及每个月收入来源是否稳定。此外，随着用户的年龄增长，收入也会增加，风险承受能力会变化，但智能投顾平台尚未考虑这些重要动态因素，因此造成智能投顾平台投资场景过于单一，甚至没有场景。事实上，不同的应用场景，会有不同的投资需求；不同的投资需求，需要不同的投资方案。智能投顾的核心是高效可靠的智能化产品画像，即智能投资决策系统，其依赖数据、模型和算法。当前的智能投资决策系统仅停留在自动化的层面上，远未达到人工智能级别。多数智能投顾平台处于人工干预的线上荐股阶段。比如国内某理财平台成立于 2014 年 1 月，但在 2017 年 5 月才在投资端实现了自动化的投资决策。而在这之前，很多投资决策、调仓决策都依靠个人，违背智能投顾的初衷。而多数自动化投资决策仅是投资组合的自动筛选，其算法和基金组合固定，不是根据客户实际资产、风险承受能力、投资倾向的真智能，做不到智能化全场景的覆盖，也提供不了千人千面的智能化服务。人工智能级别的投顾决策需要根据长时间序列的金融数据进行学习和修正，也需要经过较长的时间周期内市场的检验，而这些条件在国内市场上短时间难以满足。中国金融市场发展时间相对较短，在数据积累量上与欧美发达国家存在一定差距。另外，我国缺乏成熟的投资者行为，市场整体波动较大，直接导致整体金融数据质量较差。若缺乏有效的数据沉淀，则将难以满足智能算法训练的需要。

第三，人工服务不到位。多数智能投顾的具体投资策略并不向用户公开，是所谓的"黑盒"。这会导致投资者投资的稳定性更差。如果智能投顾在策略上不能穿透到底层的核心投资理念，不能给客户阐述其核心的逻辑和内在的关联，那么会导致客户对投资的风险厌恶情绪占上风，因而不能对资产配置起到一个比较正向或是有力的推动作用。因此，智能投顾提供商提供人工服务在中国显得格外重要，应通过人工顾问为客户进行必要的引导和解释，帮助客户准确衡量自身风险水平，明确定位以及投资标的，将投资方法论与客户需求在产品平台上进行对接。

第四，法律法规的限制。国内投资顾问与资产管理两块牌照分离，代客理财受限。美国的智能投顾提供商只要获得投资顾问牌照即可同时开展投资顾问及资产管理两项业务，但根据我国相关法律规定，投资顾问与资产管理两块业务实施分开管理，投资顾问只能提供投资建议，不得进行全权委托交易、管理。这将国内智能投顾业务主要限制在投资推荐的范围内，且因为不能以机构为主体或受托在二级市场上直接交易，只能将购买门槛较低的公募基金作为资产配置的主要标的。目前大多数初创公司背景的智能投顾平台属于"双无"产品。市场上较为普遍的做法是初创公司与基金代销机构合作，为后者进行用户导流。智能投顾平台如何在合规的前提下实现快速发展，是其当前遇到的重大挑战。

第五，盈利模式不清晰。针对大众群体的智能投顾提供商，不管是独立的第三方财富管理机构还是传统金融机构，多数都对客户免收服务费或是账户管理费，仅收取客户交易、购买产品的佣金或申赎费用。无牌照在手的初创公司还得与基金代销机构分食基金销售佣金，加之基金行业仍在打申购费价格战，这样一来，其利润就更少了。国内不论是市场还是监管环境，目前都不具备收取额外费用的条件。此外，交易成本也是一大挑战。公募基金的申购赎回费对收益产生的磨损不可忽视。在美国资本市场，可以根据客户的交易策略细分收费，也就是说，某些特性的交易策略可以达到负交易成本，这在中国市场目前还无法做到。

（二）机遇

中国智能投顾行业面临的挑战众多，但与此同时，迎来的机遇同样巨大。

对于第三方财富管理机构而言，可以转向企业客户。第三方财富管理机构并没有传统金融机构的客户资源优势，面对客户数据的"短板"、监管政策的不确定性和盈利的压力，可以从当前的主要针对个人客户转变为向传统金融机构服务的客户提供智能投顾解决方案。可在模型和算法上打造核心竞争力，从而在智能投顾行业里闯出一片天地。这样，其盈利模式不再直接面向个人客户，将极大地降低它们的营销成本，使它们能够在激烈的竞争中存活下来。此外，也可从为传统金融机构的财富顾问或基金经理提供数字化、智能化的投资辅助工具切入。针对企业客户的智能投顾在国内基本上是一片空白，充满了机会。

对于传统金融机构而言，可以通过提升服务质量扩大客户群。传统金融机构已拥有大量存量客户资源，获客成本低。其智能投顾的终极目标在于：以客户为中心，利用金融科技提供随人、随时、随地、随需的智能财富管理服务。此外，传统金融机构的投资产品资源也是一大优势。因此，传统金融机构在客户需求与财富目标把控上将更加准确。传统金融机构近年来开展的线上化、数字化变革也培养了良好的客户习惯，同时提高了品牌信任度，且无须担忧牌照问题。此外，传统金融机构拥有资金优势，并且可以通过销售自有金融产品提高盈利，短期盈利压力较小。

对于传统金融机构的高净值客户，智能投顾可以更多地扮演辅助工具的角色。智能投顾可以通过将后台功能简化、财富管理数字化、资产建议智能化，帮助财富顾问更好、更有效地服务其客户。对于之前缺乏财富管理服务的长尾市场而言，智能投顾可以更大程度地满足年青一代客户对被动投资的需求，对于现有财富管理市场起到更好的补充作用。对于具体的金融机构来说，银行的最大优势就在于拥有庞大的客户群体和大量的金融数据，可以更精准地制作用户画像；但在资产配置和投资分析方面，由于投资范围、风险偏好以及人力资源方面的局限，券商和基金明显强于银行。因此，在智能投顾起步不久的当下，两方应该强强联合，探索能够利用各自优势、快速获客、实现共赢的业务模式。将来，中国智能投顾格局很可能会与美国相仿：占据客户资源和渠道资源、具有成本和规模优势的综合性平台将占有较大的市场份额。

对于互联网巨头而言，可以通过技术创新“乘风破浪”。与传统金融机构相比，互联网巨头同样拥有丰富的客户流量，且其在技术创新和服务效率上更胜一筹。互联网巨头应该利用其在大数据、人工智能方面的优势，加上在客户数字化体验方面的丰富经验，与初创公司或传统金融机构合作，提供差异化的智能投顾服务。

二、我国智能投顾市场未来的发展方向

智能投顾的出现是金融科技快速发展的结果。智能投顾以传统资产定价模型和行为金融学理论为支撑，同时也使得传统的金融理论得到了新的应用和发展。但我们需要明确的一点是：“智能投顾”仍是金融属性，其本质在于利用算法和技术手段实现股票、债券、基金、保险等多种金融产品的分散化长期投资，因此不管是行业参与者还是监管者都需要高度重视其潜在的金融风险。

为规范金融机构的资产管理业务，统一同类资产管理产品监管标准，有效防控金融风险，更好地服务实体经济，经国务院同意，中国人民银行、中国银行保险监督管理委员会、中国证券监督管理委员会、国家外汇管理局于 2018 年 4 月 27 日联合印发了《关于规范金融机构资产管理业务的指导意见》（以下简称《意见》）。《意见》对智能投顾行业做出了明确规范，指明了智能投顾行业的改革重点，关键内容如下：

第一，解决资质问题。《意见》第二十三条规定：“运用人工智能技术开展投资顾问业务应当取得投资顾问资质，非金融机构不得借助智能投资顾问超范围经营或者变相开展资产管理业务。”这意味着未来金融机构开展智能投顾业务必须获得金融经营牌照。区

别于传统的人工投资顾问，智能投顾不管是公司的业务资质还是机器算法可行性，都处于监管的灰色地带。从智能投顾的流程来看，涉及现有牌照种类较多，如基金销售牌照、证券投资咨询牌照、资产管理牌照等。上述三类牌照一般由传统金融机构或者大型商业集团获得，申请流程较为复杂且要求严格。《意见》出台后，现有的牌照体系和监管办法可能倒逼部分投顾平台调整业务模式，或主动与传统金融机构合作开展业务。以基金销售为例，投顾平台提供配置建议并推荐产品，通过对接基金公司账户完成销售工作。另外，为应对新业态的出现，监管层是否会从功能监管的角度颁发相应牌照或提供资质备案审核，是当下智能投顾行业所关注的焦点。

第二，为投资者单设智能投顾账户。《意见》还明确提出明晰交易流程，强化留痕管理，严格监控智能投顾的交易头寸、风险限额、交易种类、价格权限等。参照海外金融机构的实践，美国的投顾平台 Personal Capital 直接关联投资账户，通过平台连接使用者账户为其提供全方位金融账户跟踪和分析，根据用户收益提出优化建议。单设账户的直接好处在于为适当性管理、数据统计等实际业务操作提供便利，有利于监管层清晰地认识智能投顾业务的运行情况和发展动态，制定进一步的监管规范，金融机构也可以依此制定业务策略。

第三，加强算法和模型的评估。目前来说，我国智能投顾平台从获得客户风险偏好到制定资产配置组合的中间操作环节始终由平台掌控，对消费者和监管层来说均处于黑箱，难以判断“智能化”建议的真伪，且多数平台的投资标的选择是否具有独立性和客观性也难以保证。《意见》提到：从事智能投顾业务的金融机构需要向监管部门报备智能投顾模型的主要参数以及资产配置的主要逻辑。这一点与美国金融业监管局在 2016 年 10 月发布的《数字化投顾建议》中提到的“应加强直接影响结果的算法、模型、程序和智能体等环节的管理和评估”一致。

第四，应避免算法同质化。《意见》规定：金融机构委托外部机构开发智能投顾算法，应当要求开发机构根据不同产品投资策略研发对应的智能投顾算法，避免因算法同质化加剧投资行为的顺周期性。算法同质化可能会导致企业之间的恶性竞争，同时也可能会引发羊群效应。所以，避免算法同质化，有利于行业的健康发展和投资者权益的保护，同时有利于提高对智能投顾平台资质的要求，避免打着“智能”幌子和炒作“智能投顾”概念的平台扰乱金融市场稳定。

目前从整体来看，算法和模型仍然是智能投顾产品的核心竞争力。一方面，结合国内资产池多为公募基金的特点，关注智能技术开发的平台可以考虑结合交易频率、规模、调仓规则和摩擦成本等维度，利用算法来寻找最优调仓方式，提升调仓效率，节省投资人的时间成本和交易费用，增加投资人的净收益，增强平台的竞争力。另一方面，自 2016 年以来，中国众多金融机构特别是传统金融机构正在金融科技领域积极布局，但如何结合自身优势进行差异化竞争，在智能投顾行业中实现弯道超车，能否如美国市场那样成为市场的领导者，仍有待观察。

总的来说，中国的智能投顾行业还很年轻，还有很长一段路要走。

延伸阅读

Wealthfront 和 Betterment 智能投顾公司介绍

本章小结

本章第一节从智能投顾的起源和背景开始说起，先后介绍了智能投顾的定义、理论基础以及收益原理。第二节和第三节分别介绍了智能投顾的主要模式和国内外智能投顾产业的发展概况。第四节为重点章节，先后介绍了智能投顾的优势和劣势以及智能投顾对传统金融业的意义和影响。最后一节介绍了智能投顾的未来发展趋势。

关键术语

智能投顾、CAPM、MPT、α 收益、β 收益

思考题

1. 智能投顾是在什么背景下产生的？
2. 智能投顾的定义是什么？
3. 哪种智能投顾模式比较好？谈谈你的看法，并说出理由。
4. 智能投顾的优势及劣势分别是什么？
5. 智能投顾的未来发展趋势是什么？
6. 查找国内具有代表性的智能投顾平台，选出其中你最感兴趣的一家，谈谈你对该平台的看法。

第十一章
数字货币

教学目标

1. 初步了解什么是数字货币以及数字货币所带来的风险；
2. 了解目前各国对数字货币的监管态度和举措；
3. 重点掌握中国法定数字货币的设计构想和发行模式。

引言

中本聪关于比特币的创世论文发表于2008年，迄今已逾10年，数字货币也由此受到了信息技术界和金融界的广泛关注。近年来一些国家的中央银行试点发行数字货币，使得数字货币再次成为焦点。十多年来，以比特币为首的类数字货币实现了从“0”到“1”、从小范围到大范围“币圈”的长足发展。然而，从货币的五大职能来看，这些货币似乎都缺乏了作为货币的最基础功能：支付。

数字货币主要是基于区块链和数字技术，被广泛应用于跨境贸易、支付清算和商务汇款等方面。目前，瑞士银行、德意志银行、桑坦德银行和纽约梅隆银行已经开始联合研发数字货币。与此同时，中国也从未停止过探索的脚步，目前国家级的以国家声望、税收等作为信用背书的法定数字货币已进入试点阶段。

第一节　数字货币的概念

一、数字货币的定义

数字货币是一种基于节点网络和数字加密算法的虚拟货币。数字货币的核心特征主要体现在三个方面：(1) 由于来自某些开放的算法，所以数字货币没有发行主体，没有任何人或机构能够控制它的发行；(2) 由于算法解的数量确定，所以数字货币的总量固定，这从根本上消除了虚拟货币滥发导致通货膨胀的可能；(3) 由于交易过程需要网络中各个节点的认可，因此数字货币的交易过程足够安全。

二、互联网与 IT 技术为货币带来的改变

在账户和支付过程完全电子化之后，某些非银机构运行的账户平台依托超出这一平台商品范围的购买力，成为更具一般意义的交易媒介，最典型的例子就是 M-Pesa 和瑞波币。这种系统中的储值形式可以看作基于互联网的“传统”数字货币：它们由法定货币当局之外的机构发行，但仍然基于中心化的发行方式。同时，它们的运作仍然需要依托现有的货币和金融体系。

与“传统”数字货币相比，比特币、莱特币等“狭义”的数字货币或虚拟货币是货币演进过程中更大的飞跃。其特殊性并不仅仅体现在非中心化的发行方式或者匿名性方面，更重要的是体现在它们相对于既有金融体系的独立性方面。理论上，即便所有的金融机构甚至政府都消失，只要互联网能够运行，比特币的拥有者就依旧可以交易。这是法定货币主导经济以来从未出现过的，因此，它对于金融秩序和观念的冲击也远远大于“传统”数字货币。

三、数字货币与货币数字化

数字货币绝非纸币的简单数字化。支付宝之类工具只是钱包和银行卡的一个衍生，背后对应的还是具体的银行卡账号和实打实的纸钞，但数字货币就不一样了，数字货币是支付工具，也就是货币。

四、数字货币与比特币

很多人拿比特币与数字货币做比较，但前者是基本上找不到现实流通场景的虚拟商品，无法和作为流通手段的法定数字货币进行比较。

中国测试的数字货币与比特币相比，去掉了“完全去中心化”和“匿名性”，而这正是法定数字货币能领先于传统纸币、电子支付方式等的显著优势所在。数字货币在发行、流通、储存等各个环节都必须完全透明、完全可查。在大数据下，央行也没有必要再通过那么多级商业银行来完成对个人和企业的授信了。

中国央行的数字货币对人民币国际化来说，未尝不是一种弯道超车的手段。实际上，在数字货币领域，英格兰银行、澳大利亚储备银行等都是先行者。大家的出发点主要在于两个方面：首先，纸币流通成本太高；其次，数字货币可以更有力地影响市场。

那么，有了法定数字货币，比特币这种早期非官方数字货币该何去何从？货币的淘汰很常见，从中国北宋时期的交子到恶性通胀中被市场抛弃的津巴布韦币，历史总在重演。事实上，比特币本身存在各种问题，所以现在很多国家的央行都在研发自己的数字货币。

总而言之，官方加持的数字货币相比比特币应该更可靠。

第二节　数字货币的风险

随着数字经济的不断发展，数字货币的应用范围也逐步扩大，对经济、金融乃至整个社会的影响也在日益增强。数字货币诞生于互联网，它的发展也依赖于互联网，这导致使用数字货币的金融体系中的各类风险的危害更容易被传染和放大。同时，数字货币的技术复杂性和交易私密性也使数字货币暗含的各类风险更不容易识别和评估，具有严重的不可预知性。数字货币的发展关乎经济、金融和社会各个方面，其中涉及的利益方包括数字货币持有者、政府、数字货币发行人以及数字货币交易商。它们在数字货币体系中的角色定位不同，承担的风险亦有差异。

一、数字货币持有者角度的风险

数字货币持有者面临的主要风险包括交易和持有过程中的市场风险，源于平台和交易对手的信用和欺诈风险，源于交易系统的安全漏洞、故障以及自身操作的技术和操作风险，以及源于非法交易的法律合规风险等。例如，2024 年初，比特币的交易价格为 43 906 美元/枚，市值接近 9 150 亿美元。2024 年 12 月 17 日，比特币价格冲上 108 353 美元/枚的历史新高，折合人民币突破 800 000 元/枚。数字货币尚处于早期发展阶段，其价值和价格形成机制还远未形成市场共识，价格剧烈波动，市场风险很大。2013 年美国的某著名毒品、武器犯罪网站就是利用数字货币的匿名性和远程交易的便利性，诱使人们利用数字货币从事毒品、枪支等各种非法交易，致使数字货币沦为犯罪工具，数字货币持有人遭受法律风险。此外，2014 年 2 月，曾经是世界上最大的比特币交易所的 Mt. Gox 公司因无法到期兑付投资者存于该公司的比特币而宣告倒闭，致使大批投资者因遭受重大信用风险而血本无归。

二、政府角度的风险

数字货币的无序和野蛮发展不仅会侵蚀国家货币主权（损失铸币税），扰乱正常的金融和经济秩序，而且会严重危害国家金融安全，诱发系统性金融风险。如果监管不力，数字货币的匿名性和跨境支付时的便利性，可能会为跨境洗钱和恐怖犯罪活动提供便利条件。例如，福莱（Foley）等对 2009—2017 年的比特币交易用户数据进行分析后发现，比特币交易中，25%的用户、44%的交易次数、20%的交易金额和 51%的持有量与非法活动有关。从时间上看，非法活动的交易金额占比虽有所下降，但是绝对数量仍持续增加。2013 年 5 月，汇兑公司 Liberty Reserve 因涉嫌洗钱和无证经营资金汇划业务被美国国土资源部取缔从事虚拟货币交易业务的权利。该案件涉及的洗钱金额高达 60 亿美元，成为历史上最大的国际洗钱诉讼案例。2017 年 6 月，我国深圳警方侦查发现，深圳普银区块链集团有限公司通过“趣钱网”平台，利用数字货币手段非法吸收公众资金达 3.07

亿元。2018 年 1 月—2021 年 9 月，“TW711 平台”“火速平台”等网站以虚拟货币泰达币为媒介，为客户提供外币与人民币的汇兑服务。换汇客户在上述网站储值、代付等业务板块下单后，向网站指定的境外账户支付外币。网站以上述外币在境外购买泰达币后，通过非法渠道卖出取得人民币，再按照约定汇率向客户指定的境内第三方支付平台账户支付相应数量的人民币，从中赚取汇率差及服务费。上述网站非法兑换人民币 2.2 亿余元。

三、数字货币交易商和数字货币发行人角度的风险

数字货币交易商和数字货币发行人从事数字货币业务除遭受各类市场风险、信用风险、法律合规风险之外，更严重的是还可能遭受技术安全漏洞和重大操作失误引发的技术风险和操作风险。迄今为止最大的加密货币黑客攻击发生在 2022 年 3 月，目标是支持流行的 Axie Infinity 区块链游戏平台的网络。黑客入侵了 RoninNetwork，盗走了价值约 6.25 亿美元的以太币和 USDC（一种稳定币）。一个月后，Sky Mavis（Axie Infinity 的开发商）追回了 570 万美元的被盗资金，但这仍然是历史上最大的加密货币黑客攻击。2016 年 6 月，黑客利用 The DAO（分布式自治组织）项目中代码里的一个递归漏洞，从 The DAO 资金池里分离资产，然后利用 The DAO 的第二个漏洞，规避资产被销毁。经过两百多次攻击，黑客总共盗走了 360 万以太币，超过了该项目筹集的以太币总数的三分之一，对以太币乃至整个“币圈”造成了严重打击。

第三节　数字货币的监管

目前，数字货币已引起各国政府高度关注，全球主要国家已开始着手建立关于数字货币的国际监管协调机制框架。数字货币作为新生事物，人们对它的本质、内涵、发展和影响的理解远非深刻、全面，各国监管当局和国际组织在数字货币的监管理念、方法和法律制度方面仍然存在分歧。在对数字货币的监管态度上，众多国家也分化为不同阵营，并制定了自己的监管举措。

一、北美洲国家对数字货币的监管

随着比特币等数字货币的发展，美国政府和监管当局建立了包含税收、反洗钱等在内的多方监管机制。一是从消费者权益保护角度出发，各州政府根据实际情况创新监管制度，规范数字货币的发展。例如，纽约州制定了《虚拟货币监管法案》，通过反洗钱措施来维护数字货币消费者的利益。加利福尼亚州出台了《监管数字货币法案》和《虚拟货币商业统一监管法》，强制要求经营数字货币的机构依法许可经营，加强网络安全和反洗钱监管，推动美国数字货币监管进程。二是实施多重监管。美联储等银行监管机构利用《银行安全法》中的客户认证、反洗钱措施等加强对数字货币的监管。美国证券交易

委员会对数字货币投资者进行风险提醒，强调在一定时期加大监管力度。美国国税局将虚拟数字货币视为财产，并将虚拟数字货币交易纳入缴税范围。美国商品期货交易委员会将比特币等数字货币列入大宗商品范畴，并拥有对不当交易行为进行惩罚的权力。

近年来，美国已经将数字资产的发展上升到国家战略层面。2022 年 3 月，美国总统拜登签署《关于确保负责任地发展数字资产的行政命令》，标志着美国的数字资产发展上升到国家战略层面。该行政命令提到加密资产规模迅速扩张带来的各方面风险，推动加密资产监管进入统筹整合阶段。作为对上述行政命令的回应，白宫于 2022 年 9 月发布首个《关于负责任地开发数字资产的综合框架》，表达了对加密资产在消费者/投资者保护、国家安全和环境等方面的担忧，同时强调要巩固美国在这一领域的优势地位，建议加强监管机构合作和公私合作。财政部在同期发布的报告中，则建议美国监管和执法机构对加密资产行业的非法活动进行监控、发布监管指南和规则并加强彼此合作。在央行数字货币方面，拜登签署的行政命令将央行数字货币的研发工作置于最高优先级，指出美国应在涉及央行数字货币的国际论坛和多国对话中彰显领导力。依照该行政命令的要求，美国财政部于 2022 年 9 月发布题为《未来的货币和支付系统》的报告，探讨了潜在的美国央行数字货币设计选项。为支持美联储的工作，财政部将领导一个跨机构的“央行数字货币工作组”来协调相关事宜。同月，白宫科技政策办公室发布报告，阐述了美国央行数字货币系统应支持的 8 个政策目标，在这些目标下探讨了美国央行数字货币系统的技术设计选择及其影响。白宫科技政策办公室将加入由财政部领导的央行数字货币工作组，还将与国家科学基金会一同制定国家数字资产研发计划以支持美联储的工作。

加拿大货币当局坚信数字货币会深刻改变未来货币政策体系。加拿大银行认为，技术进步使得金融与技术融合更加深化，比如，支付清算体系结构可能因银行和零售部门之间的支付结算（清算）变化，特别是数字货币的产生而改变，最后可能对货币政策传导产生系统性的影响。加拿大监管部门将 ICO（首次代币发行）定义为证券发行，并实现了国内 ICO 项目合法化。2011 年加拿大数字货币及相关产品的交易规模约为 2.4 亿笔、近 100 亿加元，占整个支付体系的比重大约为 2%，但是，其后每年增长速度基本超过 40%。随着新技术和金融业务的融合，分布式账本技术对支付清算体系的影响成为加拿大央行 2016—2018 年研究及工作计划中的一个重要任务。

二、欧洲国家对数字货币的监管

英国是世界上对数字货币最开放的国家之一，其数字货币发展历程可分为两个阶段：2020 年以前的重心在于发展加密货币交易市场并完善监管，2020 年及以后开始加强中央银行数字货币研发和数字稳定币监管。为吸引国际资本、拓展伦敦国际金融中心的业务，英国很早就对加密货币市场开放，并致力于完善监管制度，逐步建立起涵盖税收、反洗钱和投资者保护等方面的监管体系。2014 年 9 月，英国税务海关总署发布简报，明确了对从事加密货币活动获利的税收处理以及从事这类活动需缴纳的相关费用。2015 年 5 月，英国财政部发布监管指导文件，提出将对数字货币交易所进行反洗钱监管。2016 年，英国正式启用“监管沙盒”制度，成为其创新监管机制的重要一步。英国金融行为监管局将区块链技术放到“沙盒”里面进行实践——允许公司在真实市场环境中测试产品和服务但采用适当的保护措施，保证了区块链项目在政府可控的范围内发展。2018年3月，英国财政部、金融行为监管局和英格兰银行共同组建加密资产工作组，并于当年10月发布报告，提出英国将保障加密资产市场安全透明，对加密资产实施立法以保护消费者和维护金融稳定，积极鼓励加密资产领域创新。同年12月，英国税务海关总署正式发布关于加密资产的税收政策文件，明确了针对个人与企业的加密资产税收征缴办法。随着监管框架的完善，英国加密货币市场蓬勃发展。截至2021年6月，英国加密货币持有人数已升至约230万人，占成年人口总数的4.4%，同时人均持有量中位数在一年间从260英镑升至300英镑。

2018年，法国政府成立工作组制定了有关加密数字货币监管的法律法规，以防范利用数字货币交易逃税、洗钱或资助犯罪等活动。另外，法国金融市场监管局也正在考虑加强对数字货币衍生品的监管。然而，近年来，法国政府也开始转变对数字货币的态度。2019年12月，法兰西银行行长弗朗索瓦·维勒鲁瓦·德加约宣布，法国央行将于2020年开始进行央行数字货币试验。这在欧元体系国家中尚属首例，有助于欧元体系最终推出数字欧元。2020年4月，尽管面对新冠疫情，法国央行仍继续推进数字货币试验。法国央行的试验项目与私企合作，采用区块链技术，打造主要用于银行间交易的数字货币。5月20日，法兰西银行发布公告表示，已成功试验其团队开发的区块链，未来可用该技术发行央行数字货币。5月27日，法兰西银行发布公告，召集从7月起参与试验其数字货币的银行。7月20日的公告称，已确定8家银行进行银行间使用央行数字货币结算的试验。试验目的是探索利用新的金融工具进行交易，试验使用央行数字货币进行清算，以改善跨国界支付的实现条件，试验银行使用央行数字货币的方式。2021年1月19日，法兰西银行发布公告表示，2020年12月17日开始，该机构与IZNES公司合作进行的央行数字货币试验取得成功，试验所用的区块链来自总部位于英国的区块链服务提供商SETL，投资者在试验中可在私密区块链中购买和出售货币基金份额，试验涉及份额价值超过200万欧元。

三、亚洲国家对数字货币的监管

日本是全球数字货币交易和使用最活跃的国家之一。日本政府对加密资产秉承开放包容的态度，支持加密资产的交易所买卖，允许加密资产成为合法支付方式，2017年一度成为全球比特币第一大交易市场。日本央行较早注意到数字货币技术在央行批发业务中的应用潜力，从2016年起与欧洲央行在这一领域合作开展研究，但对开发面向大众的中央银行数字货币态度谨慎。日本私人数字货币和央行数字货币的发展密不可分，日本的数字货币发展得益于政府对私人数字货币的支持及其推动国内支付创新的期待，因而零售央行数字货币可能对支付行业产生的冲击是日本央行对央行数字货币持谨慎态度的重要原因。从日本私人数字货币和央行数字货币相互联系的发展过程，可以看出日本政府和货币当局在发展与安全上的权衡取舍。

新加坡对数字货币实行分类监管，即资本市场产品遵循《证券和期货法案》；工具性通证产品则相对自由和灵活。这两类产品只要遵循客户认证和反洗钱等法规，通常政府监管当局就不会干预。同时，新加坡还允许和鼓励数字货币进入“监管沙盒”进行监管实验，以促进数字货币更好地发展。

韩国监管当局对数字货币的监管对象主要是为数字货币交易提供账户服务的银行，要求数字货币交易实行实名制管理，旨在加强银行在反洗钱等方面的合规性和透明度。另外，韩国金融服务委员会明确表示，鉴于数字货币可能会对韩国的货币乃至整个经济系统造成严重影响，因此禁止所有类型的 ICO。然而，近些年，韩国央行对数字货币的态度也越来越积极。2024 年 9 月 24 日，韩国中央银行宣布将于 12 月启动央行数字货币支付试验，吸引了广泛关注。这项试验计划招募 10 万名参与者，允许他们通过数字代币在超市和便利店进行日常购物。这一举措凸显了其在数字货币领域的创新决心。

四、我国对数字货币的态度及监管举措

中国政府和监管当局从保护投资者利益、防范金融违法和维护金融稳定出发，对比特币等数字货币交易及相关业务一致采取较为严格的监管和控制。2013 年，中国人民银行等五部委联合发布《关于防范比特币风险的通知》，禁止银行及相关清算机构从事数字货币业务活动。2017 年，随着数字货币的发展，通过发行代币进行融资的方式盛行。鉴于数字货币交易平台违法融资融币及利用数字货币洗钱和诈骗等违法行为频发，为了防止对我国金融稳定和金融安全造成严重危害，2017 年 9 月，中国人民银行等七部门发布《关于防范代币发行融资风险的公告》，及时停止 ICO 融资活动，旨在维护金融市场稳定，保护消费者利益。随后，相继关停了数字货币交易平台的注册渠道和提现业务，全面封杀比特币等数字货币交易渠道。近年来，比特币等虚拟货币交易炒作活动盛行，扰乱经济金融秩序，滋生洗钱、非法集资、诈骗、传销等违法犯罪活动，严重危害人民群众财产安全。按照党中央、国务院决策部署，2021 年 9 月，中国人民银行等十部门发布《关于进一步防范和处置虚拟货币交易炒作风险的通知》（以下简称《通知》）。《通知》再次强调具有非货币当局发行、使用加密技术、分布式账户或类似技术、以数字化形式存在等特点的虚拟货币，如比特币、以太币等，包括泰达币等所谓稳定币，均不具有与法定货币等同的法律地位，不能作为货币在市场上流通。《通知》明确指出，虚拟货币兑换、作为中央对手方买卖虚拟货币、为虚拟货币交易提供撮合服务、代币发行融资以及虚拟货币衍生品交易等虚拟货币相关业务全部属于非法金融活动，一律严格禁止，坚决依法取缔；境外虚拟货币交易所通过互联网向我国境内居民提供服务同样属于非法金融活动。

在加大监管力度的同时，中国政府仍然坚持加快推进法定货币数字化进程，积极制定和修改法定数字货币原型方案，探索和研究数字人民币。2017 年，由央行主导发行的法定数字货币已在票据领域完成试运行，推动了数字货币在我国合法化的进程。2018 年 1 月，数字票据交易平台生产系统上线试运行，结合区块链技术对前期数字票据交易平台原型系统进行了全方位完善和改造。2019 年 8 月，中国人民银行指出下半年要加快推进法定数字货币研发步伐，跟踪国内外虚拟货币发展趋势。同年 9 月，数字人民币进入

闭环测试阶段。2020 年 1 月，中国人民银行发布《盘点央行的 2019：金融科技》，表示基本完成法定数字货币顶层设计、标准制定、功能研发、联调测试等工作。2020 年 7 月，中国人民银行数字货币研究所先后与滴滴出行、美团、哔哩哔哩等互联网企业达成战略合作协议。同年 8 月，商务部印发《全面深化服务贸易创新发展试点总体方案》，在京津冀、长三角、粤港澳大湾区及中西部具备条件的试点地区开展数字人民币试点。2021 年 1 月，第二批数字人民币面向公众的试点包括上海、海南、长沙、青岛、大连、西安六地。2022 年 3 月，全国第三批数字人民币试点地区亮相，包括天津市、重庆市、广东省广州市、福建省福州市和厦门市以及浙江省承办亚运会的 6 个城市（杭州、宁波、温州、湖州、绍兴和金华）。2021 年 12 月，国务院发布《"十四五"数字经济发展规划》，文件指出，到 2025 年，数字经济迈向全面扩展期，数字经济核心产业增加值占 GDP 比重达到 10%。数据要素市场体系初步建立，数字产业化水平显著提高，产业数字化转型迈上新台阶。2022 年 2 月，中国人民银行、市场监管总局、银保监会、证监会联合发布《金融标准化"十四五"发展规划》，强调稳步推进金融科技标准建设，稳妥推进法定数字货币标准研制。

第四节　中国法定数字货币探讨

一、我国发行法定数字货币的基础

中国央行研发的 DC/EP①，缘起无处不在。我们每个人都是数据的提供者，我们日常生活中上传的图片、视频，在购物平台的每次交易，在网站的每次搜索，在医院的就诊记录等都在不断产生数据。随着互联网行业的快速发展以及云计算、物联网等新兴技术的运用，数据种类不断增多，数据规模不断增大，形成海量数据，引领我们来到了大数据时代。实际上，"大数据"并非一个新词，早在 1980 年阿尔文·托夫勒便在《第三次浪潮》一书中明确提出"数据就是财富"这一观点，并将大数据热情地赞颂为"第三次浪潮的华彩乐章"。随着大数据技术的发展，大数据已经渗透进我们的生活，产生了各种各样的应用场景，并被广泛应用于医疗、金融、商业、人文等各个领域。大数据也为传统行业带来了变革，使传统行业可以通过数据分析提高运营效率，创造更多商业模式和盈利点。在医疗保健、社会治理（如城市交通、老年服务、城市安全等）等多个领域，大数据分析的应用范围持续扩大。

数字货币的动力机制其实是供给侧和需求侧共同作用的结果。从技术创新供给的角度来看，金融科技的发展为法定数字货币的发展提供了强大的技术支撑。金融科技的发展呈现出数字化、数据化、信息化和网络化趋势，为法定数字货币的产生、运行和发展提供了良好的科技运行环境。比如：全球金融基础设施的电子化和网络化程度的不断提高，为数字货币的创新提供了一个平台；信息通信技术的长期进步趋势使支付服务成本

① DC 为 Digital Currency 的缩写，即数字货币；EP 为 Electronic Payment 的缩写，即电子支付。

更低、安全性更高，同时可以更加方便地实现互联和集成；而以分布式账本为基础的加密货币技术增强了数字货币的扩散可行性。从货币需求的角度来看，以电子商务、“互联网＋”为代表的新经济的发展壮大，催生了货币用户对更安全、更高效、成本更低、结算更快的数字化支付方式与金融服务模式的需求。

从中央银行的角度来看，目前私人部门发行的货币具有许多弊端，比如价值不稳定、公信力不强、可接受范围有限、容易产生极大的负外部性等。为了进一步克服虚拟货币的弊端，各个国家的央行逐渐开始研究法定数字货币。

二、我国法定数字货币的设计构想与特点

我国法定数字货币的初步界定是：由中央银行主导，在保持实物现金发行的同时发行以加密算法为基础的数字货币，即所发行货币的一部分由数字货币构成。

我国许多学者在数字货币框架顶层设计、底层技术运用方面做了很多研究。有学者提出：数字货币必须是法定货币，是一种有管理的货币，且法定数字货币的发行模式应与现行货币发行、支付结算系统相适应，避免对传统货币体系产生过大的冲击。同时，中国法定数字货币发行的前提是：在保持实物现金发行的同时，使法定电子货币成为所发行货币的一部分。在此基础上，我国提出了数字货币原型方案。由于法定数字货币必然受到现有支付体系、信息技术的影响，我国法定数字货币的运行应当符合“中央银行-商业银行”的货币发行二元机制，还应建立中心化数字货币体系。

三、我国发行法定数字货币的影响

我国发行法定数字货币主要面临技术、法律、信息安全三方面的挑战，可通过改进技术、完善法律体系、创新监管机制、加强国际交流与合作等方式推进法定数字货币良性发展。法定数字货币的发行对我国银行系统和金融结构的冲击可控，并且长期来看有利于经济的增长。总体来说，法定数字货币的推出可以带来正面的经济效应。

四、我国法定数字货币的发展历程

中国人民银行成立的法定数字货币研究小组早在 2014 年就已经开始进行前期研究，以论证中国人民银行发行法定数字货币的可能性。2016 年 1 月，中国人民银行数字货币研讨会在北京召开。会议认为，探索央行数字货币具有积极的现实意义和深远的历史意义，中国应早日推出央行发行的数字货币。2017 年 1 月，中国人民银行正式成立数字货币研究所；同年，经国务院批准，中国人民银行组织开展名为 DC/EP 的法定数字货币研发工作。2018 年 8 月，数字货币研究所提出了“双层框架”的央行数字货币。2019 年 2 月，央行专业会议再次表示要加大改革创新力度，深入推进央行数字货币研发，这预示着我国离真正的社会化数字货币又迈进了一步。2019 年 5 月，在 2019 中国国际大数据产业博览会上，中国人民银行数字货币研究所新开发的 PBCTFP 贸易融资的区块链平台亮

相，其服务于粤港澳大湾区贸易金融。2019 年 8 月，中共中央、国务院发布《关于支持深圳建设中国特色社会主义先行示范区的意见》，提到“支持在深圳开展数字货币研究与移动支付等创新应用”，央行再次加快了法定数字货币的研发进程。2019 年 9 月，中国人民银行行长易纲公开表示，央行数字货币 DC/EP 的研究已经进行五年，现已取得巨大进展。

央行把数字货币和电子支付工具结合起来，称为数字货币和电子支付一揽子计划。将来数字货币和电子支付的目标是替代一部分 M0。数字货币未来的框架是中央银行和商业银行双层运行体系，不改变现有的货币投放路径和体系，可以充分调动市场的积极性。

2019 年 11 月，中国人民银行副行长在出席第八届中国支付清算论坛时表示，目前央行法定数字货币 DC/EP 基本完成了顶层设计、标准制定、功能研发、联调测试等工作，下一步将合理选择试点验证地区、场景和服务范围，稳妥推进数字化形态法定货币出台应用。2020 年 4 月，央行数字货币开始内部测试支付等领域的应用场景。截至 2024 年，央行尚未公布发行央行数字货币的时间表，仍将继续开展一系列研究、测试、试点、评估和风险防范，特别是数字货币如果跨境使用，需要考虑反洗钱、反逃税、反恐融资和客户认证等一系列监管要求。

五、法定数字货币的重要性

从潜在优势来看，发行法定数字货币有利于提高跨境支付效率，促进我国大数据分析在金融领域的运用，有助于提升人民币在国际货币体系中的不足，解决交易时滞长及交易成本较高的问题。在分布式账本技术下，一是跨境结算将从传统的由多机构逐个审批的方式变成所有业务节点实时同步确认，大幅缩短了结算时间。这将使更多国家接受人民币作为跨境结算工具，有助于人民币国际化的稳步实现。二是法定数字货币所有的流转、交换信息都可实时追踪，使货币数据可及时、完整地用于记录和进行大数据分析，解决当前由于后验式统计、估算货币数据而导致的数据在政策制定与监管效力方面的滞后性。法定数字货币的发行加上大数据分析技术在金融领域的运用将为货币政策及宏观审慎监管提供准确及时的数据平台。

从当前人们的支付习惯来看，飞速发展的电子支付、移动支付技术已经让人们逐渐适应了一个无现金的社会，这也给法定数字货币的发行奠定了基础。另外，我国正试点发行的法定数字货币具有易监管、成本低、效率高、安全、便利的特性，它弥补了电子支付和私人数字货币存在的缺陷，成为可代替现有支付体系的最完美的货币形式。

总体来看，发行数字货币符合我国经济发展趋势，我国法定数字货币的发行具有一定的必然性。

六、我国法定数字货币的发行模式

当今世界各国主要探讨的数字货币的发行模式有两种：一是由中央银行直接向社会公众发行数字货币，即一元发行模式；二是“中央银行-商业银行”二元发行模式。由于我国发行的法定数字货币并不是简单地实现货币的电子化，其在一段时间内与现金发行流通是兼容并蓄的，所以我国在保证充分发挥法定数字货币的优势的同时，也要保证经济金融平稳运行，避免发生金融脱媒现象。就我国法定数字货币的发行模式而言，由央行提出的“中国人民银行-商业银行”二元发行模式是符合我国国情和金融环境的正确之举，也是兼顾有效监管并得到国际主流认可的一种发行模式。

简言之，第一步，由中国人民银行将法定数字货币发行到各商业银行；第二步，由商业银行为社会大众提供法定数字货币的支付等服务。这样，法定数字货币的发行渠道就构成了由中国人民银行主导、商业银行参与的二元模式，商业银行与中国人民银行将共同承担法定数字货币的运维工作。这本质上仍然是沿用传统的发行方式，但由于发行的货币由实物货币变成了数字货币，发行形式发生了根本性变化：货币的发行由传统的物理运输变为银行内部的数字划转；货币的存管地点由中国人民银行的发行库和银行机构的业务库变成了储存数字货币的云计算空间；个人的资产由现金变成了电子钱包中的金额。

具体来看，中国人民银行设计的法定数字货币的核心架构为“一币、两库、三中心”。“一币”是指携带全信息的加密法定数字货币；“两库”即中国人民银行法定数字货币发行库和存放法定数字货币的商业银行数字货币库；“三中心”是对法定数字货币从产生到消亡全流通过程进行管理的中国人民银行中央系统登记和认证中心、对各类用户身份的登记采集中心以及对支付、监管、反洗钱等进行行为分析的大数据分析中心。中国人民银行发行系统作为核心系统，由相关部门负责开发和维护。商业银行系统和其他系统应用都关联在此系统内。各商业银行的代发系统作为中间代理负责串联中国人民银行法定数字货币发行库和用户钱包、客户端，形成完整的法定数字货币收付链条。用户将法定数字货币存放在商业银行端，通过中国人民银行开发的网联中心实现往来结算。法定数字货币由中央银行产生，拨付商业银行前存放在中国人民银行法定数字货币发行库。商业银行提出资金使用需求后，通过业务系统完成中国人民银行法定数字货币发行库至商业银行数字货币库的汇划过程。大众使用法定数字货币进行支付、转账等业务时，可直接在央行数字钱包 App、银行自助终端机、银行柜台办理业务，从而实现法定数字货币的通存通兑、自由转化。

资料显示，央行数字货币 DC/EP 可以实现与人民币现钞同等的功能属性，被定义为“具有价值特征的数字支付工具”。一单位的数字货币等值一元人民币。DC/EP 采用的是双层运营体系，即央行对商业银行和商业机构，商业银行和商业机构对公众；采用混合架构，即央行保持技术中性，不干预商业机构技术路线选择；管理上采取部分中心化模式，保留中央银行控制权，商业银行向公众兑换数字货币时，采用区块链技术或者传统账户体系都可以。DC/EP 的投放过程跟纸钞投放一样：商业银行在央行开户，全额缴纳准备金，个人和企业通过商业银行和商业机构开立数字钱包。用户只要下载一个 App 进行注册，就可以使用数字钱包。此外，央行数字货币 DC/EP 还具有诸多新特点，如不需要绑定任何银行账户，摆脱了传统银行账户体系的控制。在具体场景中，只要手机上有 DC/EP 的数字钱包，无须网络，只要两个手机相碰，就能实现转账功能。传统电子支付在没有信号的环境中无用武之地，而 DC/EP 不需要网络就能支付，因此也被称为收支双方“双离线支付”。考虑到居民消费的隐私权，DC/EP 既能保持现钞的属性和主要价值特征，又能满足便携和匿名的诉求。

从当前各国央行及国内外诸多组织机构、专家学者在法定数字货币领域的设计研发经验来看，中国人民银行设计构想的这套法定数字货币体系，能够实现与现有货币发行流通体系的兼容，很有可能成为引领世界各国法定数字货币的主要参考模式之一。

七、我国法定数字货币发行可能带来的问题分析

当今世界各国央行关于法定数字货币的研究大多还处于理论分析阶段，中央银行只能不断推测和评估法定数字货币的引入可能会带来的一切问题，并在此基础上不断完善数字货币体系。能否很好地预测及处理这些影响与风险决定了我国圆满完成货币体系转换的可能性。

（一）对支付体系的影响

我国现有现金支付体系尚有不足，尤其表现在远程支付结算和大额交易上。法定数字货币的提出可以在继承现金支付优势的基础上弥补这些不足。一是货币数字化方式可大幅减少发行与流通成本，解决现金易丢失、易损毁的问题。二是交易的数据可追踪，方便打击洗钱、逃税、恐怖融资等违法经济活动。三是依托成熟的移动支付技术，可快速完成远程及大额交易，使支付体系更加快捷、便利，降低货币发行与流通的成本，推动普惠金融的发展和人民币国际化。与此同时，法定数字货币的推行也会面临潜在的风险和挑战。首先是网络安全问题。支付结算系统中往往存在恶意软件、木马病毒以及欺诈等网络威胁，法定数字货币的运行可以追踪到每一笔交易记录，这在增加交易透明度的同时也存在泄露用户隐私的风险，同时大量资金通过电子方式快速转移也会使欺诈的影响扩大。如果出现个人信息大规模泄露等情况，将会导致人们对法定数字货币的信任度下降，严重影响中央银行的公信力。此外，法定数字货币要进行推广，必将对所有经济参与者和攻击点开放。如果法定数字货币的某个节点遭到不可抵御的恶意攻击，风险可能迅速扩散到整个货币体系，带来不可想象的灾难。因此，能否建立强大的网络安全系统是先决条件。其次是技术与基础设施问题。转换成一种全新的货币体系需要强大的技术支持，当前我国掌握的信息技术能否支持货币体系的完美转换还不得而知。2019 年 9 月，中国人民银行数字货币研究所所长穆长春表示，中国法定数字货币将实现“双离线”匿名支付，即不需要账户及网络，只需两部手机接触即可实现转账功能。这解决了偏远无网络覆盖地区的数字货币支付难题，但这在提供支付便利的同时也增加了安全隐患。最后，央行还需考虑反洗钱、反逃税、反恐怖融资等问题。央行如何平衡交易透明度与用户隐私保护、交易记录追溯与信息保密之间的关系，将决定央行对用户交易信息安全的保护力度和对洗钱等网络经济犯罪活动的打击力度。

（二）对货币政策的影响

货币政策是央行通过调节货币供给量来调控经济运行的主要手段，能否有效预测和

利用法定数字货币对货币政策实施和传导的影响，直接决定了这种新型货币体系的建立和推广。部分研究者认为，发行法定数字货币会加强利率在货币市场的传导，有利于货币政策的精准实施。借助区块链技术，法定数字货币中心化的特征使得资金可以被精准追踪和查询，央行可以精确地测量出货币的流通速度，分析货币结构，从而制定更精准有效的货币政策。

（三）对金融稳定的影响

法定数字货币的发行不仅需要考虑其对支付体系及货币政策方面的影响，而且需要考虑其对金融市场、金融稳定的影响。部分学者认为，我国的法定数字货币可实现不借助第三方，依托其特有算法进行自由交易，这可能会使传统商业银行的职能被弱化，引发“狭义银行”的问题。而“狭义银行”会限制商业银行的业务范围，导致商业银行可能会通过扩大高风险贷款规模来实现盈利，从而影响金融稳定。同时，数字货币的推广会使资金从商业银行流转到中央银行的资产负债表，而商业银行缩表所造成的影响无法评估，所以法定数字货币的发行，需要商业银行随之改变运营模式。但是，“狭义银行”问题也可通过一些措施避免：一是商业银行可提高利率，只要其存款利息高于中央银行数字货币，便不会出现大量资金从商业银行流入中央银行的情况。二是商业银行经过不断创新，其业务早已不局限于存贷款，通过创新产品同样可以吸引资金流入，获得收益。央行数字货币对商业银行来说虽是挑战，但也是促使其不断创新与转型的契机。三是央行可限制银行存款向央行数字货币每日转账的限额，降低大额央行数字货币的吸引力。总的来说，银行存款是否会大规模转移主要还是取决于商业银行自身的经营能力和服务水平。

延伸阅读

数字技术运用的案例

本章小结

数字货币是一种基于节点网络和数字加密算法的虚拟货币。数字货币又并非简单的数字的货币化，由于有取代主权货币的嫌疑，其在发展过程中遇到了许多的阻碍和各国政府的打压。与此同时，数字货币的发行本身也会给数字货币持有者、政府、数字货币发行人以及数字货币交易商带来各种风险，于是数字货币的监管便应运而生。然而，各国对于数字货币的监管和举措又迥然不同，我们简要地阐述了北美洲、欧洲及亚洲各国对数字货币的态度和监管举措。基于我国对数字货币实行较为严格的监管和控制，我国一直在谨慎地推进法定数字货币的建设工作。目前，我国法定数字货币的设计构想主要还是对 M0 的替代，运行模式应当符合“中央银行-商业银行”的货币发行二元机制。我国的主要思路是建立中心化数字货币体系。

关键术语

数字货币、二元机制、法定数字货币、区块链、中心化

思考题

1. 为什么我国需要推进法定数字货币？我国推进法定数字货币有哪些好处？

2. 我国法定数字货币发行可能会带来哪些问题？请你分别从支付体系、货币政策、金融体系三个角度谈谈自己的看法。

3. 为什么我国法定数字货币的运行会优先考虑采取中心化数字货币体系？这样做有哪些优势？

第十二章

量化投资

教学目标

1. 理解量化投资的基本概念；
2. 了解国内外量化投资的现状；
3. 理解量化投资与传统投资的主要差异；
4. 了解量化投资常用的数据源与工具；
5. 深入理解量化投资策略的开发实例。

引言

从全世界来看，量化投资于20世纪70年代开始兴起，已经发展了50余年。在过去的10年里，全球顶尖的对冲基金公司凭借对金融算法模型的高度追求，赚得盆满钵满。它们改变了股票市场的游戏规则，主导着量化金融这个行业。

量化投资的成功与否取决于投资策略的质量，而投资策略的表现形式是数学模型。量化投资的过程一般分为几个步骤：第一步，计算机通过模型的判断发现市场上的交易机会，交易机会一般体现为金融投资产品的不合理定价。第二步，计算机迅速对机会进行分析，看其是否达到买卖条件，若达到条件则计算买卖数量。第三步，计算机执行程序化的买卖指令。然而，在市场交易过程中，金融投资产品的不合理价格出现时间非常短暂，而策略模型能否时刻正确判断出某些金融投资产品的价格是否合理并迅速进行交易决定了量化投资的成败。

第一节　量化投资概述

量化投资以股票价格、日成交额等大额数据为参考样本数据并建立数学模型，同时采取仿真分析及迭代方法不断修正数学模型，直到模型可以用来预测并指导投资交易。在量化投资中，我们可以为任何一个投资方案或者设想设计一个数学模型，之后利用大数据库的现有数据进行迭代法测试分析，以此来判别数学模型的有效性。

传统投资方式基本上是进行传统的技术分析或对公司的经营状态进行基本分析，存在一定的局限性；而量化投资所做的分析是基于大量市场数据，数据样本空间容量足够大，可以快速进行运算，而且排除了投资者个人心理因素的主观影响，科学性和时效性更强。量化投资是一种主动投资方式，其涉及数学模型的选择、自变量的选取、数学模型的验算迭代等。

量化投资在制定交易策略时必须立足于投资市场、投资产品等。具体交易平台则是以计算机程序为基础的线上交易平台系统。进行量化投资交易时通常会遇到各种较为复杂的情况，但是基本前提都是要依据现有的既定的大量数据，灵活采用各种方法来判断投资对象是否值得投资。

一、量化投资的定义

量化投资是一种利用计算机的高效计算程序进行复杂运算，以期从数据中挖掘盈利机会、进行投资决策、执行交易、预测预警和管理控制风险，以获得超额收益和长期稳定盈利的投资方法。

二、量化投资的起源

量化投资看似神秘，但并不古老，它从 20 世纪 70 年代开始逐渐兴起，90 年代才大行其道。这是由于量化投资需要同时满足很多条件才能诞生和发展。神秘莫测的量化投资技术并非源于市场，而是始于学术界被正统思想所排斥的少数偏才、怪才。正是这些来自象牙塔的现代理论，才造就了量化投资。

1952 年，马科维茨在其博士学位论文中提出了投资组合理论，该理论以期望衡量收益、以方差衡量风险，第一次正式将收益和风险这两个股票市场中最重要的概念数量化，马科维茨也因此成为现代量化投资理论的鼻祖。随后托宾提出了分离理论，但仍需要利用马科维茨的系统执行高难度的运算。1963 年，马科维茨的学生威廉·夏普提出了投资组合的简化模型，也称单一指数模型，使得马科维茨费时 33 分钟的计算模型被简化为只费时 30 秒的模型，大大提高了运算效率，并因此节省了电脑内存，可以处理相当于前者 8 倍以上的标的证券。1964 年，夏普又在简化模型的基础上进一步发展，提出了金融界尽人皆知的资本资产定价模型（CAPM）。CAPM 作为一个里程碑式的理论发现，既可以用于预测风险和期望收益，又可以用于投资组合的绩效分析。之后罗斯（Ross）在 CAPM 的基础上提出了套利定价理论（APT），提供了一种方法来评估影响股价变化的多种经济因素。1973 年，布莱克（Black）和斯科尔斯（Scholes）正式提出了期权定价理论。自此，衍生品市场的重要产品期权开始迅速发展，为量化投资的兴起提供了更多的工具和更大的操作空间，加速了量化投资的崛起。

三、国内量化投资的发展前景和发展方向

相对于量化交易占据 70%交易量的发达金融市场，国内量化投资的交易量仍远远不

足，处于刚刚起步的阶段。因此，以程序化交易为主的量化交易在国内还有着巨大的发展空间，未来会不断涌现更加多元化的产品，量化投资也会呈现多元化发展的态势。与此同时，策略的复杂度、可靠性和交易工具的精细化程度也会不断提高。

国内量化交易的发展前景广阔，主要基于以下两点：第一，与欧美比较成熟的金融市场相比，我国证券市场的发展历史还很短，只有 30 多年的时间，面临着投资者队伍参差不齐、不够成熟等问题，但同时通过发掘市场非有效性来获取 α 收益的潜力和空间也更大；第二，量化投资的技术和方法在国内几乎没有竞争者，目前证券市场上传统的定性投资者太多，机会很少，竞争过于激烈，而量化投资者较少，机会很多，这就给量化投资创造了良好的发展机遇。事实上，随着 2010 年股指期货的出台，量化投资在国内市场的发展潜力逐渐显现。另外，2013 年国债期货的上市交易又为量化投资提供了更大的舞台。党的十八届三中全会之后，随着金融领域的改革不断深化，利率市场化、汇率市场化进程稳步推进，我国的量化投资市场在未来将迎来爆发式增长。具体而言，随着我国金融市场的不断完善、各类金融创新产品的推出以及信息技术（特别是大数据、云计算）的发展，我国量化投资未来的发展方向主要为期现套利和基于大数据的量化分析。期现套利长期以来一直是量化投资的主要投资方式。在我国证券市场仍未完善的情况下，存在巨大的期现套利空间。此外，随着股指期货、国债期货、ETF 现货产品的不断推出，期现套利的工具已经具备，而随着将来股指期权的适时推出，这一量化交易方式将更加频繁地被使用，通过运用相关的模型进行期现套利可以获得稳定的收益。传统的投资主要根据基本面分析和技术分析来进行，而随着大数据、云计算等信息技术的成熟和运用，未来基于大数据进行量化分析并进行投资将成为现实。比如，基于微博、微信等互联网工具的大数据，能够准确地分析出投资者的投资情绪，从而使投资更加精准和有效。2013 年颁布的《中华人民共和国证券投资基金法》为私募基金的发展铺平了道路，2015 年上证 50ETF 期权、上证 50 股指期货与中证 500 股指期货的推出为量化投资提供了更多的对冲工具和交易策略。2018 年“资管新规”推出后，抑制了 P2P、影子银行等不规范的投资理财行为，客观上提升了量化投资的价值。2019 年科创板设立后，增加了证券市场融券规模，量化投资进入新的发展阶段。在此基础上，大量量化投资公司纷纷设立，各类量化交易系统或平台快速发展，量化投资成为机构投资者角逐资本市场的重要竞争点。据统计，截至 2021 年底，在证券类私募中，量化产品规模接近 16 100 亿元，占私募证券类产品规模的 24.8%；百亿元以上量化私募管理人的合计规模约为 4 800 亿元；公募量化基金规模约为 2 941 亿元，指数型基金规模约为 1.3 万亿元。

量化投资的发展方向将会更加具体、客观、科学、合理，这也预示着未来量化投资的发展会越来越好。比如，效率不高的 A 股市场上存在部分股票定价不当，加之比重很高的个人投资会严重影响市场情绪，所以可以通过量化投资实现超额收益。随着计算机技术越来越先进，量化投资会得到越来越多的技术支持。在我国，量化投资其实是一个新兴市场，相对于发达国家来说，占比不高，缺乏一些指标数据挖掘，意味着未来有广阔的发展前景。

为了更好地促进量化投资的健康发展，有必要加强对各个方面的重视。首先，要对资本市场建设格外重视。量化投资的健康稳定发展离不开健全的资本市场的支撑，但是我国资本市场中的投资产品是有限的，只有股票和债券，这严重地阻碍了对冲套利投资的发展。其次，要充分重视人力资源。为了快速推动和完善量化投资的发展，相关的投资企业管理者需要高度重视人才的选拔和培养。对金融投资机构来说，人力资源的影响很大，投资者的专业能力决定了投资的成败。因此，应通过出台一些优惠政策来提高企业福利待遇，吸引越来越多的专业化人才，不断壮大我国量化投资的人才队伍。

四、国内量化投资现状

当前我国的量化投资有以下几个特点：

（1）机构投资者占总投资者的比例很高。量化交易绝大多数都是高频交易，个人投资者很难参与其中，因为个人的资金量有限，微薄的收益尚且不能覆盖高昂的交易成本，更不用说获得稳定收益了。因此，目前量化投资大多集中于机构投资者或者机构提供的理财服务，主要有期货公司、私募基金以及券商的自营、基金公司的专户等。从规模来看，量化投资以私募基金为主要参与群体。目前，我国国内的量化交易在最近几年高速发展，各种量化投资的形式层出不穷，有效地增强了我国金融市场的多样性和有效性。

（2）我国的量化投资市场虽然发展迅速但仍不成熟。与美国及欧洲发达国家相比，我国的量化投资市场只是一个新兴市场，各方面的信息不完整且难以搜集，一些基础数据只能自己想方设法地去开发获取。

（3）量化投资行业的企业构成比较复杂。目前我国量化投资行业的企业种类比较多，跨越众多不同的领域。加上我国量化投资市场还处于新生期，市场不稳定，信息变化较快，因此量化投资行业的可用指标数量非常少且指标数值经常变化。我国量化投资者正是依据当前行业的特点，从不同的层面和角度验证分析，建立泡沫型数学分析模型，从而获得利润。

（4）量化投资策略研究落后。通过把我国的量化投资策略与美国及欧洲发达国家的量化投资策略进行对比可以发现，我国现有的量化投资策略严重落后。国外的量化投资策略研究是在大量的事件、数据积累分析的基础上，脚踏实地地潜心研究总结出来的。现阶段我国的量化投资策略多是借用国外的策略，结合国内量化投资行业的实际情况进行修正得来的。当前我们还缺少指导量化投资的专家、著作，为此我国国内一些高等院校已经着手量化投资策略的研究并取得了初步的成效。

（5）量化投资操作风格迥异。量化交易由于当日频繁交易、持仓时间较短的特点，目前在我国主要被运用于股指期货的交易中，这是由股指期货“T＋0”的交易规则决定的。所以就操作风格而言，以期货市场为例，目前主要存在四类量化投资者：α 产品的使用者、趋势性交易者、套利交易者以及高频交易者。α 产品的使用者利用沪深 300 股指期货与现货之间的组合和搭配，获得超额的 α 收益；趋势性交易者在技术分析的基础上，充分运用各种模型对价格进行跟踪和预判，通过判断方向来获得可观的收益；套利交易者通过低买高卖来获得稳健的收益，包括无风险的股指期现套利和统计套利；高频交易者利用股指期货市场价格稍纵即逝的微小变动进行闪电般的快速交易，从而获得稳定的收益。

五、国外量化投资现状

最近 10 年，量化投资成为欧美资本市场发展的热点与焦点，发展势头迅猛。量化投资和基本面分析、技术分析并称三大主流方法。量化投资交易策略由于业绩稳定，其市场规模和份额不断扩大，得到了国际上越来越多的投资者的追捧。

过去 20 年收益率最高的基金是文艺复兴科技公司的大奖章基金，其客户平均年收益率高达 35%；高盛旗下的量化基金规模已超过 1 000 亿美元。由此可见，量化投资已经成为机构投资者的利器。

量化投资对于基金公司和资产管理公司而言有着非常明显的价值：

首先是容易做大规模。一个有效的量化模型可以在多个产品上快速复制，从而迅速做大规模。这在巴克莱的指数增强系列产品上得到了最明显的体现。这一产品使得 2011 年底，巴克莱量化基金的管理规模超过 1.6 万亿美元，超过富达基金成为全球最大的资产管理公司。

其次是可以获得绝对收益。利用量化对冲方式，构建与市场涨跌无关的产品，赚取市场中性收益的策略，适合追求稳健收益的大机构客户，例如保险基金。该产品的代表性公司是目前全球最大的对冲基金桥水基金。

最后是杜绝了内幕消息和老鼠仓。量化投资只利用公开数据，通过数学模型的运算，挖掘出隐藏在公开数据后面的信息，从而战胜市场，从方法论上就杜绝了内幕消息的可能。在交易过程中利用复杂的 IT 系统进行程序化交易，使得老鼠仓也无法成为可能。在金融市场监管日趋规范的情况下，量化投资这种方法必然会成为投资研究的主要方法。

量化投资在国外已有 50 多年的历史，并且取得了一定的成果，已经不是一个新鲜的名词了。以美国为例，量化投资的起源可以追溯到 1971 年美国巴克莱投资管理公司发行的第一只指数基金，自那以后量化投资就成为美国市场上一种重要的投资方法。到了 2009 年，美国已经有 30%以上的投资采取了量化投资的方式，主动投资型产品中也有 20%～30%使用了量化技术。

现如今美国量化投资已经发展得相对成熟，大多数量化基金可以做到跨市场、跨品种、全天候交易。美国成熟的做空机制、“T+0”交易、以机构投资者为主的市场构成、相对成熟与稳定的政策干预，都给量化投资提供了很好的投资环境。

在海外市场，算法交易、高频交易能够快速发展的内在原因之一是监管的放松。2000 年左右美国对股票价差的“一美分”化，直接促进了“人机对敲”和算法交易的普及；而 2006 年左右全国市场系统规则（Reg NMS）的制定，更使得同一只股票可以在多处交易。这些监管上的放松降低了交易成本，促进了交易技术的飞速发展。但这种风控和监管的缺失，也直接或者间接引发了一些交易事故，比如“闪电崩盘”和“骑士资本”事件等。

这些事件发生之后，量化金融的飞速发展引起国外市场监管和运行机构的高度重视，全球的监管部门都加紧制定相应规则，希望可以从监管层面杜绝类似事件的发生。例如，加拿大早在 2008 年就开始考虑对有算法交易的机构实施风险控制措施，美国、德国等国家也对量化交易、高频交易实施严格的监管。

六、传统投资与量化投资的不同

和传统投资相比，量化投资有诸多不同。首先，在具体投资中，传统投资对证券的价格和市场走势的判断主要是基于技术分析和基本面分析，通常是由专业人士来进行的，而在量化投资中，一般资产配置的实现都是通过计算机程序来完成的，换句话说，量化投资具有非常高的自动化程度。

其次，传统投资主要是对投资内容和方法进行人工分析和判断，而量化投资主要是详细分析和判断已经存在的投资策略。由于人为因素的影响，传统投资中经常出现很多不确定因素，从而影响对投资的分析和判断，通常不可避免地影响到最后的投资效果。此外，传统投资者需要限制对市场上股票的投资数量，同时还要限制影响投资分析决策的变量个数，但在量化投资中，因为计算机技术和程序的使用，在很大程度上就不需要限制跟踪股票的数量，同时也不用限制影响投资决策的变量的个数，因此未来很可能会在投资市场中占据主流位置。

第二节　量化投资策略

量化投资策略是借助计算机技术实现投资思想的逻辑代码，一个完整的策略包括输入、策略处理逻辑、输出三部分，其中，策略处理逻辑是量化投资策略的精髓，需要考虑选股、择时、仓位管理和止盈止损等。

由 CAPM 可知，投资股市的收益包括两部分：一部分是来源于市场行情波动的收益，称为 β 收益；另一部分是来源于自身选股的收益，称为 α 收益。

下面举几个简单的例子来说明一下：

（1）策略 1：假设指数可以交易，你买入价值 100 万元的沪深 300 指数并持仓。你赚到的是市场行情波动产生的收益，即 β 收益。

（2）策略 2：你花了 100 万元买入 20 只股票。这些股票表现不俗，比策略 1 多赚 20%，那么这 20%是 α 收益。这 20 只股票的收益来自市场收益（β）＋超额收益（α）。这是一个通俗意义上的“指数增强型策略”。

（3）在策略 2 的基础上，假设你买入的 20 只股票的平均波动性与沪深 300 指数的波动性一致（持仓股票相对指数的 $\beta=1$），你又做空了价值 100 万元的沪深 300 期货，相当于（策略 2－策略 1），得到的就是（$\beta+\alpha-\beta$）$=\alpha$。这是一个“完全”对冲的 α 策略。

量化投资策略就是通过量化的方式，由计算机辅助进行金融市场的分析、判断和交易的策略、算法的总称。本章主要介绍以下几种经典的量化投资策略。

一、海龟交易策略

海龟交易策略可以被认为是一个完整的交易系统，具备一个完整的交易系统所应该有的所有成分，包括入市、头寸规模、止损/止盈、退出、买卖策略等。

海龟交易策略是一种趋势跟踪策略。趋势是指价格在一个时期内保持一种变化态势的现象。投资者希望在出现上涨趋势时买入，在出现下跌趋势时卖出，最终在整个趋势结束时退场。但在实际操作中，大的趋势未必经常出现，这意味着如果我们这样交易，失败的概率将大于成功的概率，慢慢地我们会发现其实在实际交易中赔钱的交易是远多于赚钱的交易的。这让人很失望，但实际上这是一个很正常的现象。因为尽管赔钱的交易很多，但是这个系统能保证大多数赔钱交易的损失都接近一个较低的水平，我们称之为入市风险。相对来说，赚到的利润要远远大于入市风险。我们所要做的就是观察市场处在一个什么样的状态，等待市场发出指示信号，伺机而动。在市场中，我们最重要的目标就是生存，所以资产管理是海龟交易策略的核心，即根据市场的相对波动性和风险水平对资产做出调整。在海龟交易策略中，保持平稳收益的方法是做好资金管理和风险管理。市场波动性是海龟交易策略的灵魂，因此波动值可以作为衡量市场风险水平的指标，根据这个风险标准进行资产风险管理，可以提高盈利的概率。

在海龟交易系统中有以下几个相关定义：

（1）日内实际振幅（又称单日振幅，True Range，TR）。其计算公式为：

$$\mathrm{TR}=\max(H-L,\ H-\mathrm{PDC},\ \mathrm{PDC}-L)$$

其中，H 为当日最高点；L 为当日最低点；PDC 为前一个交易日的收盘点位。

（2）市场潜在波动量。

市场潜在波动量（N）通常被称为平均波动幅度，也就是单日振幅的 T 周期指数移动平均值，也叫 ATR（Averaged True Range），是对 TR 所做的平滑处理。

$$N=[(T-1)\mathrm{PDN}+\mathrm{TR}]/T$$

其中，T 为平均波动周期，PDN 表示前一日的 N 值。若 $T=20$，那么公式的含义就是计算之前 20 天（含今天）N 的平均值。

二、多因子选股策略

多因子选股是量化选股中的重要一环，其基本思路是找到某些和收益率最相关的指标，并根据该指标构建一个股票组合，期望该组合在未来的一段时间跑赢或跑输指数。如果跑赢，则可以做多该组合，同时做空指数，赚取正向 α 收益；如果跑输，则可以做多指数，做空该组合，赚取反向 α 收益。由此可知，多因子选股策略的关键是找到因子与收益率之间的关联性。

因子，是影响因素的简称，或者可以简单理解成指标。我们都知道股票收益受到多重因素的影响，比如宏观因素、行业、流动性、公司基本面、交易情绪等。所谓多因子选股策略，可以通俗理解为寻找那些与股票收益率最相关的影响因素，然后使用这些因素（因子或指标）来刻画股票收益并进行选股的策略。

在实践中，多因子选股策略已经是一个相对成熟且大致框架较为固定的策略，具体可分为五个步骤，分别为因子选取、因子有效性检验、剔除冗余因子、多因子选股的判断、模型的评价及持续改进。

1. 因子选取

多因子选股策略的第一步是发掘各类与股票收益率相关的因子，因子的选择主要基于经济逻辑和市场经验，在经典的规模、估值、动量、波动率等全市场通用因子的基础上，根据宏观因素、行业、公司基本面、市场特征，结合各类特异因子来构造投资组合。影响股票收益率的因子多种多样，但大体上可分为几类，见表 12-1。

表 12-1　影响股票收益率的因子

市场整体因子	市场因子、系统性风险等
估值因子	市盈率、市净率、市销率、企业价值倍数、PEG 等
成长因子	营业收入增长率、营业利润增长率、净利润增长率、每股收益增长率、净资产增长率、股东权益增长率、经营活动产生的现金流量金额增长率等
盈利能力因子	销售净利率、毛利率、净资产收益率、资产收益率、营业费用比例、财务费用比例、息税前利润与营业总收入比等
动量反转因子	前期涨跌幅等
交投因子	前期换手率、量比等
规模因子	流通市值、总市值、自由流通市值、流通股本、总股本等
股价波动因子	前期股价振幅、日收益率标准差等
分析师预测因子	预测净利润增长率、预测主营业务增长率、盈利预测调整等

2. 因子有效性检验

一般采用排序的方法检验候选因子的选股有效性。例如：可以每月检验，具体而言，对于任意一个候选因子，在模型形成期的第一个月初开始计算市场中每只正常交易股票的该因子的大小，按从小到大的顺序对样本股票进行排序，并平均分为 N 个组合，一直持有到月末，在下月初再按同样的方法重新构建 N 个组合并持有到月末，一直重复至期末。还有一个参数是候选组合的数量，对于该参数的最优选择，需要用历史数据进行检验。

3. 剔除冗余因子

由于不同的选股因子内在的驱动因素大致相同等原因，所选出的组合在个股构成和收益等方面具有较高的一致性，因此需要将其中的一些因子作为冗余因子剔除，而只保留同类因子中收益最好、区分度最高的一个。例如成交量指标和流通量指标之间具有比较明显的相关性，流通盘越大，成交量一般也会越大，因此在选股模型中，对于这两个因子只选择其中一个。

假设需要选出 K 个有效因子，样本期共 M 个月，具体的冗余因子剔除步骤为：

（1）先对不同因子下的 N 个组合进行打分，分值取决于该组合与整个模型形成期收益的相关性，收益越大，分值越高；

（2）按月计算个股的不同因子得分间的相关性矩阵；

（3）在计算完每月因子得分相关性矩阵后，计算整个样本期内相关性矩阵的平均值；

（4）设定一个得分相关性阈值，在得分相关性平均值矩阵中大于该阈值的元素所对应的因子中，只保留与其他因子相关性较小、有效性更强的因子，而将其他因子作为冗余因子剔除。

4. 多因子选股的判断

多因子选股的判断大体上有两种方法：最小二乘回归法（OLS）和打分法。最小二乘回归法是利用股票历史收益率对筛选出的多因子进行回归，估计出回归方程系数，然后将最新的因子代入回归方程估计股票未来收益，以此为依据进行选股。最小二乘回归法的问题是很难找到一个精确拟合的回归方程，模型误差比较大。

打分法是根据各个因子的大小对股票进行打分，然后根据一定的权重加权得到一个总分，根据总分对股票进行筛选。例如每个月初，对市场中正常交易的个股计算每个因子的最新得分，并按照一定的权重求得所有因子的平均分。最后，按照模型得出的平均分对股票进行排序，然后根据需要选择排名靠前的股票。例如，选取得分最高的前 20%的股票，或者选取得分最高的 50～100 只股票等。打分法操作简单，但是权重的确定比较困难，对结果的影响较大。

5. 模型的评价及持续改进

多因子选股模型建立在无效市场或弱有效市场的前提之下，其效果并不是一成不变的。随着使用多因子选股模型的交易者数量的不断增加，部分因子会逐渐失效，而另一些新的因素可能会因为被验证有效而加入模型当中。此外，一些因子可能在过去的市场环境下比较有效，而随着市场风格的改变，这些因子可能会在短期内失效，而另外一些以前无效的因子会在当前市场环境下表现较好。

在计算综合评分的过程中，各因子得分的权重设计、风险控制和交易成本考虑等都存在进一步改进的空间。因此，在模型的使用过程中会对选用的因子、模型本身进行持续的再评价和改进，以适应变化的市场环境。

三、高频交易策略

国内常见的高频交易策略有高频做市策略、分时趋势策略、大单跟随策略、挂单诓骗策略、异常订单捕捉策略等。高频交易策略在量化投资领域占据重要地位，由于篇幅所限，本节仅简要讨论市场上最为常用的高频做市策略。

高频交易策略是指利用盘口买卖盘之间的价差，同时挂出买单和卖单，让其他急于成交的市场参与者与自己的买卖单分别成交，从而实现利润的策略。A 股中的高频做市策略需要之前持有该股票底仓作为挂出卖单的先决条件。高频做市策略要求个股波动较小且市场整体较为平稳，在当前的市场环境下，个股日内走势大部分时间都在中枢震荡中度过，这就为高频做市策略的实施创造了很好的条件。

高频做市行为一方面为市场提供了流动性，另一方面通过价差收益实现盈利。由于高频交易单笔获利极小，因此需要通过交易量来保证自己获利，这就为市场带来了大量流动性。市场中的其他参与者要想高效参与股票市场交易，就需要一个盘口价差小、成交量足够的市场。高频做市策略缩小了盘口价差，为市场中的其他参与者提供了对手盘，增加了盘面买单和卖单挂单数量，增强了市场整体流动性，在一定程度上降低了其他市场参与者买卖股票的冲击成本。高频做市策略赚的是为市场提供流动性的报酬。

从本质上来说，高频交易策略的盈利机制可总结为以下三点：

1. 利用股市交易中信息无法绝对有效沟通盈利

在股市交易中，买卖双方在出价和要价达成一致时才可以达成交易，买家所支付的钱就是卖家所收到的钱，就像菜市场买菜一样。在买菜时，如果买卖双方对价格不满意，可以通过谈判来达成一致，这时就出现了讨价还价。买菜时的讨价还价可以让买卖双方将价格最终敲定在双方均能接受的水平，无论谁做出让步，交易都可以顺利进行。然而在股票交易的盘面上，买卖双方并没有一个互相讨价还价的平台，比如买单出现在32.31元，而卖单出现在32.44元，形成了0.13元的差价。此时对于市场参与者来说，最优解应该是各自退让，买家提高价格，卖家降低价格，以中间价成交。然而买卖双方在盘面上无法直接交流，双方均坚持各自的买入价与卖出价，差价得以保持，这就给了高频做市策略同时挂买卖单获利的机会。总有些买家最终让步，以做市策略提供的高价买入，另一些卖家最终让步，以做市策略提供的低价卖出，这几乎是同时进行的。

2. 利用信息无法向所有人及时传达盈利

如果所有人都知道股价要涨，那么在涨之前的一瞬间以及上涨途中为什么盘面上会有挂着的卖单呢？一个城市的房价暴涨之前，炒房者会迅速将价格还算合理的房源大量吃进，这时的卖房者就是因为对信息掌握不完整而将未来利润让给了对手。在一个绝对有效的市场中，当能够刺激市场上涨的因素出现后，所有的卖家全部及时、准确地接收到这一信息，会齐刷刷地将价格挂高，买家绝对没有便宜可以捡，不存在套利机会。然而，市场是由自然人组成的，人无法真正眼观六路、耳听八方，尽管当代的移动互联网通信水平已经非常先进，以小时为单位的信息滞后几乎不存在，但在以秒为单位的反应中，人还是无法瞬间得知全部信息，每个人对相同信息的解读也不尽相同。人脑的生物限制使得人对于信息的反应远逊于计算机（人肯定不能在一秒钟内观察到那么多信息，也不具备在信息海洋中筛选出有用信息的能力），这使得量化策略模型有了战胜人脑的优势。例如，分时趋势策略之所以能够获利，正是因为利用了分时波动中信息传播的时间差，在极短时间内做出反应，提前与同向交易对手下单，扫掉有限的对手盘，从而获利。

股票市场风险与经济运行和人类社会活动密不可分，而经济运行和交易者情绪的变化通常是以日为单位的，在几秒钟内，整个世界几乎是静止的。对于高频交易策略来说，每一笔买卖配对都是建立在几乎静止的世界中的，每笔交易的风险在这种情况下也就很小。由于风险在不同量级的时间维度中的表现形式不同，因此高频交易策略场景中的许多规则和模式在普通交易中都是不适用的。

3. 利用量化投资策略未大规模普及盈利

量化投资策略需要在相应交易系统中进行编程，然而在目前国内的教育体制下，懂技术的金融人才空缺。量化投资策略所需要的编程难度不高，只是懂投资的人很少有精通编程的，而懂编程的人又很少接触投资，这就使得我国的量化投资策略落后国外很多年。实际上，当下国内所使用的大量量化程序，正是简单从国外拿来并做一定调试修改就投入运行的，技术门槛不高。除了国内投资者编程知识整体欠缺之外，国内的券商也并未向投资者提供方便的编程接口和可视化的程序设计软件，这也使得普通投资者很难接触到量化投资策略。实际上许多量化模型的原理简单到可以用几句话讲清楚。当前大量的投资者并未意识到量化投资的优势，或者虽然意识到了但由于缺乏人才和工具，未能参与到量化投资中来，这使得当下量化投资策略可以获取10%～15%甚至更高的年化收益率。

四、行业轮动策略

所谓行业轮动，是指在股市行情的发展过程中，市场的领涨龙头不断地从一个行业板块切换到另一个行业板块，不同行业板块在市场行情的不同阶段各自带领大盘轮番上涨的现象。行业之所以会轮动，主要有两个方面的原因。

第一个原因是宏观经济方面的。在不同的经济政策下以及不同的经济周期阶段，不同的行业所处的发展环境与阶段是不完全一致的，有的处于朝阳阶段，有的处于夕阳阶段，这就导致了行业及个股对投资者的吸引力会不断地发生变化，使得市场资金在不同时期追逐不同的热点，从而表现出行业轮动的现象。

第二个原因是行为金融方面的。前期表现好的行业会得到更多投资者的关注，不断地吸引新的资金进入，推动板块持续上涨，直至在未来某个时刻出现拐点。

大量实证研究结果表明，A股市场存在明显的行业轮动现象，不同行业的股票经常轮流表现出相对强势与弱势，此起彼伏。

行业轮动策略就是依靠市场行业板块不断切换的趋势获利的一种主动交易策略，其本质是利用不同投资品种时间的错位对行业品种进行切换以达到投资收益最大化的目的。通俗点讲就是根据不同行业的区间表现差异性进行轮动配置，力求抓住区间内表现较好的行业、剔除表现不佳的行业，在判断市场不佳的时候，降低权益类资产的仓位，提升债券或货币的比例。

五、网格交易策略

网格交易策略是利用市场震荡行情获利的一种主动交易策略，其本质是利用投资标的在一段震荡行情中价格在网格区间内的反复运动进行加仓或减仓的操作，以达到投资收益最大化的目的。通俗点讲就是，建立不同数量、不同大小的网格，在价格突破网格的时候建仓，在价格回归网格的时候减仓，力求捕捉到价格的震荡变化趋势，达到盈利的目的。

网格交易策略是一种设定价值中枢，利用“挡位”的模式，对投资标的进行机械式操作的交易策略。具体来说，下跌时，进行分档买入，上涨时，进行分档卖出，利用行情的波动在区间内进行低买高卖，避免追涨杀跌，拥有较强的抗风险性。

由于网格交易策略对资金的利用率很低，所以收益率不会太高，股票的最高价和最低价的差值不宜过大。一般要求网格的数量最少不少于 15 格，最多不超过 30 格。由于股票以 100 股为基本交易单位，网格数量太多会造成所需的本金太大。

在实际操作中网格交易策略也存在改进的空间，比如可以使用指数建仓法，通过指数函数来指导每个等分价位的买卖量，价格越高卖量越大，价格越低买量越大，从而解决收益率过低的问题。

六、跨品种套利策略

跨品种套利策略指的是利用两种不同但相关的指数期货产品之间的价差进行交易的策略。这两种指数之间具有相互替代性或受同一供求因素制约。其交易形式是同时买进和卖出相同交割月份但不同种类的股指期货合约。具体操作为：当两个或两个以上交割月份相同的期货合约之间的价差偏离其原有水平时，买入其中一种期货合约，同时卖出与此期货合约有稳定价差关系的一种或多种期货合约。当期货合约之间的价差回归正常水平时，进行平仓交易，赚取利差收入。因此，跨品种套利策略要求品种之间存在比较强的相关性，例如期货合约现货标的之间存在替代关系，或者是上下游的产业，因而导致它们的价格存在联动性，这样的相关性会使得两个品种之间面对的是具有同一性的市场供求关系。

由此可知，跨品种套利可能只需要关注相关品种之间相关性的强弱。同时，对不同品种的相关性分析有助于我们更全面、更深刻地了解与认识市场。从市场角度来说，跨品种套利可以帮助扭曲的市场价格恢复到正常水平，同时增强市场的流动性。

七、跨期套利策略

跨期套利也是套利交易中十分普遍的一种。所谓跨期套利策略，就是在同一期货品种的不同月份合约上建立数量相等、方向相反的交易头寸，最后以对冲或交割方式结束交易、获得收益的策略。最简单的跨期套利就是买入近期的期货品种，卖出远期的期货品种。也就是说，期货交易者在同一期货市场利用同一个期货品种不同交割期的期货合约之间的价格差距的变化，在买进某一交割月份期货合约的同时，卖出另一交割月份的同类期货合约以谋取利润。

根据套利者对不同合约月份中近月合约与远月合约买卖方向的不同，跨期套利可分为牛市套利、熊市套利和蝶式套利。

1. 牛市套利

当市场出现供给不足、需求旺盛或者远期供给相对旺盛的情形，导致较近月份合约价格的上涨幅度大于较远月份合约价格的上涨幅度，或者较近月份合约价格的下跌幅度小于较远月份合约价格的下跌幅度时，买入较近月份的合约同时卖出较远月份的合约进行套利，盈利的可能性比较大，我们称这种套利为牛市套利。

2. 熊市套利

当市场出现供给过剩、需求相对不足时，一般来说，较近月份合约价格的上涨幅度小于较远月份合约价格的上涨幅度，或者较近月份合约价格的下跌幅度大于较远月份合约价格的下跌幅度，在这种情况下，卖出较近月份的合约同时买入较远月份的合约进行套利，盈利的可能性比较大，我们称这种套利为熊市套利。

3. 蝶式套利

蝶式套利是跨期套利中的又一种常见形式。它是由共享居中交割月份的一个牛市套利和一个熊市套利组合而成。由于较近月份和较远月份的期货合约分别处于居中交割月份的两侧，形同蝴蝶的两只翅膀，因此称为蝶式套利。

第三节　量化投资的数据源与平台

一、量化投资的数据源

数据作为量化投资的基础直接决定了后续的所有环节，策略的开发、回测、调整无一不依赖数据，因此获取准确、全面且及时的数据是量化投资的第一步。

量化投资数据源主要包括以下两个。

（一）基本面数据源

广义基本面数据包括宏观数据、行业数据、公司数据、股票数据、基金数据、债券数据、期货数据和指数数据八大类，主要用于构建择时策略、选股策略等。下面对几类最为常用的基本面数据进行介绍。

第一类为宏观数据。宏观数据是基本面数据中最为重要的数据，其可以体现一个国家各方面的发展情况。任何量化投资策略中只要所交易的资产存在风险暴露，就必然要考虑金融市场行情和宏观因素的影响。宏观数据主要包括经济指标环比、国内生产总值、消费品零售情况、就业与工资基本情况、居民消费水平、地方财政情况、物价指数和景气指数等数据。通常情况下，牛市时偏向于投资成长类股票，熊市时则偏向于投资保值类股票。

第二类为行业数据。行业数据代表中观市场情况，可以较为清晰地展现各行业的发展情况，从而进行横向对比。行业数据包括行业指数的开盘指数、最高指数、最低指数、收盘指数、成交额占比、平均流通市值等。牛市时通常投资强劲的周期性行业，如钢铁、有色金属、化工等；熊市时通常投资具有较强风险抵御能力的非周期性行业，如医药卫生、公共事业等；在某些事件或长期主题的推动下，投资者也会主动投资某些行业，如科技繁荣时，会明显偏向于投资互联网、电子等行业。

第三类为公司数据。大部分量化投资策略需要从公司的各项指标和因子入手进行研究分析，例如多因子选股策略大多需要考虑公司财务因子。公司数据一般可分为基本面数据、财务数据、技术数据、行为数据。基本面数据包括上市公司概况、上市公司股东和股本信息；财务数据包括市值、资产负债、现金流、利润等；技术数据包括上市公司的一些交易指标，如动量因子、换手率和资金流量等；行为数据为一些通过消化公司的即时信息而转化成的量化投资信号。

第四类为股票数据。股票是量化投资最常用的品种，因此股票数据是最为常用的数据。股票数据源包括个股交易数据、日大宗交易数据、个股回报率、个股停复牌数据和异常波动信息等。

（二）高频数据源

高频数据主要是指以秒为采集频率的数据。由于高频交易在量化交易中所占的比例非常大，因此高频数据对于低延迟交易至关重要。常见的高频数据包括股票分笔高频数据、股票分时高频数据、股指期货分笔高频数据、股指期货分时高频数据、商品期货分笔高频数据、商品期货分时高频数据。

国内数据提供商有万得、国泰君安、锐思、巨灵、恒生等，国外数据提供商有彭博社（Bloomberg）、Thomson Financial One Banker、路透社（Reuters）等。主流的数据提取方法有终端提取方法和 API 提取方法两种。终端有网页终端和软件终端两种类型，提取方法为：利用关键词筛选出想获得的数据，并导出为 Excel 或 TXT 等格式文件。我国提供终端的主流金融数据库有：CSMAR 数据库、万得数据库、锐思数据库、国家统计局数据库等。API 提取技术主要是利用 Python、Matlab、C＋＋和 Excel 等软件连接数据库服务器，并通过相关函数提取数据库中的数据。我国提供 API 接口的数据库主要有：国泰君安数据库、万得数据库和巨灵数据库。

二、量化投资的平台

目前国内量化投资平台主要有聚宽、BigQuant、发明者量化平台、交易开拓者、掘金量化、同花顺等，国外的量化投资平台有 Quantopian、QuantConnect、QuantStart、algotrading101、AlgoTrades 等。

下面对三个国内平台进行详细的介绍。

（一）聚宽

聚宽（JoinQuant）于 2015 年 5 月成立，是国内最早创立的量化交易平台之一，专注于金融量化工具和智能投顾技术。2017 年，公司获得百度公司近亿元 B 轮融资。目前，公司的量化社区已拥有超过 15 万的注册用户，以及券商、私募基金等机构用户。聚宽以“科技驱动金融，量化透视投资”作为长期使命，致力于通过数据、引擎、AI 等技术手段帮助传统金融机构升级换代，赋能其技术能力。

聚宽所提供的服务主要面向金融机构的量化研究员以及高校金融工程等专业的学生，目前已有超过 20 家机构选择聚宽作为专业的合作伙伴，包括广发证券、国泰君安、平安证券等国内知名券商。

公司提供的产品包括量化金融数据库、量化云平台与金融终端等。聚宽提供的量化金融数据库 JQData 覆盖了股票、期货、基金等市场数据，以及外部舆情数据等，旨在为个人策略开发者与机构客户提供最为干净、可用并且准确的量化数据。公司的量化云平台与 JoinQuant 金融终端则提供量化投研、策略编写、全品类回测、模拟交易、实盘交易与数据等服务。

（二）BigQuant

BigQuant 平台是由宽邦科技研发的，宽邦科技是领先的人工智能平台和服务供应商，致力于利用人工智能赋能商业和个人。宽邦科技聚焦证券和金融行业，于 2016 年研发了 BigQuant，是国内首个将量化投资与人工智能/机器学习相结合的智能投资平台，该平台入选中国人工智能产业发展联盟（AIIA）2018 年第一批人工智能应用案例评选 Top100，至今已服务数万名专业量化者，并被多家头部机构采用。

BigQuant 通过机器学习等人工智能技术，实现人工智能量化投资，提升投资效率，同时为用户提供新型的量化大数据和智能技术服务，BigQuant 的目标是成为每一个用户的人工智能量化交易平台和社区。在这里，量化投资者可以无门槛地使用最领先的人工智能技术，而不需要学习大量艰深的编程和算法知识。

该平台最大的特点是其策略的诞生由人工智能驱动，平台开发的核心团队来自微软和谷歌的人工智能部门，平台提供丰富的机器学习框架以及专为量化研发的机器学习算法。平台主要结合大数据、人工智能和云计算等能力，为广大量化投资者和投资机构提供行业领先的新型数据和智能技术服务，覆盖机器学习、策略研发、回测、交易和风控等。

（三）交易开拓者

上面介绍的平台中虽然大多数同样可以进行实盘交易，但更多地被用于策略研究、策略回测开发、模拟交易等场景，实盘交易尚未完全成熟。交易开拓者（TradeBlazer）是期货市场实盘交易中最为常用的量化交易工具。

交易开拓者是一款面向中国期货市场专业投资者的金融投资软件。它的功能包括实时行情传递、技术分析、快捷交易及程序化交易，投资者可以利用交易开拓者将自己的策略思想快捷地转化为计算机代码，由计算机自动生成指令，帮助用户完成交易，实现价值。

交易开拓者支持用户输入 TradeBlazer 公式。TradeBlazer 公式是一种为金融数据、时间序列数据开发的高级语言，它提供的框架可以将交易思想转化为用户函数、技术分析、交易指令等计算机能够识别的代码，并且能在历史价格数据基础上进行评估，之后自动执行特定的交易动作，将投资者的交易思想转化为实际的交易操作。

交易开拓者具有的一些强大的功能可以帮助用户不断优化自己的策略，直至开发出一个满意的交易策略。比如交易策略测试引擎可以收集交易策略在历史过程中产生的所有委托单，将其应用于对应的图表，并生成交易策略性能测试报表供用户参考。交易策略参数优化模块可以对多个交易指令组合中的所有参数进行优化，投资者可以通过参数设置界面对需要优化的参数进行设置。

延伸阅读

量化投资策略开发实例

本章小结

量化投资分析是一种利用计算机高效计算程序进行大数据分析，以期从数据中挖掘盈利机会、进行投资决策、执行交易、预测预警和管理控制风险，从而获得超额收益和长期稳定盈利的投资方法。本章第一节介绍了量化投资的定义、起源、国内外现状，比较了传统投资与量化投资的不同；第二节介绍了几种量化投资策略，包括海龟交易策略、多因子选股策略、高频交易策略、行业轮动策略、网格交易策略、跨品种套利策略和跨期套利策略；第三节介绍了量化投资的数据源与平台。

关键术语

海龟交易策略、多因子选股策略、高频交易策略、行业轮动策略、网格交易策略、跨品种套利策略、跨期套利策略

思考题

1. 请分析一下国内和国外的量化投资有哪些差异。

2. 在多因子选股过程中，如何评价因子的有效性？

3. 任选一个投资标的，说说是否适合采用网格交易策略对它进行投资。如果适合，请简述你的具体买卖操作。

4. 基本面数据源包含哪几类数据？在这几类数据中选择你认为最重要的数据，并说明理由。

第十三章
监管科技与金融科技监管

教学目标

1. 了解金融行业的风险聚集和发展监管科技的必要性；
2. 重点理解和掌握监管科技的定义和特点；
3. 了解目前我国监管科技的现状；
4. 了解监管科技的重要应用领域；
5. 了解国际与我国目前金融科技监管的方法；
6. 理解我国对未来金融科技监管的展望；
7. 了解我国金融科技产业现有监管法规。

引言

监管科技与金融科技监管既有区别，又有联系。虽然各国监管当局、国际组织、学者、智库等都对监管科技进行了界定，但本质上讲，监管科技是“颠覆式创新”在金融监管领域的延续。它不仅涉及金融监管的监管方与被监管方，而且催生了一系列新兴主体，丰富了金融监管生态，同时也在转变传统金融监管的底层逻辑，提升金融监管者的监管能力和被监管者的合规能力，成为新时代金融风险治理、公司治理以及金融脱虚向实、服务实体经济的契机。在全球金融科技方兴未艾、金融创新和金融风险相伴而生的大背景下，对金融监管和金融合规的双重需求驱动着监管科技从金融科技的子集或分支上逐步拓展，成长为能够与金融科技并驾齐驱的新兴领域，并使第四次技术革命在金融监管领域呈现出具有颠覆式特征的“时空奇点”。

第一节　金融监管的必要性

习近平总书记强调，金融是最需要监管的领域，金融监管体制和能力要适应我国金融体系发展要求。金融监管是金融安全网的第一道防线，是金融体系稳健运行的重要保障。习近平总书记提出金融强国应当具备一系列关键核心金融要素，其中之一就是“强大的金融监管”。因此，依法将所有金融活动纳入监管，这是加强和完善金融监管、提升金融风险防控能力的重要部署，是促进金融高质量发展、建设金融强国的关键举措。

防范化解金融风险关乎国家长治久安。金融安全是国家安全的重要组成部分，是经济平稳健康发展的重要基础。维护金融安全，是关系我国经济社会发展全局的一件带有战略性、根本性的大事，责任重大，容不得丝毫疏忽懈怠。必须充分认识防范化解金融风险的极端重要性，切实把维护金融安全作为治国理政的一件大事，扎扎实实把金融工作做好。

防范化解金融风险关乎中国式现代化建设全局。金融是国民经济的血脉，也是资源配置和宏观调控的重要工具。金融活，经济活；金融稳，经济稳。当今世界，金融是大国博弈的必争之地。一个国家一旦发生系统性风险，现代化进程往往就被迟滞甚至中断。必须增强金融报国情怀，为实体经济发展提供更高质量、更有效率的金融服务，促进经济和金融良性循环。

防范化解金融风险关乎人民群众切身利益。我们党领导的金融事业，归根到底要造福人民。实践中，重大金融风险可能造成社会财富受损、金融服务中断，直接侵害人民群众切身利益。必须始终坚持以人民为中心，以实际行动践行金融工作的政治性、人民性，坚决维护金融消费者合法权益，让广大群众更好共享金融发展成果。

金融业本身就是一个与风险相伴的行业，防范和控制风险向来是其永恒的主题。金融科技导致金融业的方方面面都发生了实质性的改变，从机构运作方式到资本筹集方式，甚至货币本身都发生了根本性的变化，进而使金融创新更加活跃。然而，我们不能忽视的是：金融创新也可能模糊现有的行业界限，颠覆行业格局，加速金融脱媒，诱发新的金融风险。2017 年，时任中国人民银行行长周小川就曾提到，央行既要高度鼓励发展金融科技，鼓励科技类企业向普惠金融方向发展，又要防范风险，对于发展过程中遇到的不当行为要及时规范。2021 年的政府工作报告明确提出要“强化金融控股公司和金融科技监管，确保金融创新在审慎监管的前提下进行”。同时，在“十四五”规划纲要中，也提出“稳妥发展金融科技，加快金融机构数字化转型。强化监管科技运用和金融创新风险评估，探索建立创新产品纠偏和暂停机制”。2023 年 1 月，中国人民银行相关负责人表示平台企业金融业务常态化监管制度框架已初步形成，此后，中国人民银行、国家金融监督管理总局以及中国证监会联合宣布平台企业金融业务存在的大部分突出问题已完成整改，金融管理部门工作重点从推动平台企业金融业务的集中整改转入常态化监管。这意味着平台企业金融业务正式纳入“全面监管”范畴，其适用监管机制的可预测性、稳定性、统一性以及规范性也将相应提升。综合现有研究和金融科技发展现实来看，金融科技不仅可能触发信用风险、流动性风险、操作风险等传统金融风险，而且蕴含了由底层信息技术等非金融因素引致的风险，同时还可能诱发系统性金融风险。

2023 年 10 月，中央金融工作会议强调，要全面加强金融监管，有效防范化解金融风险。切实提高金融监管有效性，依法将所有金融活动全部纳入监管，全面强化机构监管、行为监管、功能监管、穿透式监管、持续监管，消除监管空白和盲区，严格执法、敢于亮剑，严厉打击非法金融活动。及时处置中小金融机构风险。建立防范化解地方债务风险长效机制，建立同高质量发展相适应的政府债务管理机制，优化中央和地方政府债务结构。促进金融与房地产良性循环，健全房地产企业主体监管制度和资金监管，完善房地产金融宏观审慎管理，一视同仁满足不同所有制房地产企业合理融资需求，因城施策用好政策工具箱，更好支持刚性和改善性住房需求，加快保障性住房等“三大工程”建设，构建房地产发展新模式。维护金融市场稳健运行，规范金融市场发行和交易行为，合理引导预期，防范风险跨区域、跨市场、跨境传递共振。加强外汇市场管理，保持人民币汇率在合理均衡水平上的基本稳定。防范化解金融风险，要把握好权和责的关系，健全权责一致、激励约束相容的风险处置责任机制；把握好快和稳的关系，在稳定大局的前提下把握时度效，扎实稳妥化解风险，坚决惩治违法犯罪和腐败行为，严防道德风险；对风险早识别、早预警、早暴露、早处置，健全具有硬约束的金融风险早期纠正机制。

一、传统金融风险

金融科技是用于提升金融服务效率的应用，金融风险的属性与类型并未因金融科技的运用而发生实质性的变化。在金融科技时代，信用风险、流动性风险、市场风险、操作风险、法律合规风险等传统金融风险仍然存在且发生了一些新的变化，金融业务经过复杂程序编码后，各类传统金融风险在信息科技环境下以更加复杂与隐蔽的形式呈现。

一是信用风险，又称交易对手风险或履约风险，是传统金融风险最主要的类型。金融科技的广泛运用在提高金融服务便捷性与可获得性的同时降低了客户的准入门槛，引入了大量资质水平良莠不齐的高风险客户，加之我国征信体系存在征信体制不健全、征信监管不完善、信用数据不完整等问题，金融科技导致诱发信用风险的可能性变大了。

二是流动性风险，是指企业在某一特定的时期因业务过于集中而产生资金流量缺口，导致无法偿付到期债务和满足业务发展需求的风险。金融科技的运用加速了信息传导和产品交付频率，提升了金融市场反馈的速度，使金融产品随时兑付要求明显提高，这对金融科技平台的流动性风险管理能力提出了更高要求。在金融科技的广泛运用下，新型流动性风险主要源于资金错配、网络故障、金融科技企业不自律以及投资者的非理性投资。

三是市场风险，是指未来市场价格（利率、汇率、股票价格和商品价格）的不确定性对企业实现其既定目标的不利影响。其中，利率风险是金融科技面临的主要市场风险。金融科技企业的高收益率会导致传统金融机构为提升自身竞争力而降低贷款利率，但大部分成立时间较短的金融科技企业没有足够完善的应对机制与较强的应对能力，容易受到利率波动的冲击。

四是操作风险，是指因不完善的内部程序、人员操作失误、系统缺陷或外部事件而造成损失的风险。操作失误与系统缺陷是金融科技企业产生操作风险的主要原因。金融科技创新产品的专业性与技术性要求极高，多数初创期的金融科技企业无成熟的内部控制体系与员工培训系统，容易发生操作失误的现象。此外，尚处于起步阶段的金融科技企业的系统一般处于研发或者试用阶段，出现系统缺陷的可能性较大。

五是法律合规风险，是指金融科技企业因不符合法律法规的要求或因违反法律法规而给企业自身、消费者乃至整个社会带来损失的可能性。金融机构在与众筹平台等金融科技机构进行深入合作时，容易因违规行为或者法律不完善而导致连锁反应。此外，金融机构在对合作机构资质进行审核时可能因信息不对称而出现失误，进而导致金融机构选择与不合格的机构进行合作，所开展的业务存在违法违规的情况。

二、新型技术风险

金融科技下的金融风险的特殊之处在于，既有传统金融风险，又有底层信息技术等非金融因素导致的风险。金融科技创新极大地推动了金融业务的线上化、虚拟化、开放化，资金流转实时化与客户交易远程化，这提高了金融市场对互联网网络和信息技术的依赖程度。一旦在互联网业务运营流程、网络维护与技术管理环节出现任何技术漏洞，就会导致数据窃取、网络攻击、隐私侵犯等信息技术风险，给各方造成严重的经济损失。因此，金融科技不仅改变了传统金融风险的形态，还改变了金融风险的权重和分布，使得因金融科技的技术漏洞而产生的技术风险日益严峻，具体表现在以下几个方面：

一是技术不完备。金融科技依托于互联网、大数据、云计算、人工智能、区块链和物联网等新型技术，而初创期金融科技企业很可能存在技术失控、技术不成熟、算法缺陷等风险，这会导致提供金融服务过程中面临的风险不可控制且无法预测。首先，金融科技不成熟，技术本身还有提升空间，需要进一步适应高层次的需求。其次，基于云计算、人工智能、大数据和区块链的金融科技一旦存在算法缺陷这样的系统偏误，就会导致金融业务出现大范围差错，又因金融业务交易的实时性特征，将进一步造成无法修复的损失。最后，金融科技的广泛应用可能导致技术失控。当前，金融市场已走向移动化、智能化与大数据化，一旦数据与应用环境脱离可控范围，将导致金融科技市场失控，进而造成无法挽回的损失，甚至有可能对整个经济社会产生较为严重的负面影响。

二是数据安全隐患。在大数据时代，科技与金融的交叉融合也引发了更深层次的数据安全问题。数据安全风险主要包括信息完整性被破坏、信息泄露、拒绝服务、非法使用、计算机病毒、物理侵入、窃听、窃取、授权侵犯、旁路控制、业务欺骗等。在信息时代，金融服务提供商能够对消费者进行大数据分析，深入挖掘消费者的不同需求，从而为他们提供个性化的金融服务。这就使得客户的私人信息成为一种具有巨大潜在商业价值的资产，高度集中的用户信息可能被恶意窃取和利用。置身于金融科技生态中的用户并没有安全感与主导权，各类钓鱼、欺诈和恶意程序快速增长，大规模的私人数据泄露和黑客恶意攻击事件频发。据统计，2017 年金融行业就出现了 CVE 安全漏洞 374 个，19％的机构遭受了损失，36％的机构受到了 DDOS 拒绝服务攻击。此外，根据《2023 年全国网民网络安全感满意度“个人信息保护和数据安全”专题调查报告》，总体上，有九成多的受访者（91.51％）在过去一年中感知到网络个人信息的泄露。用户数据是金融科技生态中最核心的资源，驱动着金融科技的蓬勃发展，但目前数据安全问题已成为金融科技生态中的一大风险隐患。

三是网络安全风险。当金融服务活动日益网络化的时候，网络安全风险就成为不容忽视的问题。网络安全风险是在互联网的环境中遭受网络攻击、渗透、数据窃听和拦截、病毒侵袭等威胁而造成的风险。一旦网络安全风险发生在金融科技企业中，将可能导致金融风险的产生。网络安全风险主要包含网络通信安全风险、网站平台安全风险与客户端安全风险等。首先，用户登录、查询与交易都是在互联网环境中进行，一旦客户的账号、密码与交易信息在网络传输过程中被泄露或者篡改，金融科技企业就会遭受巨大的网络信息安全风险；其次，为客户提供网上支付、交易等金融服务的交易平台可能面临黑客攻击、计算机病毒、XSS攻击等网站安全风险；最后，在移动化的金融服务时代，客户终端成为被入侵与攻击的对象。此外，个人用户安全意识不足、客户终端系统的脆弱性也会加剧网络安全风险。

三、系统性风险

鉴于金融部门在经济社会中的核心地位，金融监管当局长期以来对系统性风险予以特别关注。系统性风险是指金融体系部分或全部受到损害导致大范围金融服务中断并给实体经济造成严重影响的风险。从内部作用路径来看，系统性风险是指一个机构的经济困境通过金融交易扩散到与其有联系的其他机构的风险，也即由于金融机构间的关联性导致多米诺骨牌效应的风险或者可能性。伴随着金融科技生态中的金融业务跨界融合嵌套，金融交易链条不断延伸，金融行为主体间的连接模式日益复杂，与外部机构之间的信息交互也日益增多。金融科技直接或间接导致了传统金融风险、技术风险、管理风险等多重风险的交叉融合，使得金融风险的复杂性、交叉性、传染性、隐蔽性和突发性更为突出。一旦风险导火索被触发，就有可能演变为真正的系统性风险。

第二节　监管科技的概念及现状

一、监管科技的定义

监管科技被定义为简化和改进监管流程的技术解决方案，是指金融科技在监管和合规领域的应用，以及在被监管金融机构报告方面的各种应用，也可以指提供此类应用的企业。

详细来讲，监管科技的作用可以从两个层面来理解：一是为有效管控金融机构合规风险，在“反洗钱”等监管法规的要求下，通过监管科技系统实现纸质报告流程的数字化，减少人工操作失误，降低企业受监管处罚的风险，节约和控制合规成本；二是帮助金融监管机构开展金融市场数据分析、风险预测、系统性风险识别，分析查找监管条款内设矛盾与问题，高效执行审慎监管和货币政策，提高监管的实时化、智能化、自动化水平，替代大量的人工和事后监管措施，大幅提升监管水平和效率。

二、监管科技的特点

与金融科技必须以“金融”作为关注点不同，实际上，监管科技并没有这么强的行业属性，可以应用到各种监管情境中。监管科技不应该是简单的“监管＋科技”或者

“科技+监管”，也没有必要深究到底应该偏重监管的科技属性，还是应该偏重科技的监管属性。重点在于，监管科技所体现的，是在新的金融业态下整体监管逻辑的方向性转变。

首先，被监管方接受监管科技的目的，不仅是降低成本，而且是主动接受监管。随着互联网的高度发展，自愿披露的情况越来越普遍。这主要是由于：靠传统的信息不对称获得不当盈利，在互联网背景下已经很难实现，与其这样，还不如主动接受监管。

其次，金融监管模式已经从规则监管模式过渡到原则性监管模式。在原则性监管模式下，每个企业都有权决定其最佳适用原则，以确保符合性，这导致企业的诚信变得很重要。于是，主动接受监管成为被监管方提升信誉的途径之一。

最后，站在监管，即监管科技的角度，监管的功能已经从“防止违规”转变成“预测风险”。从这个角度讲，监管方与被监管方已经达成了一致的目标，它们的利益是一致的，因此，监管不再是传统的“猫鼠游戏”，而是监管机构提供的一种服务。或者说，“监管即服务”是改变传统监管逻辑弊端的最好途径。

三、金融监管模式

由于很多发达国家以及发展中国家都存在不同程度的金融科技创新，因此多国对监管科技有涉猎，但对不同类型的金融业态的监管尺度不尽相同。以跨境外汇交易服务为例，不同国家对该业务的监管存在较大差异，总体上来说，发达国家大多实施严格管理，其他国家大多实施宽松管理。

各国金融监管体制虽不尽相同，但从监管机构的组织模式看，大致分为三种：

（一）高度集中模式

该模式是指在国家层面设立单极金融监管机构，统管本国的金融机构、金融市场以及金融业务。但需要指出的是，此种模式有可能只存在于一国的某一特定历史阶段。例如，日本历史上就经历了高度集中、分业监管、混合监管三种金融监管模式。具体来说，1998 年改革以前，日本采用高度集中统一的金融监管模式，大藏省统揽金融监管实权。随着《金融监督厅设置法》的颁布实施，日本的金融专项监管上升至国家意志层面，同时，这也为金融监督厅的设立提供了法律保障。此后，总理大臣掌握金融监督厅长官的任命权，大藏省拥有的职权受到限制。而近年来，日本的金融监管模式开始逐渐发展为混合监管模式。

（二）分业监管模式

分业监管模式是指由数个金融监管机构共同实施监管、对监管效果共同承担责任的监管模式。通常各国会设立专门的监管机构，这些机构分别掌握了各自业务领域的实质监管权，是一个密切联系的有机整体，包括单层多头和双层多头两种类型。我国属于典型的实行单层多头式金融监管体制的国家。现阶段我国“一行一局一会”和国家外汇管理局等机构负责金融监督管理工作；《中华人民共和国中国人民银行法》从法律层面对我国的金融监管协调机制做了具体设定。双层多头监管模式的主要协调制度为金融监管协调部际联席会议制度，但此机构并不具有明确的法律约束力，且协调力较弱，存在较大弊端。

（三）混合监管模式

1. “牵头式”监管模式

巴西是“牵头式”监管模式的主要代表。此种监管模式有效明确了巴西金融监管部门的职能与责任。其中，国家货币理事会（由央行等四个金融监管部门构成）居于最高决策地位，统揽协调各分业监管机构，负责各监管部门之间的协调和沟通。监管机构中的核心为央行，除少数机构外，其余机构全部受其监管。另外，央行内部还专门设立了监督管理局，负责现场和非现场检查、打击非法外汇交易和金融犯罪、管理金融系统信息等工作。

2. “双峰式”监管模式

“双峰式”监管模式是指依据金融监管目标和对象的不同在不同领域设置机构分别进行监管的模式，主要代表国家为澳大利亚等。1997 年，澳大利亚实施了金融监管体制改革，成立了审慎监管局、证券和投资委员会等金融监管机构，逐步形成了“双峰式”金融监管体制。其中，审慎监管局主要负责宏观经济的审慎监管，预防金融风险，证券和投资委员会主要负责监管金融机构的市场行为、保护金融消费者的合法利益。

四、中国监管科技现状

实际上，监管科技的引入源自中国国内的监管与合规需求。一方面，随着监管趋严，企业要想度过严监管“寒冬”，就需要做好自身合规工作。另一方面，金融科技给传统金融带来了冲击和挑战，在经历了上半场的开疆拓土之后，逐渐暴露出问题和风险。同时，在多重因素叠加下，金融风险也呈现出异化、交叉、传染扩散的态势，金融系统中的不稳定因素和缓释风险不断累积，威胁金融体系的安全。新兴监管需求与传统监管制度、组织、技术和人力难以兼容，而监管科技能够用技术辅助监管，提高监管效率并降低成本。从中央到地方的金融监管部门、行业协会对监管科技的需求尤为迫切。在监管者、被监管者以及市场自律组织多重监管规制力量的推动下，监管科技在国内应运而生。

从 2017 年起，监管科技在中央和地方两个层面都获得了长足的发展，在中央方面，中国人民银行、银保监会和证监会从战略方向上认可了监管科技的作用，加快金融监管“智能化”“数字化”建设成为监管升级迭代的方向。从《中国金融业信息技术“十三五”发展规划》的制定到银保监会提出运用科技手段监管金融科技的思路，再到证监会科技监管专家咨询委员会的成立以及《中国证监会监管科技总体建设方案》等文件的出台，都说明我国金融监管科技开始进入顶层设计阶段。2018 年 12 月，证监会发布《证券基金经营机构信息技术管理办法》，引导证券基金经营机构在依法合规、有效防范风险的前提下，持续强化现代信息技术对证券基金业务活动的支撑作用。2020 年 12 月，国务院通过了《防范和处置非法集资条例》，其中第八条提出在非法集资犯罪领域建立健全监测预警机制，这是我国第一部涉及监管科技的行政法规。这不仅是对监管科技应用的一种肯定，也是对金融监管体系的一次创新。2022 年 1 月，中国人民银行发布《金融科技发展规划（2022—2025 年）》，明确指出要深化监管科技在消费者权益保护、征信、反洗钱以及支付结算、货币政策等金融领域的应用。2022 年 12 月，我国正式实施《中华人民共和国反电信网络诈骗法》，这部法律对打击电信网络诈骗行为进行了明确的法律定性和全面的规定，并进一步在法律层面明确打击电信网络诈骗领域反制技术措施的合法性。近年来，监管科技这个概念在中央政策文件中出现的频率越来越高，并且地位也在不断提升。这表明，立法机关对于在监管领域应用技术的行为逐渐给予合法性的认可。这种认可不仅是对监管科技这个概念的肯定，也是对其在实际应用中发挥作用的肯定。

习近平总书记指出，要强化能力建设，提升监管科技水平，补齐监管短板，加强金融监管干部队伍建设。金融监管是系统工程，要加强监管协同。一是夯实基础设施底座，打造“数云网”一体融合的监管云平台体系，充分发挥监管单位监管支持作用，面向全系统提供绿色集约、安全可靠的一体化算力服务。二是加强人才队伍建设，培养懂监管业务、懂科技、懂数据的复合型人才。强化全系统数字化培训，提升监管人员数据挖掘、数据分析和智能工具使用能力。三是构建良好生态，充分发挥银行保险机构技术优势，形成监管科技、金融科技、合规科技相互促进的良好局面。指导建设金融综合服务平台，支持与地方党委政府央地监管协同，多方共建数字化、智能化、开放式监管科技生态。未来监管科技将在我国的监管体系中扮演更加重要的角色，为我国监管工作提供更多的支持和帮助。

在实践层面，也出现了很多围绕监管科技的新举措。例如：央行反洗钱监测分析二代系统大数据综合分析平台于 2018 年 3 月上线试运行，运用大数据分布式等数据结构实现高频并发交易的监测预警；银保监会的检查分析系统（EAST 系统）辅助数字化监管报送和非现场监管；证监会依托大数据仓库，利用软件爬取、数据挖掘，寻找操纵市场、老鼠仓等非法证券活动的线索。中国人民银行于 2019 年 12 月首次推出了“监管沙盒”（中国版本），以鼓励金融机构和技术企业进行创新试验。目前已经在北京、上海等全国多个地区展开。截至 2023 年，我国已经开展了四轮国家金融科技“监管沙盒”试点工作，已经有超过 20 个省市或自治区开展，已进入或完成“监管沙盒”试点和应用超过 160 个项目。在央行的支持和引导下，中国版“监管沙盒”机制得到了独特的塑造和发展。其巧妙地将刚性与柔性相结合，既设有严格的底线——技术安全与业务合规，确保在金融科技创新过程中不会突破法律和道德的红线，又具备灵活的上层建筑——包括备案审查、行业自律监管、全面的信息披露以及政策指导等多元化监管手段。同时，我国监管科技的应用方向主要集中在数据抓取、数据传输和数据分析这三个重要领域。这些领域采用的技术手段非常丰富，包括大数据、云计算、人工智能、应用程序接口（API）、区块链等先进技术。在数据抓取方面，通过运用这些技术，可以快速、准确地获取大量的金融数据，为金融监管提供全面、实时的数据支持。在数据传输方面，这些技术确保数据的快速、安全、稳定传输，避免数据在传输过程中的丢失和泄露。在数据分析方面，通过运用云计算、大数据、区块链等先进技术，可以对金融数据进行深度挖掘和分析，从而发现潜在的风险和问题，为金融监管提供有力的决策依据。此外，人工智能和 API 等技术的应用，也为监管科技的发展提供新的可能性和方向。这些技术的应用，不仅能提升金融监管的效率和准确性，还能为其提供强大的数据支持和技术保障。

同时，地方金融监管部门因技术水平、人手、权责分配等问题，加之承担着地方金融属地风险处置责任的重担，任务繁重，因此，寻求与监管科技企业和第三方技术服务商合作成为其发展监管科技的有效路径。百度、阿里巴巴、腾讯、京东等综合性创新科技企业纷纷与地方金融监督管理局合作，如蚂蚁金服与北京、天津、西安、贵阳等地合作，加载“风险大脑”监测防范 P2P 网贷风险和集资诈骗等金融风险；腾讯与深圳、广州等地合作建设“灵鲲大数据金融安全平台”，帮助地方开展金融风险监测、识别、预警和处置，打击网络黑产，助力“防控金融风险攻坚战”。除了上述综合性监管科技平台，还有垂直细分的监管科技企业，这类企业往往在某一专门领域有着较强的研发和技术力量，具有较强的纵深延展能力，是中国监管科技生态中不可或缺的组成部分。

第三节　监管科技的应用

一、监管科技在影子银行风险防范中的应用

监管科技将大数据、人工智能、云计算、区块链等新技术引入对影子银行的监管过程中，协助监管机构更高效地应对信息不对称问题，鉴别资金流向、甄别潜在风险，及时采用风险防控措施，实现穿透式监管，提高监管过程的运行效力。

（一）利用区块链技术提升记账信息完整性和不可抵赖性

对于影子银行的资金来源和流向需要进行监测，而区块链技术利用分布式账本技术使得信息的记录和传播可以同步完成，只有被其他记账节点认可的信息才可以被计入账本。因此，区块链技术不仅可以让监管部门第一时间准确获取资金的来源和流向信息，而且让影子银行的业务参与方能够实时获取业务信息，进而采取数据加工处理和分析等操作，为高效监管奠定精准的数据基础。

（二）利用大数据分析技术提高风险识别效率

监管当局能够利用大数据技术对已获得的数据进行分析，判断资金的来源和流向是否会带来一定的金融风险。在资金来源方面，大数据可进行建模，实时监测资金来源是否违反监管规则，识别机构或个人的风险承担能力；在资金流向方面，大数据可进行定量分析，识别资金使用风险；在风险管理方面，大数据可进行合规性监测，实时感知可疑交易风险态势，及时采取相应的预警措施。

(三) 利用人工智能技术提高风险响应时效

人工智能能够采取机器学习、深度学习等算法和技术对大数据量的交易行为进行训练，从而具备判定风险交易的能力，能够切实推动监管智能化、自动化。因此，监管部门可以采集影子银行引起的风险案例数据，利用人工智能算法建立资金流向等信息与风险特征之间的关系。人工智能能够提前判定交易的风险属性，预测其产生违规风险的概率。若超过阈值，则提醒监管当局及时采取信息核查、冻结交易等风险处置措施，纠正违规影子交易，降低潜在金融风险。

二、监管科技在反洗钱领域的应用

根据持续变化的反洗钱监管要求，监管科技有助于监管部门提高对洗钱活动的监测能力，同时有助于金融机构积极适应新的监管标准。一方面，监管部门引导金融机构在反洗钱工作中应用监管科技，可以提高反洗钱数据报告效率，实现每月、每天甚至实时报告，从而使监管部门收集与存储大量数据；另一方面，面对持续增加的合规成本，金融机构需要通过监管科技提高合规效率、降低合规成本，以应对全新数字化时代的金融业务对监管的挑战。

(一) 监管部门应用监管科技提高反洗钱监管效率

为解决数据分析难题，提高反洗钱监管效率，许多国家的监管部门已经在反洗钱领域应用监管科技，表 13-1 总结了监管科技中的技术方案与应用案例。

表 13-1 监管科技中的技术方案与应用案例

技术方案	监管科技的应用	具体案例
人工智能/机器学习	防范并监测交易欺诈	新加坡金融管理局已开始使用名为 Apollo 的机器学习工具来帮助执法人员发现金融市场的交易欺诈行为
应用程序接口(API)	监管部门与被监管的金融机构之间进行交易报告与数据的传递	菲律宾中央银行已经部署应用程序接口，用于机构后台的交易报送和监测信息可视化
大数据分析	支持交易风险监测	印度储备银行使用大数据算法对交易日志进行分析与监控
生物识别技术	强化客户身份验证	尼日利亚央行基于生物识别技术构建了银行验证码，用于加强银行交易安全性与反欺诈
云计算	以更低成本建立标准化的数据交换流程与信息采集标准	反洗钱监测解决方案基于云计算，实现对全渠道、全场景、全方位的自动化和智能化反洗钱风险防控

续表

技术方案	监管科技的应用	具体案例
分布式账本技术	实时可回溯的客户交易信息共享	爱沙尼亚正在使用区块链技术进行身份识别
语言数据模型技术	基于计算机对监管规则与标准进行识别，及时跟进监管法规动态，并适应合规标准变化	英国金融行为监管局通过使用机器语义学习技术，为监管部门和金融机构提供“数字监管报告”
机器人流程自动化（RPA）	可以帮助检索洗钱调查数据，并扫描公共数据库，以了解法律法规的变化	阿联酋中央银行已经计划将机器人流程自动化应用于反洗钱检查流程

资料来源：根据英国金融行为监管局和公开资料整理。

反洗钱监管部门的主要目标是应用监管科技的数据分析工具提高对金融机构日常监管和交易的监测效率。这些工具包括大数据分析、机器学习、自然语言处理和文本挖掘等，主要用于将大量结构化数据和非结构化数据转换为有助于完成监管要求的简化信息。具体而言，监管科技可以使监管部门更好地达成以下两个方面的目标：一方面是改进对金融机构反洗钱的风险评估流程；另一方面是提高微观和宏观层面可疑洗钱活动的监测水平。

（二）监管部门应用监管科技提高反洗钱监管效率

监管科技已经在欧洲和美国发挥巨大作用，帮助监管部门更有效地实施洗钱和恐怖融资犯罪监测，也有助于金融机构在面对复杂的反洗钱法规调整时最大限度地减少合规成本。能采取的措施主要涉及两个方面：一方面是基于监管科技工具构造智能化反洗钱框架，另一方面是监管科技在金融制裁合规和加密货币领域的贡献。

三、监管科技在外汇管理领域的应用

（一）探索建立外汇管理领域“监管沙盒”，有效平衡鼓励创新与风险防范

不同于试验区，“监管沙盒”是在不确定性中寻找确定性，不受时空限制，适用于金融创新产品监管。“监管沙盒”能让金融创新产品在“沙盒”内充分暴露风险，使监管者能够及时研究相关风险及其外溢路径，继而采取有针对性的风险防控措施，实现风险靶向管控。英国、澳大利亚、新加坡等多个国家为了给金融科技、金融新业态提供“监管试验区”，通过给参与市场主体颁发临时性或有限制的牌照（英国模式）或一定期限内的牌照豁免权（澳大利亚模式），在监管机构的控制下实现小范围内的真实环境测试。外汇管理领域亦可探索建立类似的“监管试验区”，允许跨境金融创新产品或特殊领域的外汇管理改革，在一定安全可控的范围内突破政策限制，开展容错纠错性实验和测试，在试验过程中充分收集监管信息，查找风险点，完善监管措施，从而在降低参与者政策风险的同时提升外汇监管的针对性，有效平衡金融创

新与风险防范。

（二）建设外汇管理“风险监测模型库”，推动外汇监管关口前移

为进一步完善“银行端事前拦截”和“外管局端事后监测”的“两位一体”监测体系，共同增强防范风险能力，一方面，监管机构可以在外管局端，依托传统监管经验和机器学习历史案例方式，归纳风险特征，设定各业务的指标规则、指标阈值和预警区间，构建一套外汇管理领域“风险监测模型库”，如利用人工神经网络算法等技术使监测模型作用于全量数据，测算市场主体交易行为正常或异常概率，并向业务人员返回可疑交易信息。另一方面，监管机构可以在数据保护和授权使用的前提下，畅通监管机构和被监管对象间的监管信息共享，将外管局端监测模型嵌入银行端核心外汇业务系统中，通过机器学习预判市场主体交易行为合规性，实现实时监测与异常交易拦截预警。

（三）利用市场主体画像实施更加精细的差异化监管

监管机构可以灵活运用深度学习、贝叶斯分类算法和基于规则匹配等用户画像方法，从资本端（股东、入股资金等）、资产端（投资项目、净资产、主营业务收入、净利润等）和负债端（偿债能力、或有负债等）及交易圈（交易对手、关联账户等）多个维度，分析各指标特征同跨境资金流动间的关联关系，根据分析结果对市场主体分群，生成用户标签，划分风险等级，分析预判不同类型用户在不同外部因素影响下跨境收支行为偏好和风险点，细化 A 类企业分类标准，实施更加精细的差异化监管：对 A 类企业中风险较低的主体采取更加便利化的措施，如适当放宽相关单证提供或留存要求等，最大限度地节约企业成本；将 A 类企业中风险较高的主体加入关注名单，强化对其业务真实性的审核等，以提高企业合规经营的自觉性和主动性。

（四）依托区块链技术加快部门间信息共享，着力解决监管信息不对称问题

监管机构可以进一步拓展跨境业务中的区块链服务平台功能，丰富业务应用场景，利用需授权且在联盟成员之间运行的联盟链和多方安全计算技术，在有效保护隐私的前提下打破“信息孤岛”，实现外管局与央行、海关、税务、商务、金融机构等部门的信息共享。如将税务部门作为联盟节点，通过联盟链实现税务服务贸易备案表信息、发票信息“上链共享”，依托区块链的数据不可篡改、可追溯、可审计性能，实现备案表、发票信息自动核验和确认，为市场主体服务贸易、资本收付汇及外管局非现场监测提供便利。再如，可以采用同样的方式实现与反洗钱部门的信息共享，借助联盟链对个人分拆购付汇等违规行为实施穿透式监管，逐步将监管重点从局部合规层面上升到地下钱庄等更大的风险识别层面。

（五）运用自然语言处理（NLP）技术进行预期分析

利用人工智能 NLP 技术，对微信和微博留言、网络浏览痕迹、政策咨询等非结构化数据进行情感评分，同时借助深度学习、机器学习等语义理解技术，运用可视化等方法进行规律探索，以此得出情感评分与市场主体交易行为、跨境资金流动间的规律，研判

市场主体预期动向，提前介入，主动实施有针对性的引导。

第四节　金融科技的风险特征

一、风险更具传染性、隐蔽性和系统性

科技使金融业发生了巨大的变革。在金融科技的运行框架中，金融机构与金融科技企业提供的金融服务不断渗透趋同，原本存在于各机构之间的界限逐渐模糊，金融机构与非金融机构之间的业务在金融科技的推动下不断融合。随着各业务参与主体的多元化，系统性风险逐渐从大型金融机构分散转移到各个去中心化的节点，使得系统性的信息不对称问题更为凸显，从而强化了风险的隐蔽性和系统性。同时，由于多参与主体的业务相互交叉，风险传递很快，因此更具传染性。此外，与传统金融不同，金融科技具有数据高度集中的特点，一旦金融风险在短时间内突然爆发，化解的难度就会更大。金融科技的高度渗透性和风险的瞬时爆发性，使金融风险呈现出爆发突然、传染迅速的特征。多部门、多领域参与以及跨行业、跨领域金融产品相互交错，形成了一个庞大的共生体系。因此，现代金融科技风险的监管面临着跨主体、跨领域的联合监管问题。

二、操作风险和平台技术安全风险更具破坏性

金融科技的操作风险主要体现在以下两个方面：其一是由风险管理系统、流程设计及突发事件导致的操作风险。存在缺陷的风险管理系统会使得金融科技机构无法规避网络风险，存在缺陷的系统流程设计则会影响金融科技机构网络业务的正常运行，这会给金融科技机构带来潜在的系统风险。此外，当有突发事件发生时，若金融科技机构事先没有制定应对该突发事件的紧急预案，会很难及时化解风险，从而可能使金融科技机构遭受严重损失。其二是由金融科技职员的操作失误、客户的疏忽或机构与客户之间的沟通出现问题导致的操作风险。这可能会引起网络金融账户的错误或混乱，从而使金融科技机构无法进行正常的金融交易，因此可能会给金融科技机构和客户带来经济损失。

金融科技业务的开展依赖先进的金融科技技术和交易平台。如果对技术研究不够或平台选择错误，那么系统、技术和平台本身存在的风险将向金融领域蔓延，无论哪个环节出现问题，都会使金融科技机构和客户蒙受巨大损失。

三、传统金融中的信用风险将继续存在

传统金融中的信用风险仍存在于金融科技中。例如，金融科技业务中的银行网络金融业务是基于传统的柜台业务发展而来的，因此存在于传统银行业务中的信用风险也将对网络金融业务的开展产生直接影响。反映信用风险的一个重要指标是不良贷款。不良贷款是指借款方存在很大可能无法按照原贷款协议按期偿还贷款本息的贷款。这一指标

对于目前金融科技业务中的网络借贷极为重要，因此发展金融科技需要严格控制和防范信用风险。

四、数据风险和信息安全风险极为重要

大数据技术是推动金融科技发展的主要技术，因此防控数据风险和信息安全风险是金融科技发展的重要基础。

首先，数据风险主要体现在大数据本身的真实性上，大数据理论建立在所用到的数据都是真实的这一基础上，因为数据中一旦混杂了虚假错误的信息，就可能会导致错误的分析、预测和决策，并因此带来巨大的损失。随着处理的数据规模越来越大，数据类型越来越丰富，这种风险也将随之扩大。

其次，即使数据本身的真实性得到了保证，大数据的分析也可能会落入“虚假关系”的陷阱。由于不再需要随机样本，传统方法中对于因果关系的逻辑推断能力将不再有用武之地。这导致利用大数据技术所揭示的实物间的关系可能并不真实存在，只是数据体量扩大带来的假象，从而可能导致金融企业做出错误的决策。

即使与数据的真实性和数据分析技术有关的数据风险得到控制，也无法完全避免数据使用时的风险。数据本身是一种信息，当对数据的使用和保护不当时，数据风险便会演化为信息安全风险。当前随着大数据技术的发展，数据服务提供商拥有大量的用户数据，可以轻易获得用户的私人信息。一旦这些数据被泄露，大量用户的隐私便会被曝光。更为严重的是，一旦数据服务提供商将目标对准政府机构并进行有针对性的信息收集，就有可能泄露重要的国家金融信息。除了数据服务提供商之外，在数据传输过程中，还面临着潜在的数据入侵问题，大数据在金融领域的广泛应用也为黑客提供了更多可以对金融业发起攻击的机会。同时，还存在数据被监听的风险，“棱镜门”事件就反映了美国政府可以利用大数据技术从规模庞大的电话通信和网络信息中对他国民众和政要进行精确监听，这种技术模式同样可以用于对他国重要金融信息的窃取。因此，信息安全风险的防控也极为重要。

第五节　国际金融科技监管

一、金融科技监管的国际经验

（一）美国

当前，金融科技在世界范围内呈现出极速发展的趋势。根据相关统计，2023 年，全球金融科技行业投融资事件总次数为 2 016 次，总金额为 1 063 亿美元。其中，第一季度投融资金额为 321 亿元，为四个季度中最高，随后三个季度，投融资金额呈下降趋势；第二季度的投融资事件次数为 610 次，为四个季度中投融资事件次数最高。美洲地区、

亚太地区和欧洲地区投融资事件次数分别为 1 008 次、465 次和 427 次，投融资金额分别约为 553 亿美元、196 亿美元和 245 亿美元，占到全球总投融资金额的 93.5%。美洲地区、亚太地区和欧洲地区三个地区在近两年一直是投融资热门地区。

美国金融科技的发展主要集中于初创企业，主要涉及的领域有人工智能、电子识别、机器人顾问和智能交易监控等。在服务目标方面，美国金融科技企业主要面向具有个性化需求的新兴互联网企业，其研究热点多集中于财富管理、保险技术和人工智能领域。

可以看出，美国金融科技的发展是非常迅猛的，在高速发展的背后是美国政府大力支持金融科技发展，积极出台相关监管措施。2017 年美国国家经济委员会就发布了《金融科技框架》白皮书，全面系统地阐述了美国金融科技的监管框架，并确立了以下基本原则：

（1）广泛思考金融生态系统；

（2）将金融消费者放在首位；

（3）促进金融包容性和金融健康；

（4）认识与克服潜在技术偏见；

（5）实现透明度最大化；

（6）努力实现互操作性和协调技术标准；

（7）保护网络安全、数据安全以及隐私；

（8）提升金融基础设施效率与效能；

（9）维护金融稳定；

（10）加强跨部门协调。

该白皮书从政策上确认并特别强调了隐私保护、网络安全、金融稳定性等问题，同时提出了如下目标——培育积极的金融服务创新和创业、增强美国国内和海外的普惠金融与财务健康以及深化 21 世纪金融监管框架，这对美国金融科技的发展产生了深远的影响。

美国对金融科技的监管主要是功能监管与限制性监管，即不论金融科技的具体表现形式是什么，凡是金融科技所涉及的金融业务，一律按其功能纳入现有金融监管体系。此外，美国相对完善的政策法律体系可以有效地对金融科技进行实时动态监管，以适应金融科技不断发展的业态特征。

2019 年美国议会代表又提出了两部金融科技监管法案，分别为《金融科技保护法案》和《金融科技法案 2019》。《金融科技保护法案》的提出背景是：美国立法当局注意到许多恐怖主义活动开始通过虚拟货币获得支持，因此国会意识到联邦政府有必要拥有优先调查恐怖活动和非法使用虚拟货币等技术的活动的权力，进而由美国立法机构确定将以虚拟货币为经济来源的恐怖主义活动和利用虚拟货币从事非法用途的行为作为主要打击对象。该法案的监管对象为“利用虚拟货币从事恐怖主义和非法融资活动的人及其行为”，在规制内容上更侧重“举报和惩戒”，在监管方式上以行为监管为主，同时该法案还鼓励知情人举报涉嫌支持恐怖活动和非法融资的行为，并给予专项奖励。

《金融科技法案 2019》的提出则是因为美国在联邦层面无明确的、法定的、针对金融科技行业的监管主体以及常设议事机构，因此容易出现监管真空和多头监管等问题，不利于保护新型科技企业和金融科技创新。该法案的监管对象是初创型金融科技企业，在规制内容上侧重于“鼓励和保护创新”，在监管方式上以功能监管为主。通过设立类似于“监管沙盒”的机制，明确监管主体、议事规则、协调机制等方式，解决目前存在的监管真空和多头监管问题，从而达到保护初创型金融科技企业的目的。

（二）英国

英国由于其金融业历史悠久，金融业体系已十分成熟，因此与具有全球领先技术（如美国）和具有庞大规模市场（如中国）的国家不同，英国采取主动型监管模式，由国家或地区政府与监管部门主导金融科技行业的发展，通过政策扶持和激励提供金融科技创新发展动力，给予创新一定的容错空间。

英国对金融业的监管历史悠久。早在 1995 年，英国经济学家迈克尔·泰勒（Michael Taylor）就提出了一种先进的“双峰式”监管模式，该模式既可以稳定金融体系、防范系统性风险，又能防止金融机构的不规范操作和信息披露不完整等不当行为，保护消费者的利益。2011 年 6 月，英国政府开始对金融监管体制进行全面改革，采用由审慎监管局和金融行为监管局构成的“准双峰”监管模式，代替了原有的由财政部、英格兰银行、金融服务局三方共同监管的模式。这种模式在促进金融市场良性竞争的同时保护了消费者的利益。

此外，英国还实施行业自律先行，能够根据金融科技发展动态及时调整和完善监管。以 P2P 网络借贷为例，2011 年英国的 Zopa、Rate Setter 和 Funding Circle 三大 P2P 借贷平台在认识到金融科技行业的健康发展和自身长远利益具有一致性的情况下，带头成立行业自律组织——P2P 金融协会，并先后制定了成员平台需履行的具体义务以及运营规则，这些规则的制定促进了英国 P2P 行业的持续稳健发展。随着 P2P 行业的发展，英国金融行为监管局在《消费者信贷法》和行业协会自律规则的基础上，于 2013 年 10 月发布《关于众筹及类似行为的监管方法（征求意见稿）》，于 2014 年 3 月正式对外发布《关于互联网众筹及通过其他媒介发行不易变现证券的监管方法》，并开始对 P2P 网络借贷实施专业的金融监管。

2014 年，英国金融行为监管局成立了创新项目办公室，支持创新企业以直接支持和创新合作的方式与监管机构进行对接。金融行为监管局于 2015 年首先提出监管科技的概念，借助科技监管的技术优化金融监管。金融行为监管局指出监管科技作为金融科技与大数据、云计算、机器学习等新一代技术相结合的金融监管方法，服务于提高监管效率、降低合规成本的主要目标。

2015 年 11 月，金融行为监管局提出“监管沙盒”的概念，鼓励金融科技企业在受限制的环境里进行创新型金融产品和服务的实验。英国是最早推出“监管沙盒”的国家。英国金融行为监管局对“监管沙盒”的定义是：“监管沙盒”是一个安全空间，在这个安全空间中，金融科技企业可以测试其创新的金融产品、服务、商业模式和营销方式，而不用在相关活动碰到问题时立即受到监管规则的约束。该模式旨在鼓励创新和缩短创新的推广时间，同时对创新业务的市场范围等设定限制条件，以确保创新失败的风险和影响可控，有些类似于我国经常采用的“改革试点”。企业申请进入“监管沙盒”后，可以获得一个附带约束条件的业务授权，从而在现实环境中测试创新性产品、服务和业务模式。在降低监管门槛的基础上，保护了消费者不受创新实验所带来的风险。

2018 年，英国金融行为监管局在全球范围内发起倡议，建议构建一个不受国家区域限制的“监管沙盒”机制，推动全球金融科技的发展与创新。8 月，英国金融行为监管局与全球范围内 11 家金融监管机构联合宣布建立全球金融创新联盟，目标是在全球不同市场中协作并共享创新实验成果，为监管端和合规端提供跨境解决方案的环境。截至 2022 年 8 月，全球共有 71 家来自不同国家和地区的金融监管机构成为全球金融创新联盟的成员。

综上所述，英国的金融监管体系主张既鼓励创新促进竞争，努力使其保持国际市场领先地位，又防范日益复杂化的系统潜在风险，稳定市场。

（三）澳大利亚

澳大利亚证券投资委员会一直以积极沟通的态度扶持澳大利亚国内金融科技企业的发展。2015 年 4 月，澳大利亚证券投资委员会成立了沙盒型创新中心，其目的是将创新中心作为澳大利亚证券投资委员会面向金融科技企业的窗口，帮助金融科技初创企业更好地适应本国金融监管体制。澳大利亚证券投资委员会创新中心的成立既可以在一定程度上缓解金融科技初创企业所面临的缺乏监管应对经验等压力，又建立了监管者调查了解创新产品和服务以及它们与现有规则和政策方式的协调情况的反馈渠道。2016 年 3 月，澳大利亚证券投资委员会创新中心正式发布《监管指南 000》和《监管指南 254》等金融科技领域的监管文件，为“监管沙盒”机制的建立奠定了基础。

2016 年 12 月，澳大利亚政府正式批准设立了“监管沙盒”机制，其目的是将澳大利亚建设成为亚太地区金融科技中心与全球金融科技创新与投资的顶级市场之一。此外，澳大利亚还出台了一系列指导法案监管指南，主要的监管框架体现在《监管指南 257：在未持有澳大利亚金融服务许可证（AFSL）或信贷许可证（ACL）的情况下测试金融科技产品与服务》中。2017 年 2 月和 2017 年 8 月，澳大利亚证券投资委员会在以往的基础上对“监管沙盒”的基本框架进行了更新。2017 年 11 月，澳大利亚政府出台了一系列有关金融科技的监管草案，主要包括《2017 年财政法修正案（后续措施）法案：金融科技沙盒监管许可证豁免（草案）》《2017 年金融科技沙盒澳大利亚金融服务许可证豁免条例（草案）》《2017 年国家消费者信贷保护（金融科技沙盒澳大利亚信贷许可证豁免）条例（草案）》，致力于创建一个具有强化效果的增强型“监管沙盒”，加大力度支持金融科技领域的创新。“监管沙盒”机制运作至今根据金融科技企业的多样化需求不断进行调整，以提高监管政策的适应能力，进而为澳大利亚金融科技生态系统的健全与完善提供助力。

（四）新加坡

目前，新加坡形成了以新加坡金融管理局为核心的监管框架。新加坡政府授权新加坡金融管理局作为金融科技创新发展的政策主体，全面负责金融科技发展的战略规划、政策框架和政策协调。不同于美国和英国，新加坡金融管理局是负责监管银行、保险业、证券市场、支付结算的中央金融机构，同时负责行业宏观审慎管理和微观审慎监管，承担着中央银行调控、地方金融监管和促进金融市场发展三个重要职能。新加坡金融管理局是新加坡的中央银行和综合金融监管机构，在金融科技方面，其主要职责是推动金融科技发展、监测并降低潜在现存风险、运用技术创新提升效率与行业透明度、优化交易流程，并及时应对潜在风险。

2015 年，新加坡金融管理局成立了金融科技创新小组，主要负责制定创新金融科技监管政策。2016 年，新加坡也提出了“监管沙盒”的政策，鼓励金融监管创新企业在监管放松的环境中测试新的金融产品和服务。2018 年 11 月，新加坡金融管理局发布了《促进新加坡金融业公平、道德、可问责和透明地使用人工智能和数据分析的原则》（FEAT 原则），规定了新加坡金融机构必须负责地使用数据，并要求开放 API 端口供第三方使用者下载和阅览。FEAT 原则作为新加坡金融管理局人工智能发展计划的一部分，有助于新加坡建立一个可信度极高的人工智能发展环境。越来越多的企业遵循 FEAT 原则来进行风险管理和监管合规，将增强数据使用者对人工智能和数据分析的信心。

为了促进监管科技的采用和发展，新加坡金融管理局于 2022 年 4 月推出了监管科技资助计划。该计划包括两个层面：在试点级项目层面，金融机构能够获得来自新加坡金融管理局的 7.5 万新加坡元资金以全面整合之前试行的监管科技解决方案；在生产级项目层面，金融机构可获得新加坡金融管理局 30 万新加坡元的资金支持来开发更大规模的定制产品。

新加坡以新加坡金融管理局为主体的金融科技监管框架始终坚持“平衡金融监管与发展”的监管理念，具体内容涵盖监管原则、监管方式、监管范围、监管程序以及监管工具。一是监管原则。新加坡始终坚持技术中立原则，采取针对性与中立性并存的监管原则，监管权重取决于技术风险高低，并且根据不同的风险系数进行监管干预。二是监管方式。新加坡试点“监管沙盒”，实行分类监管、独立监管，坚持透明监管原则，构建穿透式监管。三是监管范围。新加坡的监管范围涵盖银行、保险、证券、支付等领域，具体包括营销获客、移动支付、财富管理、智能风控等广泛的金融行为，并将金融科技企业纳入监管范畴。四是监管程序。新加坡已形成评估、授权经营、“监管沙盒”以及行业治理等链条式的监管程序。五是监管工具。新加坡发展监管科技，利用技术提升对金融科技的监管水平，完善整体监管框架。

二、金融科技监管面临的国际挑战

（一）各国金融科技监管政策迥异，缺乏统一标准

当前各国所实施的监管主要是对网络融资和电子货币的监管。在其他金融科技领域，各国对支付的监管规则已较为成熟，而区块链等技术本身及其影响仍处于探索阶段。总体而言，各国对金融科技监管的措施存在很大差异，尚未形成一个统一标准。

以电子货币为例，美国商品期货交易委员会将比特币归类为大宗商品，而欧盟最高法院判定比特币为一种货币，而非商品，电子加密货币为欧盟范围内合法的支付方式。

（二）金融科技跨境展业，监管合作应对不足

各国对于金融科技的跨境监管合作安排明显滞后于跨境展业步伐。以蚂蚁金服为例，其国际化步伐日益加快，支付已覆盖220多个国家和地区，一年内服务海外客户超过3 300万人，但无论是在监管还是消费者保护方面，目前都尚无任何机制化安排。

第六节　我国金融科技监管现状及不足

一、我国金融科技监管的现状

我国金融科技在运行初期几乎不受监管。直至2015年7月，中国发布了第一个支持引导金融科技监管的政策文件《关于促进互联网金融健康发展的指导意见》，指出金融科技监管范围具体包括股权众筹融资、互联网支付与网络借贷等。此后，中国人民银行等发布了《非银行支付机构网络支付业务管理办法》《非银行支付机构分类评级管理办法》等。2016年银监会也针对网贷行业制定并实施了“1＋3”的监管制度框架，进一步提升了我国金融科技监管水平。

从近年监管机构发布的政策来看，金融科技创新监管工具正在完善。

2021年3月26日，中国人民银行发布并实施《人工智能算法金融应用评价规范》。这是一部由中国人民银行提出，全国金融标准化技术委员会归口的文件，规定了人工智能算法在金融领域应用的基本要求、评价方法和判定标准，适用于开展人工智能算法金融应用的金融机构、算法提供商及第三方安全评估机构等。该文件从安全性、可解释性、精准性和性能方面开展人工智能算法评价，适用对象分为资金类场景和非资金类场景。2022年1月30日，《中国银保监会银行业金融机构监管数据标准化规范（2021版）》（EAST5.0）发布，要求金融机构切实推进数据治理，提升数据质量和数据专业性，进一步增强数据规范性。同年2月8日，中国人民银行、市场监管总局、银保监会、证监会印发的《金融标准化“十四五”发展规划》明确完善金融风险防控标准，健全金融业综合统计标准，推进金融消费者保护标准建设，加强标准对金融监管的支持。2022年3月，中国人民银行金融科技委员会召开会议研究部署2022年重点工作时强调，2022年要贯彻“十四五”规划纲要，多措并举推动《金融科技（FinTech）发展规划（2022—2025年）》落地实施，高质量推进金融数字化转型。会议部署五项重点工作，其中三项涉及监管，即建立健全金融科技伦理监管框架和制度规范、深化运用金融科技创新监管工具以及强化数字化监管能力建设。

二、我国金融科技监管存在的不足

目前，我国金融科技监管水平相对滞后，和世界主要发达国家相比仍存在较大差距，具体来说表现在以下几个方面。

（一）缺少现代化金融科技监管体系

我国金融科技监管理念僵化，仍未能构建现代化金融科技监管体系，金融科技风险较大。以 P2P 为代表的互联网金融模式虽然在政策支持下得以实现快速发展，但实践表明，宽松的监管政策造成了 P2P 风险事件频发，不仅对经济发展产生了负面影响，更严重的是阻碍了互联网金融的进一步发展，使得互联网金融陷入了“一管就死”的发展怪圈。这一现象产生的根本原因是当前并未在真正意义上建立金融科技监管体系，现有法律法规及制度落后于金融科技的发展，在风险安全防范方面存在法律缺失和监管空白。比如金融科技同时具有金融和科技两种属性，金融监管只能规范金融方面的内容，而科技则无法监管，因此金融科技企业可通过技术手段规避监管。这种分业监管极易产生跨市场套利行为，形成监管的套利空间，极易集聚结构性风险。

（二）高创新性与监管滞后存在矛盾

我国监管机构当前的创新评估及监管机制主要以行业规则和现场检查为主，方式十分单一，这与金融科技的创新性、发展性特点矛盾，因此监管难以适应金融科技发展的现实需要。监管机构将不得不承担更多的监管成本，以减轻此问题对金融市场健康造成的负面影响。并且，我国长期以来的事后治理监管思路已无法适应金融科技的发展势头，法律法规也无法覆盖金融创新的全部内容，缺乏严格细化的法律条文。

（三）多头监管体系与金融科技特征不匹配

我国施行的是以中国人民银行、证监会和国家金融监督管理总局为主的多头监管方式，与金融科技的自身特征极不匹配。这主要表现在以下两个方面：其一，金融科技的混业经营模式与分业监管体系不匹配。我国金融科技企业主要实施的是综合化运营模式，主要包括理财投资、移动支付、清算和借贷等一系列业务，而现行监管体系主要以分业监管为中心，两者的不匹配极易产生监管重叠、监管空白等问题。其二，金融科技企业轻资产的特征与现有的以资产充足率为核心的监管体系不匹配。为促进金融科技企业的发展，我国对这些企业也并未提出严格的资本要求，大部分金融科技企业在发展初期通常只需要很少的固定资产。这种情况容易产生超过监管容忍度的道德风险，增加了我国金融监管的难度。

（四）市场垄断性与市场脆弱性直接相关

在不完全竞争的市场环境下，作为我国金融科技中最具代表性的业务，第三方支付机构具有明显的寡头垄断市场特征，支付宝、财付通等少数几家支付机构占据绝大部分市场份额。此种特征加大了我国第三方支付市场的脆弱性，严重影响了我国金融市场的正常秩序，对我国的金融监管水平提出了巨大挑战。

（五）监管政策缺乏透明度，监管制度缺乏弹性

金融科技企业在发明和重塑金融工具时，存在借助技术信息优势谋利、借助职权滥

用技术等问题，技术的客观性较弱，在监管模式的设计和技术运用上存在较大的道德风险。技术与现有监管框架之间、内嵌金融科技的监管框架与其他公共政策框架之间存在衔接问题，监管政策和技术手段缺乏适度弹性。

第七节 金融科技产业现有监管法规

在金融科技所覆盖的范围与领域方面，巴塞尔银行监管委员会区分出四个核心领域：支付、清算与结算领域，存款、贷款与融资领域，财富管理领域，以及市场配置服务领域。本节将从这四个领域展开叙述。由于篇幅所限，本节不能一一列举所有法律法规，感兴趣的读者可以查找相关资料进行拓展阅读。

一、支付、清算与结算领域

在支付、清算与结算领域，中国人民银行等监管部门已经出台多个与支付监管有关的指导意见及管理规定。

（1）随着我国电子商务以及互联网经济的发展，金融与先进技术、支付渠道与工具相结合，催生出大量非金融机构支付服务业务。为促进我国非金融机构支付业务健康发展，2010 年 6 月，中国人民银行公布《非金融机构支付服务管理办法》，对非金融机构支付的主体、交易行为、支付业务许可证的申请等进行了规定。

（2）随着支付宝、腾讯虚拟信用卡业务及二维码支付等支付业务规模膨胀，其所蕴含的风险不断增大，逐步引起了监管层的注意。中国人民银行于 2014 年 3 月下发《中国人民银行支付结算司关于暂停支付宝公司线下条码（二维码）支付等业务意见的函》的紧急文件，叫停了二维码等第三方移动支付业务。

（3）为促进手机支付及网络支付健康发展，防范金融支付风险，中国人民银行于 2014 年 3 月向第三方支付机构下发《支付机构网络支付业务管理办法（征求意见稿）》及《中国人民银行关于手机支付业务发展的指导意见》，对手机支付以及网络支付业务的合法以及非法边界进行了界定，同时为加强中央银行对资金流动的监管、防范洗钱等行为的发生，对通过第三方账户支付以及转账的金额进行了限制。

（4）为保护商业银行客户的信息、资金及账户安全，加强商业银行与第三方支付机构合作，2014 年 4 月，中国银监会和中国人民银行联合下发了《关于加强商业银行与第三方支付机构合作业务管理的通知》，从保护客户资金和信息安全的角度出发，对一些有针对性的问题，例如客户身份认证、信息安全、第三方支付机构资质和行为等进行了细化与规范。

（5）鉴于我国互联网金融的快速发展，为了缓解中小企业融资困难，拓宽小微企业融资途径，促进我国互联网金融的健康发展，2015 年 7 月，中国人民银行等部门联合发布了《关于促进互联网金融健康发展的指导意见》，提出促进我国互联网金融健康发展，明确监管机构责任。该指导意见对互联网金融发展过程中各环节的监管责任进行了明确，规定由中国人民银行负责监管互联网支付。

(6) 为进一步规范非银行支付机构网络支付业务，防范风险，保护消费者权益，中国人民银行于 2015 年 7 月发布《非银行支付机构网络支付业务管理办法（征求意见稿）》，对第三方互联网支付的认证、支付限额、业务范围、监管等做了较为明确的规定，特别是对通过第三方网络支付以及转账的金额进行了限制，引起了一定的争议。

鉴于我国互联网金融的风险不断增大，为加强监管，防范金融风险，2016 年 4 月，我国出台了《非银行支付机构风险专项整治工作实施方案》，对支付机构客户备用金风险、跨机构业务整治以及开展无证经营支付业务展开了整治工作，有利于推动支付服务市场健康发展，有利于提升支付行业服务质量和服务效率，切实防范支付风险。

随着第三方支付的快速发展，资金池越来越大，为降低备付金风险，2017 年 1 月，中国人民银行办公厅发布《关于实施支付机构客户备付金集中存管有关事项的通知》，规定将支付机构客户备付金集中存管，即自 2017 年 4 月 17 日起，支付机构应将客户备付金按照一定比例交存至指定机构专用存款账户，该账户资金暂不计付利息。该通知的出台影响深远，有利于进一步强化支付机构客户备付金管理，降低备付金风险，回归支付机构的业务本源，维护金融稳定和市场秩序。

(7) 我国支付业务快速发展，支付机构数量庞大，同时也鱼龙混杂。为此，中国人民银行办公厅于 2017 年 11 月发布《关于进一步加强无证经营支付业务整治工作的通知》，指出要坚决切断无证机构的支付业务渠道，遏制支付服务市场乱象，整肃支付服务市场的违规行为。该文件的出台整治了严重干扰支付服务市场秩序的行为，规范了支付业务活动，从根源上净化了支付服务市场环境。

(8) 2017 年 12 月，条码支付已经如火如荼，《条码支付业务规范（试行）》“千呼万唤始出来”。该文件规范了条码（二维码）支付业务，强调要保护消费者的合法权益，以此来促进条码支付业务健康发展。该文件的出台可以促进普惠金融，服务实体经济；严格限额管理，加强风险防范；强化商户管理，规范外包服务。

(9) 为有效应对和防范电信网络新型违法犯罪新形势和新问题，保护人民群众财产安全和合法权益，2019 年 3 月，央行发布《中国人民银行关于进一步加强支付结算管理防范电信网络新型违法犯罪有关事项的通知》，通知主要涉及六大方面：健全紧急止付和快速冻结机制、加强账户实名制管理、加强转账管理、强化特约商户与受理终端管理、广泛宣传教育、落实责任追究机制。

(10) 2020 年 6 月，央行发布《中国人民银行关于加强支付受理终端及相关业务管理的通知（征求意见稿）》，对银行卡受理终端、条码支付受理终端及特约商户加强管理，提出“五项信息”唯一绑定要求等。

(11) 2021 年 1 月，央行发布《非银行支付机构条例（征求意见稿）》，将监管升级为“条例”，强调市场公平竞争秩序，对支付机构的设立、投资人准入、牌照管理等多方面进行更严格规范，界定相关市场范围及市场支配地位认定标准，加强支付领域反垄断监管。

(12) 2022 年 1 月，央行发布《金融科技发展规划（2022—2025 年）》。文件提出要深化监管科技在支付结算等领域应用，将数字合规工具嵌入交易监测等场景，提升监管效能。要求金融机构与科技企业合作遵循持牌经营原则，实施穿透式监管，防范业务边界模糊等风险，同时强调数据在金融科技发展中的重要性，以及强化金融无障碍服务水平。

（13）2023 年 12 月 17 日，国务院公布《非银行支付机构监督管理条例》，该条例自 2024 年 5 月 1 日起施行。该条例明确了非银行支付机构的定义、设立许可等，完善支付业务规则，加强用户权益保护，明确监管职责和法律责任，将非银行支付行业监管纳入法治化规范化轨道。

二、存款、贷款与融资领域

在存款、贷款与融资领域，国家出台了多个规章制度来规范及促进互联网金融发展。

（1）2013 年，国务院出台了《国务院办公厅关于加强影子银行监管有关问题的通知》，其内容主要包括：首先，肯定了影子银行在金融创新、服务实体经济方面的正向作用；其次，明确了不同监管机构对相关金融主体在影子银行问题上的监管职责，如银监会监管银行理财业务，证监会监管证券期货、私募基金理财业务，跨市场理财业务由央行负责监管协调，未明确的由央行同有关部门加紧研究；最后，对银行理财、信托、小贷公司、典当和融资租赁、融资性担保、网络金融的定位进行了明确限制，要求清楚界定业务边界，客户理财和自有资金分离等。该文件的发布体现了国家对影子银行的重视。

（2）校园网络贷使不少大学生陷入漩涡，也引发了不少悲剧。2016 年 4 月，教育部办公厅、中国银监会办公厅发布《关于加强校园不良网络借贷风险防范和教育引导工作的通知》，以此来加强对校园不良网络借贷平台的监管和整治，教育和引导学生树立正确的消费观念。

（3）2007 年，国内首个网络借贷平台成立。此后，网络借贷平台如雨后春笋般冒了出来。由于市场相应的法律没有跟上，很多不合规的平台混杂其中。自 2013 年以来，P2P 网络平台的倒闭速度令人咋舌，几乎每天都有一家甚至几家倒闭。为了保障投资者权益，促进网络借贷市场良性发展，国家监管部门对网络借贷平台“亮剑”，对其进行严厉监管。2016 年 8 月，中国银监会等四部门联合发布了《网络借贷信息中介机构业务活动管理暂行办法》，这是自网贷平台出现以来最强的监管条令。该条令有如下重大意义：一是界定了网贷的内涵，明确了适用范围及网贷活动基本原则，重申了从业机构作为信息中介的法律地位；二是确立了网贷监管体制，明确了网贷监管各相关主体的责任，促进了各方依法履职，加强了沟通、协作，形成了监管合力，增强了监管效力；三是明确了网贷业务规则，坚持了底线思维，加强了事中、事后行为监管；四是对业务管理和风险控制提出了具体要求；五是注重加强消费者权益保护，要求对出借人进行风险披露及提供纠纷解决途径等要求，明确了出借人应当具备的条件；六是强化了信息披露监管，发挥了市场自律作用，创造了透明、公开、公平的网贷经营环境。

（4）2017 年 2 月，中国银监会发布了《网络借贷资金存管业务指引》，主要从存管主体、存管方式、监管方式三个方面对网络借贷业务的资金加强监管。一是在存管主体方面，该文件明确限制网络借贷行业的资金存管人为商业银行，且委托人应当指定唯一一家存管人作为资金存管机构，从而杜绝网络借贷行业通过自营或委托其他金融机构设置自有资金池的可能。二是在存管方式方面，该文件通过明确存管人的存管系统技术要求与职责，加强了对网络借贷行业资金的监管；通过每日账务核对与资金记录制度，及时避免了网络借贷资金去向不明的问题。三是在监管方式方面，该文件明确了国务院银行业监督管理机构作为网络借贷资金存管人的监管方，并要求建立监管信息共享协调机制，从而减少网络借贷行业监管主体不明的风险。首先，该文件的发布有利于保障金融安全。资金存管机制实现了客户资金与网贷机构自有资金的分账管理，从物理意义上防止了网贷机构非法触碰客户资金，确保了网贷机构"见钱不摸钱"。其次，该文件的发布对网贷专项整治工作产生了积极的影响，清晰界定了存管业务当事各方的职责和义务，针对商业银行可能面临的声誉风险，专门设置了商业银行免责条款的有关内容，保障了商业银行的合法权益。该文件作为《网络借贷信息中介机构业务活动管理暂行办法》落地实施的重要配套制度之一，形成了较为完整的监管政策体系，有利于过渡期整改工作的深入，为专项整治工作提供了整改标准和依据。最后，该文件的发布标志着金融业去杠杆化又前进了一步。总之，该文件的发布必将促进网贷行业合规化发展，推动互联网与金融快速融合，促进金融创新，提高金融资源配置效率。

（5）在 2016 年《关于加强校园不良网络借贷风险防范和教育引导工作的通知》的基础上，2017 年 5 月，中国银监会、教育部和人力资源社会保障部三部门发布了《关于进一步加强校园贷规范管理工作的通知》，指出要整治乱象，暂停网贷机构开展校园网贷业务，进一步完善顶层监管制度设计，补牢制度围墙。它的出台进一步加大了对校园贷监管的整治力度，有助于从源头上治理乱象，防范和化解金融风险。

2018 年 8 月，监管部门发布了《网络借贷信息中介机构合规检查问题清单》，旨在深化 P2P 网络借贷专项整治工作，分类指导、精准施策，督促网贷机构合规经营。该文件的发布有利于降低金融风险，减少问题网贷平台的数量，同时防止网贷平台恶意退出。

（6）2018 年 12 月，监管部门发布了《关于做好网贷机构分类处置和风险防范工作的意见》，指出要加快网贷行业风险出清，稳妥有序地推进风险处置，分类施策，确保行业风险出清过程有序可控，努力实现良性退出，不留风险隐患。该文件的出台有利于加快风险平台的退出速度，有效防范行业风险，有利于网贷行业常态化经营，有利于行业风险出清过程有序可控，守住了不发生系统性风险和大规模群体性事件的底线。

（7）2017 年 10 月 1 日，《融资担保公司监督管理条例》开始施行。2019 年 10 月，中国银保监会、国家发展和改革委等九部门印发《融资担保公司监督管理补充规定》，旨在落实《融资担保公司监督管理条例》，实现监管全覆盖。该补充规定要求：将未取得融资担保业务经营许可证但实际经营融资担保业务的住房置业担保公司、信用增进公司等机构纳入监管。严格规范融资担保业务牌照管理，明确了各类机构申领融资担保业务经营许可证的要求和监管安排。同时，对融资担保公司名称规范管理以及融资担保责任余额计量办法做出补充规定。

（8）近年来银行业和保险业持续加大减费让利力度，对缓解企业融资难、融资贵发挥了积极作用。不过，仍存在一些不合理收费、贷存挂钩和强制捆绑搭售等问题，这些问题变相抬高了企业的综合融资成本，也一直是监管关注和整治的重点领域，但仍未完全杜绝。2020 年 5 月，央行等六部门联合下发《关于进一步规范信贷融资收费 降低企业融资综合成本的通知》，就信贷、助贷、增信、考核等 6 个环节共提出 20 条要求，包括信贷环节要求银行等机构取消部分收费项目和不合理条件等。

（9）为加强对非银行支付机构的监督管理，规范非银行支付机构行为，防范支付风险，保障当事人合法权益，促进支付服务市场健康发展，2021 年 1 月，中国人民银行会同有关部门研究起草了《非银行支付机构条例（征求意见稿）》，该文件的出台旨在成为支付机构新的监管大纲。其内容包括先证后照、支付业务重新划分等，重点强调了市场公平竞争秩序，将第三方支付服务市场可能存在的垄断、无序扩张、不当竞争等问题纳入实质性立法阶段。

（10）2022 年 7 月 12 日发布的《中国银保监会关于加强商业银行互联网贷款业务管理 提升金融服务质效的通知》，要求商业银行提升金融服务质效，履行贷款管理主体责任，强化信息数据管理，加强贷款资金管理，规范合作业务管理，加强消费者权益保护等。

（11）为规范小额贷款公司行为，加强监督管理，促进小额贷款公司稳健经营、健康发展，2024 年 12 月，国家金融监督管理总局研究制定了《小额贷款公司监督管理暂行办法》。针对小额贷款公司发展与监管中的焦点问题，特别是不当营销、违规收费、出租出借牌照等经营乱象，该暂行办法坚持问题导向，查漏补缺，进一步完善了监管规则。

三、财富管理领域

财富管理领域主要包括互联网证券及智能投顾等领域。

金融科技赋能财富管理行业，让财富管理行业实现了跨越式发展。当然，“金融科技＋财富管理”也要遵守一些基本的法律，如《中华人民共和国中国人民银行法》《中华人民共和国银行业监督管理法》《中华人民共和国商业银行法》《中华人民共和国证券法》等。

在互联网证券领域，目前国内证券市场已经出台的监管规定包括以下这些：

（1）2013 年 7 月，证监会印发《关于加强证券期货经营机构客户交易终端信息等客户信息管理的规定》，明确规定了客户交易终端信息的采集内容、记录方式、存储期限等技术要求，强调了证券期货经营机构的相关义务。一是妥善管理义务。证券期货经营机构采集的客户交易终端信息必须真实、准确、完整。要求客户通过交易终端软件下达交易指令的，证券期货经营机构应确保客户下达的交易指令直达其信息系统，并对客户交易终端信息进行采集。证券期货经营机构应当按要求采集客户交易终端信息并报送至监管机构。证券期货经营机构应对其交易、结算软件以及客户使用的交易终端软件进行认证管理，确保软件具备真实、准确、完整地采集和报送客户交易终端信息的功能。二是保密义务。证券期货经营机构应当对客户交易终端信息等客户信息承担保密义务。三是报告义务。发生影响客户交易终端信息安全的重大事件时，证券期货经营机构应及时向证券期货监管机构报告。

（2）2015 年 10 月 9 日证监会公布《证券期货市场程序化交易管理办法（征求意见

稿）》，拟建立申报核查管理、接入管理、指令审核、收费管理、严格规范境外服务器的使用、监察执法六个方面的监管制度。该文件限制了程序化交易者只能用一个账户从事程序化交易，要求证券公司、期货公司对程序化交易客户制定专门的业务管理及风险管理制度。另外，它还要求证券期货交易所依法对会员、程序化交易者履行自律监管职责，及时采取自律监管措施，防范程序化交易对市场正常交易秩序的冲击。上海证券交易所、深圳证券交易所、中国金融期货交易所、上海期货交易所、郑州商品交易所、大连商品交易所也相继发布实施细则的公开征求意见稿。据媒体报道："在征求意见期间，收集上来的认为该监管办法趋于严格的反馈较多。目前正在进一步考量中，推出时间并未确定。""监管层的主要精力集中在市场恢复上，法制和基础设施建设是首要工作，而对程序化交易的功过定论也有一定的偏颇，故这项工作暂缓了。"随着严政的搁置，高频交易和程序化交易等交易方式和业务也由收紧转为正常运行。

（3）2018 年 5 月，证监会发布《关于规范证券公司借助第三方平台开展网上开户交易及相关活动的指导意见（征求意见稿）》，全面规范证券公司借助第三方平台开展网上开户交易等相关业务活动，要求证券公司在确保数据安全的前提下，借助第三方平台合规开展网上开户交易及相关活动，主要涉及经营机构和场景流量提供者两个主体；引导证券公司与信息技术服务机构形成良好战略合作关系，构建公平、有序的行业生态。其中，明确了证券公司借助第三方平台开展网上证券业务应当恪守的禁止性规定，包括了五个方面的内容：第一，证券公司不得为第三方机构非法开展网上证券业务提供任何便利，包括但不限于为其提供交易下单的通道，将网上证券业务交由第三方机构运行，向第三方机构让渡承载网上证券业务相关信息系统模块的管理权，允许第三方机构违规更改网上证券业务相关信息系统模块的参数及其配置信息等。第二，证券公司是开展业务宣传的责任主体，不得进行夸大、不实、误导性宣传，不得在展业过程中直接或通过第三方机构等变相向投资者返还佣金、赠送礼品或者输送其他不当利益；第三方机构不得以自身名义从事任何与网上证券业务相关的宣传推介活动。第三，证券公司不得直接或间接向第三方机构支付与开户、交易等业务指标挂钩的费用，不得采取"开户比赛""交易比赛"等方式诱导投资者进行网上开户、交易及相关活动。第四，证券公司不得向第三方机构提供证券业务相关客户信息及经营数据，不得为第三方机构接收、转发、截取、存储客户交易指令等证券公司向客户提供服务过程中产生的客户信息及经营数据提供便利。第五，证券公司不得违规通过互联网开通融资融券、创业板（首次开通）、新三板、分级基金、期权交易等复杂交易权限。

（4）2018 年 8 月，证监会正式印发《中国证监会监管科技总体建设方案》，从金融科技的整体要求上明确监管科技 1.0、2.0、3.0 各类信息化建设工作的需求和内容，着力实现三个目标：一是完善各类基础设施及中央监管信息平台建设，实现业务流程的互联互通和数据的全面共享；二是应用大数据、云计算等科技手段进行实时数据采集、实时数据计算、实时数据分析，实现对市场运行状态的实时监测，强化对市场风险的监测和对异常交易行为的识别能力；三是探索运用人工智能技术，优化事前审核、事中监测、事后稽查处罚等各类监管工作模式，提高主动发现问题的能力和监管智能化水平，促进监管模式创新。该文件中提及的 1.0、2.0、3.0 对应监管工作的在线、自动化、智能化三个阶段。监管科技是维护智能生态的重要一环，该文件的发布表明证监会已经开始有序推进监管科技应用，着力用现代科技手段来提升监管效能和智能化监管水平，以便更好地维护行业智能生态。

（5）在 2018 年 12 月《证券基金经营机构信息技术管理办法》出台前，信息技术管理相关法规多为推荐性行业标准，强制性的要求较为零散，尚未有覆盖全面信息技术管理的强制性规范。因此，该文件的发布极具代表意义，主要包括以下五个方面：一是全面覆盖各类主体，明确信息技术监管安排，推动行业加大信息技术投入，提升竞争力。二是明确治理、安全、合规三条主线。在传统信息安全监管的基础上，针对信息技术治理、数据治理、业务合规提出监管要求，明确经营机构应设立信息技术治理委员会及首席信息官，促进信息技术与业务、风控及合规管理深度融合。三是强化信息技术管理的主体责任。按照“谁运行、谁负责，谁使用、谁负责”的理念，督促经营机构与服务机构守住信息安全底线，回归本位，共同维护证券市场稳定运行。四是支持经营机构应用信息技术提升服务效能。允许经营机构设立信息技术专业子公司，允许经营机构母子公司共享信息技术基础设施，针对信息技术应用领域新情况、新问题，明确监管要求。五是为督促各类市场主体切实履行自身信息技术管理职责，明确了相应的处罚措施，最严重的可处暂停部分或全部业务，责令更换董事、监事、高级管理人员或者限制其权利等行政监管措施，对于证券基金行业有强制的约束性。

（6）2019 年 2 月，证监会公开发布《证券公司交易信息系统外部接入管理暂行规定（征求意见稿）》，充分考量既往非规范交易信息系统外部接入出现的风险隐患及存在的问题，借鉴成熟市场经验，引导证券公司在安全、合规的前提下，为机构投资者的合理需求提供外部接入服务。根据该文件，证券公司是提供交易信息系统外部接入服务的责任主体，应当在严格控制风险的前提下审慎开展相关业务活动，充分评估接入需求合理性，全面核实投资者资质条件，完整验证相关系统功能；在接入过程中切实履行管理职责，严格控制风险，确保外部接入始终保持合规、安全、稳定的状态。该文件规范的交易信息系统外部接入活动，需要严格遵循证券市场现有交易机制。涉及程序化交易等新型交易方式的监管及自律要求，待相关规则出台后，外部接入系统需一体遵循。

（7）随着互联网技术的发展，证券公司与第三方互联网平台合作增多，但出现了如相关主体混淆业务与技术服务边界、非法截留获取投资者数据、利用优势地位获取不当利益等问题。基于此，2020 年 8 月，证监会起草并发布了《证券公司租用第三方网络平台开展证券业务活动管理规定（试行）（征求意见稿）》。该规定指出，证券公司要自主生成、全程管理在第三方网络平台发布的内容，清晰展示证券公司名称或标识，明确提示投资者已进入证券公司服务范围，不得允许第三方平台混淆服务边界。同时，证券公司应切实履行投资者适当性管理、反洗钱等法定义务，使用第三方机构数据协助时要确保数据来源合法合规。

（8）证监会于 2022 年 4 月 29 日至 2022 年 5 月 29 日就《证券期货业网络和信息安全管理办法》草案向社会公开征求意见，并于 2023 年 2 月正式发布《证券期货业网络和信息安全管理办法》。该办法聚焦网络和信息安全领域，全面覆盖证券期货关键信息基础设施运营者、核心机构、经营机构、信息技术系统服务机构等各类主体，以安全保障为基本原则，对网络和信息安全管理提出规范要求，包括网络和信息安全运行、投资者个人信息保护、网络和信息安全应急处置、关键信息基础设施安全保护、网络和信息安全促进与发展、监督管理和法律责任等。

（9）随着信息技术的进步，程序化交易在我国证券市场发展迅速，已成为重要的交易方式之一，但由于其具有技术、信息和速度优势，也出现了如策略趋同、交易共振等问题，加大了市场波动，需要加强监管以规范其发展，维护市场公平和稳定。2024 年 5 月，证监会发布了《证券市场程序化交易管理规定（试行）》。此前证监会已开展了一系列相关工作，此次发布规定是在总结前期监管实践基础上，围绕强监管、防风险、促高质量发展的主线，进一步完善资本市场基础制度，构建程序化交易监管框架的重要步骤。该规定指出：程序化交易投资者需报告账户基本信息、资金信息、交易信息、软件信息等，遵循“先报告、后交易”原则；证券交易所应对程序化交易实时监控，重点监控异常交易行为，同时压实证券公司客户管理职责，明确机构投资者合规风控要求；程序化交易相关机构和个人违反规定，由证券交易所、行业协会采取管理措施，证监会及其派出机构依法进行监管处罚。

关于智能投顾领域的法律法规，在本书前面的内容中已有详细叙述，因此这里不再赘述。

四、市场配置服务领域

市场配置服务领域主要是指金融科技的一些基础设施领域，包括区块链、大数据、人工智能等。国家先后发布了多个文件来规范其发展。

（1）2017 年 7 月，国务院发布了《新一代人工智能发展规划》，指出要构建开放协同的人工智能科技创新体系，培育高端高效的智能经济，促进人工智能技术军民双向转化、军民创新资源共建共享；要抢抓人工智能发展的重大战略机遇，构筑人工智能发展的先发优势，加快建设创新型国家和世界科技强国。

（2）2017 年 10 月，国务院办公厅发布了《关于积极推进供应链创新与应用的指导意见》，提出要加快供应链创新与应用，促进产业组织方式、商业模式和政府治理方式创新，推进供给侧结构性改革。该文件的发布有利于建立供应链上下游企业合作共赢的协同发展机制，加强从生产到消费等各环节的有效对接，促进供需精准匹配和产业转型升级，更深、更广地融入全球供给体系，建立基于供应链的全球贸易新规则。

（3）2018 年 3 月，中央网络安全和信息化委员会办公室与中国证监会联合发布了《关于推动资本市场服务网络强国建设的指导意见》，提出要进一步发挥资本市场服务网络强国建设的积极作用，加快实施网络强国战略，促进网信企业规范发展。该文件的发布有两个方面的作用：从发展网信事业方面来看，有助于进一步发挥资本市场支持网络强国建设的积极作用，有助于网信企业利用多层次资本市场做大做强；从资本市场发展和监管方面来看，有助于提高网信企业规范运作和公司治理水平，提高信息披露质量，保护投资者的合法权益。

（4）近年来，国内金融信息服务发展迅速，但在发展过程中出现了一些对经济金融稳定造成冲击、亟待规范的行为。为此，2018 年 12 月，监管部门出台了《金融信息服务管理规定》，提出要加强金融信息服务内容管理，提高金融信息服务质量，促进金融信息服务健康有序发展，保护自然人、法人和非法人组织的合法权益，维护国家安全和公共利益。

随着区块链技术的不断发展，加之其天然具有的防范交易风险的特性，“区块链+”模式逐渐兴起，并在许多行业落地。与此同时，区块链技术也存在被滥用的现象，尤其是在“区块链+互联网金融”领域暴雷事件频发。为防范区块链信息服务安全风险，2019 年 1 月，国家互联网信息办公室发布了《区块链信息服务管理规定》，明确了区块链信息服务提供者的信息安全管理责任，对于加强区块链提供者主体责任的被监管力度，平衡各行业发展，维护整个经济体系的创新、发展与稳定有重要意义。

（5）近几年，金融科技蓬勃发展，已经行至分水岭，拥抱监管，守正创新，成为行业主旋律。2019 年 8 月，央行印发《金融科技（FinTech）发展规划（2019—2021 年）》，明确提出了未来三年金融科技工作的指导思想、基本原则、发展目标、重点任务和保障措施。该文件指出：金融科技是技术驱动的金融创新。金融业要秉持“守正创新、安全可控、普惠民生、开放共赢”的基本原则，充分发挥金融科技的赋能作用，推动我国金融业高质量发展。该文件还指出，到 2021 年，要建立健全我国金融科技发展的“四梁八柱”，进一步增强金融业科技应用能力，实现金融与科技深度融合、协调发展，明显增强人民群众对数字化、网络化、智能化金融产品和服务的满意度，使我国金融科技发展居于国际领先水平。该文件的出台避免了金融科技行业的很多重复建设，鼓励大家发展有特色的、面向具体领域和场景的金融科技。

（6）2020 年，央行及其附属机构逐步加大对虚拟货币交易、ICO 等非法行为的打击力度，并对国内常见的虚拟货币场外交易进行专项整治，同时多次向公众发出虚拟货币相关风险提示。2020 年 2 月，央行正式发布《金融分布式账本技术安全规范》，规定了金融分布式账本的安全体系，这是我国金融行业的首个区块链标准。此外，7 月，央行发布了《关于发布金融行业标准推动区块链技术规范应用的通知》以及《区块链技术金融应用评估规则》等金融行业标准，推进区块链金融的标准化和合规化。

8 月，国家标准化管理委员会等五部门发布了《国家新一代人工智能标准体系建设指南》，提出了人工智能标准体系的总体架构和建设内容，包括基础共性标准、支撑技术与产品标准、基础软硬件平台标准、关键通用技术标准、伦理道德标准等，为人工智能产业的健康发展提供了标准化指引。

（7）近年来，比特币等虚拟货币交易炒作活动盛行，扰乱经济金融秩序，滋生洗钱、非法集资、诈骗、传销等违法犯罪活动，严重危害人民群众财产安全。2021 年 9 月，中国人民银行发布《关于进一步防范和处置虚拟货币交易炒作风险的通知》，进一步明确虚拟货币及相关活动的属性，提出应对交易炒作风险的工作机制加强监管。

2021 年 3 月，区块链被写入《中华人民共和国国民经济和社会发展第十四个五年规划和 2035 年远景目标纲要》，文件提出要打造数字经济新优势，加快推动数字产业化，推动区块链技术创新，以联盟链为重点发展区块链服务平台和金融科技、供应链管理、政务服务等领域应用方案，完善监管机制。

2021 年 6 月我国正式颁布《中华人民共和国数据安全法》，该法自 9 月 1 日起施行，为大数据行业的数据安全保障提供了重要法律依据，明确了数据处理活动的合规要求、数据安全保护义务等，加强了对数据安全的监管力度。

（8）2022 年 12 月，中共中央、国务院发布《关于构建数据基础制度更好发挥数据要素作用的意见》，提出了二十条政策举措，从数据产权、流通交易、收益分配、安全治理四方面初步搭建我国数据基础制度体系。

（9）2023 年 7 月 10 日，国家网信办等七部门公布《生成式人工智能服务管理暂行办法》，该办法自 8 月 15 日起施行。该办法明确实行“包容审慎”的监管原则，对生成式人工智能服务实行包容审慎和分类分级监管，规定了提供和使用生成式人工智能服务的总体要求、训练数据处理活动和数据标注等要求，以及服务规范、安全评估、算法备案、投诉举报等制度。

2025 年 5 月 1 日，中国人民银行发布了《中国人民银行业务领域数据安全管理办法》，以加强中国人民银行业务领域数据安全管理，细化明确该领域数据安全合规底线要求，填补本领域数据安全管理制度保障空白，指导数据处理者优质高效合规开展数据处理活动。

第八节　对金融科技的监管对策及未来展望

金融科技为监管带来了诸多挑战，为适应金融科技的发展潮流，我们需要提出一系列监管对策来防范和控制风险。同时，在这一节中，我们也会介绍一些对监管科技的思考和对未来发展方向的展望。

一、对金融科技的监管对策

我们提出一个企业、社会、行业协会与政府等多元主体合作的协同式监管体系框架，辅之以主动性、穿透式监管作为监管理念基础，通过“监管沙盒”进行监管机制创新，以监管科技为底层技术工具支撑，加强市场参与主体的自律行为，切实保障协同监管体系的贯彻落实。

（一）监管框架：推动协同式监管体系框架建设

随着金融科技的发展，越来越多的金融机构采取跨区域、跨行业的经营模式，传统的“一元多头”监管模式协调成本高、效率低下问题日渐显现，许多国家开始推进协同监管来进行监管体系改革。协同监管的理念是扩大监管主体范围，调动社会资源，形成多元主体共同发挥作用的监管体系。简言之，协同监管的主体包含政府之外的其他非政府主体，更加注重企业、市场、社会、国家多主体之间形成均衡监管。其基本原则是，保持政府监管的核心地位，加强政府主体监管机构的内部协调，充分发挥社会、企业、行业协会等非政府主体的互动合作，以多元主体合作的协同监管推进金融科技监管体系框架建设。在该监管框架下，社会监督、行业协会、企业与政府监管等有关主体一同形成协同治理格局。首先，金融科技的应用与发展加快了传统监管制度的变革进程，也为创造社会监督提供了可能性。例如，消费者能够在网络平台上对服务和产品进行自由评价，这为企业信誉系统的建立提供了契机。其次，行业协会也成为金融科技协同监管的有益补充。新加坡、英国对金融科技产业设立了专业主管机构，我国可以参考它们的做法设立金融科技监管协会，通过制定行业准则、规范等方式引导、促进金融科技产业发展。最后，金融科技企业的自我约束也是监管的重要协助力量。金融科技的专业性较强，企业主体自身具有信息优势，且金融科技企业体量小、行业分散、创新速度快，政府监管滞后明显，金融科技企业自治能够有效降低政府主体监管成本。只有多元监管主体共同协作，进行互动学习、分享权力，加强社会、行业协会、企业与政府之间的数据互通与共享，才能有效缩短监管时滞。

（二）主动性、穿透式监管：监管理念的变革

长期以来，我国推行的金融监管模式是看守式和被动式监管。然而，金融科技的跨界混业发展与多层次体系的业务属性导致原本分业模式下的看守式和被动式监管方式已经无法适应金融行业革新的需要。监管当局需要与时俱进地调整金融监管方式，转变金融监管理念，树立主动性、功能性、穿透式的金融科技时代监管理念。穿透式监管将中间环节、资金来源和最终投向的全过程穿透连接起来，更加注重金融机构行为实质，根据金融业务性质、法律关系以及产品功能的不同分别适用相应监管规则，明确相应监管主体，对金融机构的创新行为、具体业务和产品进行全过程监管。穿透式监管透过金融创新表象全方位、自动化地分析金融业务本质和法律关系，有助于精准识别、防范和化解金融风险，强化监管渗透的深度和广度。遵循穿透式监管理念，透过表象厘清资金流向、产品风险和法律关系等要素，可以加强跨部门、跨市场的统筹协调，避免监管套利与监管真空。图 13-1 展示了金融科技协同监管体系框架。

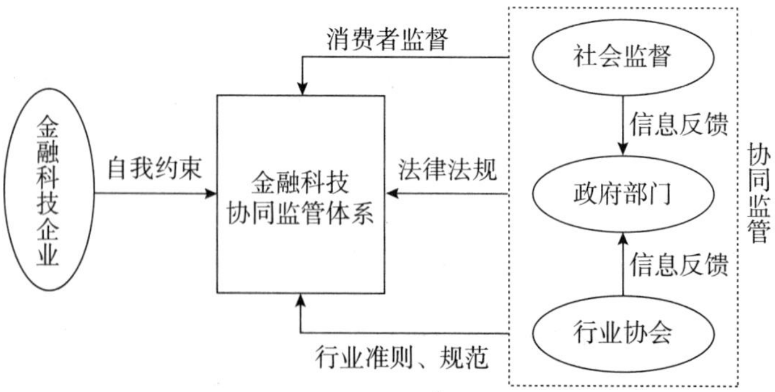

图 13-1　金融科技协同监管体系框架

（三）“监管沙盒”：监管机制的创新

如何兼顾防控风险与鼓励创新，实现金融风险与金融创新之间的平衡，是未来金融科技监管的方向。对此，英国金融行为监管局于 2015 年创造性地提出了“监管沙盒”这

一全新的监管模式。“监管沙盒”是指由监管机构提供一个“安全空间”，金融科技企业在符合特定条件的前提下，可以在其中测试创新性的金融产品和商业模式。它最重要的特点就在于兼顾了金融监管的效率与安全原则，有助于平衡金融创新与金融风险。“监管沙盒”的基本宗旨是支持初创企业的创新活动，促进金融科技发展，其运作模式如图 13－2 所示。

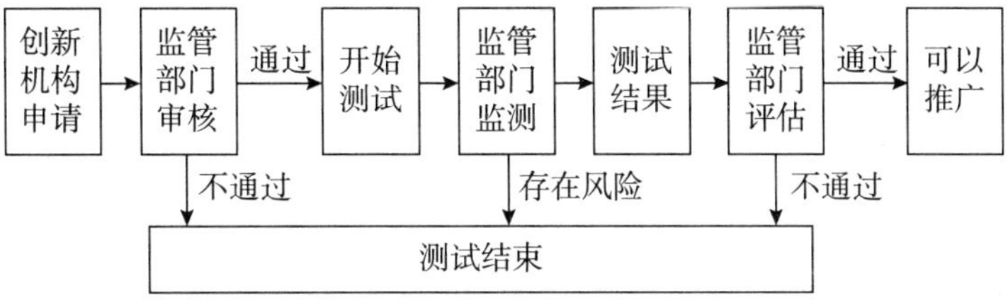

图 13－2 “监管沙盒”运作模式

在申请阶段，创新机构按照监管部门要求的基本条件和目标提出书面申请，通过监管部门的审核后，监管部门与申请机构共同确定测试方案。然后，在测试阶段，监管部门进行全程监控，如发现有影响金融稳定或损害金融消费者权益的情况，可以随时终止测试。最后，监管部门评估测试结果，通过正式评估的项目才能获得许可从而在更大范围内推广。“监管沙盒”为金融科技监管开辟了一条新的道路。目前，已建立“监管沙盒”计划的国家和地区有新加坡、美国、澳大利亚、中国等。“监管沙盒”有助于弥补中国现有监管机制的缺陷，成为平衡金融风险与金融创新的有效监管手段。我国前期的分业监管框架区域分割问题明显，在处理跨区域、跨行业的监管行为方面沟通周期长，效果较差，难以实现对金融科技产品交叉化、跨界化的监管，但 2017 年国务院金融稳定发展委员会的设立为实施“监管沙盒”提供了契机。中国化的“监管沙盒”计划可以通过在金融稳定发展委员会下设立的创新中心来负责实施，由该中心统筹规划有关金融科技的创新项目。2020 年 1 月，中国人民银行营业管理部向社会公示首批 6 个金融科技沙盒创新监管试点项目，这意味着中国在金融科技监管实践方面有了新的突破。

（四）监管科技：监管工具的优化和人员培训

为应对严峻的监管形势，监管当局应当积极探索金融科技时代下金融业态的本质规律，形成以大数据、云计算、人工智能、数字加密、机器学习以及生物识别等为技术基础的科技化、数字化监管工具，更新基础设施、丰富监管技术、提升监管效果；将准入监管方式转向技术治理模式，推进自动化监管，通过监管科技实现金融监管现代化。监管科技旨在利用以信息技术为主的科技手段对金融监管工具进行优化，获取信息，进行实时、动态的监管，从而缓解政策的滞后性和解决监管的信息不对称难题。其内涵在于，监管机构不仅要及时运用行业内最先进的科技进行监管，以此提高监管效率，降低监管成本，而且要关注金融对象的科技基础设施，设立相应的技术指标来对企业进行指引。监管科技通过建立实时、动态且各方主体共同参与的信息共享机制，真正实现自上而下、可预测、以技术支撑为核心的透明监管体系。目前，监管科技的适应性与先进性已经在一定程度上改善了许多企业的监管环境。短期内，监管科技有助于实现简单合规任务的自动化，降低合规成本与风险。而在长期，监管科技预期将在信息管理、监管缺口分析、监管报告、交易报告、健康检查、互动检测与风险数据仓库等领域发挥重大作用。例如，将大数据技术应用于风险监管，能够及时、高效、准确地捕获和分析与风险相关的前瞻性数据，适时建立风险预警模型和识别金融科技风险，大幅提升监管机构的反应速度。而区块链技术则具有安全、高效、互信等优点，能够建立数据前后不可变更的时间戳，有效降低监管的调阅成本，从而提高金融科技监管透明度。同时，在区块链链条中建立共同的约束代码，能够实现监管的全覆盖与硬性控制。新兴技术与金融业的融合发展已不可逆转，监管科技的运用也是大势所趋，因此，应当进一步强化监管人员的技术知识培训。未来的金融监管人员不仅要懂金融业务、风险管理，还要懂数据挖掘、数据治理、数据分析和信息系统，更要掌握金融科技的前沿技术和发展趋势，确保在金融创新与金融业态的更新迭代进程中，快速、精准地理解金融属性与潜在金融风险的本质，灵活运用监管科技改进监管方法，优化监管工具，提升监管效率。监管部门应注重加强监管人员的技术知识培训与更新，确保监管人员准确掌握必需的金融科技知识，为实现金融监管效率提升与金融的稳定、可持续发展提供基础的知识保障。

（五）自主监管：加强市场参与主体的自律行为

金融科技市场需要较强的专业性与卓越的知识储备，这就对金融监管机构对金融科技参与者的识别和监控造成了一定的障碍。金融行业固有的监管挑战在于：被监管者往往比监管者更加了解自己的业务。而在金融科技行业中，这一问题尤为突出。为此，需要各方市场主体共同参与，通过自我约束和自我监管完善金融科技的市场监管。自我监管是利用多个金融市场参与者的知识和专长来提高合规性。首先，金融科技企业拥有其他外部企业难以获取的特定信息。例如，机器人顾问比任何人都更了解他们的业务和投资算法；众筹网站比任何人都更了解自己的运营模式和相关漏洞。因此，金融科技市场的参与主体比监管者更易识别其产品中的重大风险，也可以更有效地监控自身行为。其次，金融科技企业密切关注竞争对手的活动，更加了解对手企业的运营机制，这也有助于增加同行业之间的相互约束和监督。市场参与主体自我监管可以有效减少政府监管机构的干预，给市场主体更大的自主权，充分发挥其专长。因此，有必要通过建立和完善激励机制、组建市场自律组织等方式，提高金融科技市场参与主体加强自律监督的积极性，使其主动、自觉地开展自我监管，借此降低金融科技的系统性风险。

二、对监管科技的展望

因为金融信息化/数字化的过程已经基本完整，所以目前监管科技最主要的体现和应对都是针对这一浪潮。未来更严峻的问题在于，随着金融科技的发展，整体的金融业态会发生翻天覆地的变化，例如，区块链技术带来的货币数字化。金融科技的发展使得监管机构和银行都面临前所未有的挑战，例如，依靠信息不对称盈利的借贷业务可能随着信息平台的发展逐步失去存在意义，而金融机构所赖以生存的风险管理模型后续可能会转变为数据之间的竞争。

但是，目前业界对于金融科技/监管科技/监督科技的讨论，大多局限于概念化或框架化阶段，并没有现实的产品输出。在后续的发展中，应该更加关注其具体应用。例如，通过对信息系统的监控来预测整体金融风险，是最新出现的趋势。如果说“自上而下”的监管方式本质是将监管者和被监管者对立起来，制度性地逼迫双方以“猫鼠游戏”的方式运行，那么之后的监管则体现为创新的竞赛，以及对数据的掌控能力。对于银行而言，监管科技绝对不是逃避监管，被动合规，而是在数据互通的情形下主动披露，在从微观组织的风险管理到宏观系统性金融风险防范等方面全面通力合作。

本章小结

金融行业是一个与风险相伴的行业，对其风险的防范和控制尤为重要。面对形式各异的风险，监管金融行业的难度和复杂程度日益显现，当下我们依托金融科技给监管赋能就变得极为重要。监管科技可以理解为一种简化和改进监管流程的技术解决方案，它是在新的金融业态下整体监管逻辑的方向性转变。目前全球很多国家对于监管科技均有所涉猎，但监管模式又不尽相同，可大致分为高度集中模式、分业监管模式和混合监管模式。中国的监管科技主要源于国内的监管与合规需求。在监管者、被监管者以及市场自律组织多重力量的推动下，我国的监管科技应运而生。监管科技的应用范围也非常广泛，比如影子银行中的风险防范、反洗钱领域的风险监测以及外汇领域的风险管理等。在梳理了金融科技的风险特征的基础上，我们介绍了美国、澳大利亚、英国和新加坡应对金融科技风险的经验，接着结合我国当前对金融科技的风险监管的现状，分析了我国金融科技监管中存在的不足，分别列举了我国在支付、清算与结算领域，存款、贷款与融资领域，财富管理领域及市场配置服务领域四个领域的金融科技监管法律法规，并简要叙述了这些法律法规出台的背景和意义。面对金融科技为监管带来的诸多挑战，为适应金融科技发展潮流，我们需要提出一系列监管对策来防范和控制风险。我们提出：需要构建一个多元主体合作的协同式监管体系框架，辅之以主动性、穿透式监管作为监管理念基础，通过“监管沙盒”进行监管机制创新，以监管科技为底层技术工具支撑。更为重要的是，因为被监管者往往比监管者更了解自己的业务，而监管科技难以获取所有的信息，所以我们也应该发挥市场参与主体的自律性。最后，我们提出，今后监管科技的发展应当将概念化和框架化的讨论，更多地转化为实际的应用。

关键词

监管科技、传统金融风险、新型技术风险、系统性风险、分业监管模式、高度集中模式、混合监管模式、监管体系框架建设、金融科技监管、“双峰式”监管、“监管沙盒”

思考题

1. 请谈谈为什么我们要实施和推广监管科技。

2. 传统金融风险和金融科技风险有哪些相同点和不同点?

3. 请阐述一下监管科技的实施和推广对监管方和被监管方将产生哪些影响。

4. 请谈谈目前国际领域的监管态势。

5. 请谈谈目前监管科技是怎样应用于外汇管理领域的。

6. 请谈谈目前监管科技是怎样应用于反洗钱领域的。

7. 我国现有的金融科技监管体系存在哪些不足? 该如何改进?

8. 请结合本章内容，谈谈现有的金融科技监管法规还有哪些不足之处，以及该如何改进。

9. 如何平衡金融科技监管与金融科技创新之间的关系? 请谈谈你的看法。

参考文献

陈云．金融大数据［M］．上海：上海科学技术出版社，2015.

长铗，韩锋，杨涛．区块链：从数字货币到信用社会［M］．北京：中信出版社，2016.

戴金平．数字货币为什么没有成为货币：概念、缘由与过渡状态［J］．探索与争鸣，2019（11）．：9－13

董贞良，谢宗晓，安佰万．监管科技发展现状及其研究趋势［J］．管理现代化，2020（3）：1－3.

方伟．金融科技 2.0：从数字化到智能化［M］．北京：人民邮电出版社，2023.

冯永琦，刘韧．货币职能、货币权力与数字货币的未来［J］．经济学家，2020（4）：99－109.

付晓蓉，陈佳．大数据营销：基础、工具与应用［M］．北京：人民邮电出版社，2023.

高镇，崔琪楣，张雪菲，等．区块链在物联网系统中的应用探讨［J］．物联网学报，2020（2）：10－17.

郭雳．中国智能投顾的行业发展与监管重塑［M］．北京：北京大学出版社，2024.

郭迎锋．移动支付的全球局与中国局［J］．理论导报，2019（10）：44－46.

何德旭，苗文龙．数字货币的经济学解读及我国发展策略［J］．经济纵横，2020（6）：18－25.

何平平，马倚虹，范思媛．大数据金融与征信［M］．2 版．北京：清华大学出版社，2022.

金岩石．全球性“新实体经济”才是区块链终极应用［J］．中外管理，2018（10）：22.

黎月，赵珮锟，赵晓霞．数字人民币发展与应用研究［J］．上海立信会计金融学院学报，2024（1）：3－20.

李彬，覃秋悦，祁兵，等．基于区块链的分布式能源交易方案设计综述［J］．电网技术，2019（3）：961－972.

李静雪．金融监管科技的应用现状、国际实践与法治保障［J］．黑龙江金融，2024（8）：53－56.

李勇，许荣．大数据金融［M］．北京：电子工业出版社，2015.

刘玲．大数据在 P2P 网贷平台征信中的应用研究：基于阿里巴巴招财宝和 ZestFinance 比较分析［D］．广州：广东财经大学，2018.

刘朋辉，宋爽．英国数字货币发展及启示［J］．世界知识，2023（3）：49－51.

刘品．金融科技监管：英国经验与中国探索［J］．时代金融，2019（21）：13－14，20.

刘用明，李钊，王嘉帆．监管科技在反洗钱领域的应用与探索［J］．证券市场导报，2020（6）：70－78.

龙海明，王志鹏，申泰旭．大数据时代征信业发展趋势探讨［J］．金融经济（理论版），2014（6）：86－88.

尼尔斯·佩德森．金融科技：卓有成效的金融创新实践［M］．北京：中国科学技术出版社，2023.

彭俞超，戴韡．大数据金融［M］．北京：高等教育出版社，2023.

清华大学金融科技研究院．2020 中国智能投顾行业评测报告［R］，2020.

清华大学五道口金融学院中国保险与养老金研究中心．2018 全球保险科技报告．北京：清华大学出版社，2018.

帅青红．现代支付系统概论［M］．成都：西南财经大学出版社，2010.

斯雪明，徐蜜雪，苑超．区块链安全研究综述［J］．密码学报，2018（5）：458－469.

宋爽，刘朋辉．全球数字货币发展的最新进展与展望［J］．国际金融，2023（4）：52－56.

宋爽，熊爱宗，华佳丽．日本数字货币发展策略及启示［J］．国际经济合作，2024（3）：38－49.

王达．论全球金融科技创新的竞争格局与中国创新战略［J］．国际金融研究，2018（12）：10－20.

王文海，董正杰．区块链数字金融：数据经济时代的新引擎［M］．北京：化学工业出版社，2022.

魏旻，王平．物联网导论［M］．北京：人民邮电出版社，2015.

武蓉蓉．监管科技在外汇管理领域应用探析［J］．海南金融，2020（4）：70－73.

徐思彦．区块链重塑公共服务［N］．中国建设报，2018－03－30.

杨涛，贲圣林．中国金融科技运行报告（2019）［M］．北京：社会科学文献出版社，2019.

杨涛，马洪杰．数实融合：金融科技创新实践［M］．北京：人民日报出版社，2023.

杨涛．对人工智能在金融领域应用的思考［J］．国际金融，2016（12）：24－27.

张健．区块链：定义未来金融与经济新格局［M］．北京：机械工业出版社，2016.

张健华．互联网征信发展与监管［J］．中国金融，2015（1）：40－42.

赵莹．我国法定数字货币的金融监管制度构建［M］．重庆社会科学，2020（5）：74－83.

郑联盛，曲涛，武传德．加拿大数字货币的发展实践与启示［J］．征信，2021（2）：72－78.

中国人民银行武汉分行办公室课题组，韩飚，胡德. 人工智能在金融领域的应用及应对［J］. 武汉金融，2016（7）：46－47.

众安金融科技研究院. 新保险时代：金融科技重新定义保险新未来［M］. 北京：机械工业出版社，2018.

周乾，洪晓琪. 合规科技与监管科技的协同发展［J］. 长春大学学报，2024（11）：80－87.

周蓉蓉. 我国金融科技发展现状、困境与战略路径［J］. 新金融，2020（10）：55－59.

周苏，王文. 大数据导论［M］. 北京：清华大学出版社，2016.

周伟，张健，梁国忠. 金融科技重构未来金融生态［M］. 北京：中信出版社，2017.

Han J.，Kamber M.，Pei J. 数据挖掘：概念与技术：原书第 3 版［M］. 北京：机械工业出版社，2012.

Hulten C. R.，Hao J. X. "The Role of Intangible Capital in the Transformation and Growth of the Chinese Economy"［R］. NBER Working Papers，2012.

Mitchell T. M. 机器学习［M］. 北京：机械工业出版社，2003.

Rhodes-Kropf M.，Viswanathan S.，Robinson D. T. "Valuation Waves and Merger Activity：The Empirical Evidence"［J］. *Journal of Financial Economics*，2005，77（3）：561－603.

教学支持说明

1. 教辅资源获取方式

为秉承中国人民大学出版社对教材类产品一贯的教学支持，我们将向采纳本书作为教材的教师免费提供丰富的教辅资源。您可直接到中国人民大学出版社官网的教师服务中心注册下载——http://www.crup.com.cn/Teacher。

如遇到注册、搜索等技术问题，可咨询网页右下角在线 QQ 客服，周一到周五工作时间有专人负责处理。

注册成为我社教师会员后，您可长期根据您所属的课程类别申请纸质样书、电子样书和教辅资源，自行完成免费下载。您也可登录我社官网的“教师服务中心”，我们经常举办赠送纸质样书、赠送电子样书、线上直播、资源下载、全国各专业培训及会议信息共享等网上教材进校园活动，期待您的积极参与!

2. 高校教师可加入下述学科教师 QQ 交流群，获取更多教学服务

经济类教师交流群：809471792

财政金融教师交流群：766895628

国际贸易教师交流群：162921240

税收教师交流群：119667851

3. 购书联系方式

网上书店咨询电话：010－82501766

邮购咨询电话：010－62515351

团购咨询电话：010－62513136

中国人民大学出版社经济分社

地址：北京市海淀区中关村大街甲 59 号文化大厦 1506 室　100872

电话：010－62515803　010－62516948

传真：010－62514775

E-mail：jjfs@crup.com.cn